Gerhard Preyer
Die globale Herausforderung

GERHARD PREYER

DIE GLOBALE HERAUSFORDERUNG

WIE DEUTSCHLAND AN DIE WELTSPITZE ZURÜCKKEHREN KANN

Springer Fachmedien
Wiesbaden GmbH

Die Deutsche Bibliothek – CIP – Einheitsaufnahme

Preyer, Gerhard:
Die globale Herausforderung : wie Deutschland an die Weltspitze zurückkehren kann / Gerhard Preyer. – Frankfurt am Main :
Frankfurter Allgemeine, Zeitung für Deutschland; Wiesbaden :
Gabler, 1998
ISBN 978-3-322-89985-9   ISBN 978-3-322-84721-8 (eBook)
DOI 10.1007/ 978-3-322-84721-8

© Springer Fachmedien Wiesbaden 1998
Ursprünglich erschienen bei Betriebswirtschaftlicher Verlag Dr. Th. Gabler GmbH, Wiesbaden 1998
Softcover reprint of the hardcover 1st edition 1998

Das Werk einschließlich aller seiner Teile ist urheberrechtlich geschützt. Jede Verwertung außerhalb der engen Grenzen des Urheberrechtsgesetzes ist ohne Zustimmung des Verlages unzulässig und strafbar. Das gilt insbesondere für Vervielfältigungen, Übersetzungen, Mikroverfilmungen und die Einspeicherung und Verarbeitung in elektronischen Systemen.

Abbildungen und Tabellen: Publishing Service H. Schulz, Dreieich

ISBN 978-3-322-89985-9

Die Herausforderung annehmen

Der Begriff „Globalisierung" hat bereits Schlagwortcharakter bekommen und ist in aller Munde. Er löst bei den einen Ängste und Erschrecken, bei anderen Erwartungen auf wirtschaftlichen Erfolg aus. Mit dem Zusammenbruch des Sowjet-Systems entstand eine grundsätzlich neue weltwirtschaftliche und weltpolitische Situation mit einer noch nicht bekannten Dynamik. Der Durchbruch der neuen Medien auf der Basis der modernen Kommunikationstechnologien hat die Voraussetzungen aller Operationen in der globalen Wirtschaft grundsätzlich verändert. Wir leben heute in einer Umbruchgesellschaft vom Industrie- in ein mediales Informationszeitalter, von einem nationalstaatlich organisierten und dadurch begrenzten, zu einem globalen Wirtschaftsystem. Wir befinden uns auf dem Weg in eine Medienverbundgesellschaft, zu einem Weltsystem, das von der Anlage her global operiert. Daran wird der Degout der traditionellen Bildungseliten nichts mehr ändern.

Was bei dem Aufschwung des Themas „Globalisierung" in der Medienlandschaft fehlt, ist ein Bewußtsein darüber, worin die Herausforderungen von Globalisierung bestehen, aber auch, was Globalisierung eigentlich bedeutet. Dies betrifft die Einsicht in eine Entwicklung, die Auswirkungen auf *alle* gesellschaftlichen Bereiche hat und sie fortlaufend umgestalten wird.

In Kapitel 1 *Neue Medien, Wissenschaft und Technik im Zeitalter der Globalisierung* wird die Frage beantwortet, was Globalisierung bedeutet und *welche* speziellen Selektionsmechanismen durch sie zum Zuge kommen. Von ihnen sind wir alle betroffen. Entscheidend ist es, die Art und das Neue dieser Entwicklung zu erkennen. Die richtungsweisenden Veränderungen, die wir erleben, bestehen darin, daß sich ein globales Weltsystem entwickelt, das auf einem elektronischen Medienverbund beruht. Es verändert zunehmend die Operationen und Mitgliedschaftsbedingungen aller sozialen Teilsysteme. Dazu gehört, daß wir uns bewußt machen, worin Veränderungen der Denkungsart und die Operationsweise der Neuen Medien bestehen: Dem müssen wir uns stellen.

Die Bewältigung von Globalisierung wird nicht ohne außerordentlich hohe Investitionen in die Technologieentwicklung und eine Reform der Organisation der Wissenszentren, speziell der deutschen Universitäten, möglich sein. Das Land, das nicht in seine Technologieentwicklung investiert, wird über kein überlebensfähiges Wirtschaftssystem mehr verfügen. Ohne diese Investitionen ist die Wirtschaft nicht länger konkurrenzfähig. Hier muß in Deutschland weitgehend umgedacht und aufgeholt und deutsche Stärken einem Wandel zugeführt werden.

In Kapitel 2 *Veränderte Konstellationen* wird in einem ersten Schritt der Problemstellung nachgegangen, weshalb eine globale Weltwirtschaft die staatlichen Ordnungen immer mehr in eine defensive Ausgangslage bringt. Durch Globalisierung beginnt sich die überkommene Kooperation zwischen den Teilsystemen Wirtschaft und Politik in einer noch nicht bekannten Weise zu verändern. Es sollte damit gerechnet werden, daß sich im Weltsystem die vorhandenen großen geopolitischen Einflußbereiche Amerika, Europa und Teile Asiens neu formieren. Dies wird in einer Weise geschehen, die eine Universalzuständigkeit von politischen Regelungen, zum Beispiel durch die UNO, zunehmend zum Verschwinden bringen wird.

In einem globalen Wirtschaftssystem entstehen völlig neue Finanz- und Aktienmärkte. In diesem Rahmen gewinnt der Shareholder Value, eine wertorientierte Unternehmensführung, die in der deutschen Öffentlichkeit oft mißverstanden wurde, an Bedeutung für die Unternehmensstrategien. Im Zuge dieser Entwicklung verändert sich die Bilanz- und Kommunikationspolitik der Unternehmen grundsätzlich. Die Einführung einer einheitlichen europäischen Währung wird die Chancen der Direktinvestitionen in Deutschland verbessern und zur Konkurrenzfähigkeit der Unternehmen beitragen. Es bedarf aber eines Verständnisses darüber, wie eine einheitliche europäische Währung funktioniert und welche wirtschaftspolitischen Vorteile sie für eine europäische Wirtschaft mit sich bringt.

Der Bewältigung von Globalisierung müssen Unternehmen auf ganzer Front begegnen. Sie befinden sich immer mehr auf dem

Weg zu *virtuellen* Organisationen. Damit geht eine Umstrukturierung in Richtung auf Vernetzung und durchgängige Einrichtung einer Netzwerkorganisation einher. Zu bewältigen sind diese Vorgänge nur durch die *Konzepte* eines *Integrierten Managements,* das heißt einer konsequenten Umgestaltung zu einer segmentären Unternehmensorganisation. Vernetzung und virtuelle Organisationen sind ein *neues* Paradigma der Organisationsgestaltung. Integriertes Management wird Unternehmen entstehen lassen, die mit den klassischen Aufbau- und Ablauforganisationen nichts mehr zu tun haben. Nur so können sie auf die Herausforderung der Globalisierung antworten. Dies gilt bereits für alle global operierenden Unternehmen. Davon sind die Entwicklung der Managementfähigkeiten, die Aufbauorganisation, der Führungsstil, das Marketing und die Unternehmenskultur, das heißt mithin alles, was die Corporate Identity ausmacht, betroffen.

Eine europäische Währung allein wird die Arbeitslosigkeit nicht dramatisch verringern. Dazu bedarf es *anderer* Konzepte. Nur ein weiteres wirtschaftliches Wachstum, eine Dynamisierung und Deregulierung des Wirtschaftssystems wird der Arbeitslosigkeit entgegenwirken können. Damit sind völlig veränderte Anforderungen an die Wirtschaftspolitik angesprochen, die sich auf die Grundsituation einer globalen Wirtschaft einstellen muß. Erst von einer neuen Wirtschaftspolitik dürfen wir erwarten, daß sie eine weitere Sicherung und Vermehrung des Sozialprodukts gewährleistet und herbeiführt.

In Kapitel 3 *Europa im Zeitalter der Globalisierung* wird den Herausforderungen Europas im Zeitalter der Globalisierung nachgegangen. Wir bewegen uns diesbezüglich auf eine Situation zu, in der die Karten der politischen und sozialen Integration der Europäer neu gemischt und verteilt werden. In einer globalen Wirtschaft werden nur die dynamischen Wirtschafts*kulturen* weiterhin erfolgreich sein, das heißt solche, die weitgehende Deregulierungen durchführen werden. Die vorgestellte Analyse von Globalisierung und des Weltsystems erklärt „uns" aber auch, warum die unterschiedlichen europäischen Kulturen, im Zeitalter der Globalisierung nicht verschwinden werden. Das scheinbar Paradoxe besteht gerade darin, daß die partikularen Kulturen und speziell die europäischen, im Zuge von Globalisierung eher verstärkt werden. Es wird von der Lernfähigkeit des deutschen Wirtschaftsmodells abhängen, inwieweit ein wirtschaftliches Wachstum der europäischen Wirtschaftsgemeinschaft zu erwarten sein wird. Von der Bewältigung der an den deutschen Standort gestellten Anforderungen wird der weitere ökonomische Erfolg eines zweiten „Modells Deutschland", nach der sozialen Marktwirtschaft, abhängen. In dem Schritt dazu können wir von dem Aufbruch der fünfziger Jahre etwas lernen.

In Kapitel 4 *Die Evolution des Mitgliedschaftscodes* ziehe ich allgemeine Schlußfolgerungen im Hinblick auf die neue Situation, mit der wir „alle" konfrontiert sind. Sie sind deshalb von besonderem Interesse, da sich in dem Prozeß der Globalisierung ein neues „Gesellschaftsmodell" entwickelt. Davon sind die Teilnahmebedingungen an allen Kommunikationssystemen betroffen, die fortlaufend auf einer elektronischen Basis ihren Mitgliedschaftscode umgestalten. Die „neue Situation" besteht darin, daß Entwicklung nicht mehr in der Fortschreibung eines stetigen Trends beziehungsweise in Auf- und Abschwüngen sich vollzieht, sondern in „Sprüngen", „schnellen Umbrüchen" und „Kontingenzvermehrungen".

Die Analyse der Herausforderungen eines globalen Wirtschaftssystems stellt die Konzepte eines integrierten Managements, wie sie in G. Preyer, J. Schissler (1996 a) entwickelt werden, in den Rahmen der durch dieses „System" veränderten Bedingungen wirtschaftlichen Handelns. Die Antwort auf Globalisierung wird alle Strukturen und Segmente von Unternehmen betreffen: Die Aufbauorganisation, den Führungsstil und die Personalpolitik, das Marketing sowie die Unternehmenskultur. Die erforderlichen Managementfähigkeiten, ein Modell einer Netzwerkaufbauorganisation, der diesem Modell entsprechende Führungsstil und die Einordnung des Marketing sowie die Bestimmung der Rolle der Unternehmenskultur sind in diesem Band konzipiert worden. Zur Ergänzung der europäischen Kulturen und Wirtschaftsmodelle, die im Zuge eines europäischen Binnenmarktes aufeinanderstoßen – Europa im Zeitalter der Globalisierung, in diesem Band – vergleiche die Darstellung der kulturellen und gesellschaftlichen Voraussetzungen der japanischen und amerikanischen Wirtschaftskultur und was Europa von ihnen lernen kann (G. Preyer, J. Schissler: 1996a). Den besonderen theoretischen Voraussetzungen für das Verständnis von Globalisierung und der neuen Entwicklungsstufe eines globalen Weltsystems wurde in einem Schwerpunkt des Projekts der Protosociology „Strukturelle Evolution und das Weltsystem", J. W. Goethe-Universität (World Wide Web: http://www.rz.uni-frankfurt. de/protosociology) nachgegangen (G. Preyer, 1998 a, b). Die Entwicklung und Fortführung der Konzepte eines integrierten Managements und die Schritte zu einer Analyse des globalen Wirtschaftssystems schließen an die dort vorgenommenen Untersuchungen an und führen sie fort. In einem Anschlußprojekt „On a Sociology of Borderlines. Social Change in Time of Globalization", das Mathias Bös (Universität Heidelberg) betreut, werden die vorliegenden Untersuchungen fortgeführt. Die vorliegenden drei Bände verweisen aufeinander. Sie zeigen das „bewegte Bild" eines sich global entwickelnden Welt-, Wirtschafts- und Kultursystems: Einem Gesellschaftssystems, in dem die Partikularitäten – wie verändert auch immer – wieder an Gewicht gewinnen werden und sei es als mediale Simulation. Dies ist, nach dem hier entwickelten Ansatz, auch ein Ergebnis von Globalisierung.

Der fertiggestellte Text hat vielen zu danken. Verpflichtet fühle ich mich meinem Freund Jakob Schissler, der mir für die Einschätzung der Umstrukturierung politischer Ordnung im Zuge der Globalisierung entscheidende Impulse gegeben hat. Die Einschätzung des Wertewandels und der typischen Unterschiede der europäischen Wirtschaftskulturen geht auf gemeinsame Untersuchungen zurück. Das Studium der Texte und der Modelle zur virtuellen Organisation von Dr. Erich Kiefer hat mir Einblick in diese neue Organisationsform und das unausweichliche ihrer Entwicklung gegeben, die mich in meinen vorläufigen Annahmen bestärkt haben. Hinweisen möchte ich auf die Forschungsergebnisse von Volker Bornschier (Universität Zürich, World Society Foundation) und seiner Mitarbeiter zu dem Weltmarkt für Protektion und soziale Ordnung, auf die ich mich teilweise, wenn auch in einer etwas anderen Lesart, stützte (ders.: 1996) – zu den neuen Problemen des demokratischen Rechtsstaats W. Krawietz / G. Preyer (Hrsg.) (1996). Uta Grün danke ich für ihre Recherchen zum Value-based Management. Danken möchte ich Managern wie Dieter Frerk von der „Concept & Products" der Debis, die mir zur Einsicht und einem Verständnis der schnellen Dynamik globaler Unternehmensprozesse und der damit einhergehenden Anforderungen an die Unternehmensteams verholfen haben. Meine Studenten haben mich durch ihr Interesse und ihre Nachfragen dazu ermutigt, die Problemstellung immer wieder im Hinblick auf die auf uns zukommenden Veränderungen zuzuspitzen. Monica Schiemann hat, wie immer, dazu beigetragen, mein Verständnis für eintretende Folgen zu schärfen, von denen Unternehmen in einem weltweiten Wettbewerb betroffen sind. Nicht zu vergessen ist aber auch Dr. Andreas Lukas vom „Verlagsbereich Wirtschaftsbücher" der „Frankfurter Allgemeinen Zeitung", dem ich für die Betreuung des Bandes und sein Engagement bei der Verwirklichung des Projekts danken möchte. Herzlich bedanken möchte ich mich aber auch für die Zusammenarbeit mit Frau Barbara Scheu vom Gabler Verlag; sie hat als „guter Geist" das Lektorat des Bandes betreut.

Insgesamt sollten wir uns daran orientieren, daß wir die globale Herausforderung in allen gesellschaftlichen Bereichen nur durch einen *Einstellungs-* und *Organisationswandel* meistern können, einen „Wandel", der in der *Gegenwart* zu vollziehen ist. Das bedeutet aber Mut zur richtigen Weichenstellung. Daran sind die Antworten auf die Prozesse globaler Umstrukturierung von „Wirtschaft und Gesellschaft", in der wir uns bereits befinden, zu bemessen.

Inhalt

Einleitung 5

Kapitel 1
Neue Medien, Wissenschaft und Technik im Zeitalter der Globalisierung 13
Was heißt Globalisierung? 15
Die neuen Medien: Eine Kopernikanische Wende 31
Der Überlebensimperativ: Technologieentwicklung 45
Die Zukunft der deutschen Universitäten 53

Kapitel 2
Veränderte Konstellationen 61
Globale Wirtschaft und globale Ordnung 64
Die Globalisierung der Finanzmärkte – Das Ende der Inflation 79
Auf dem Weg zur virtuellen Organisation 115
Das Ende des klassischen Arbeitsmarktes 138
Eine neue Wirtschaftspolitik 150

Kapitel 3
Europa im Zeitalter der Globalisierung 155
Zur Ausgangssituation im Zentralwettbewerb 157
Frankreichs Zentralismus: Grenzen der Marktwirtschaft 160
Das Überlebenssystem Italien 166
Großbritannien zwischen Tradition und Modernisierung 172
Griechenland und die Beneluxländer 178
Deutschland im Umbruch 180
Neu gemischte Karten 204
Die Wiedergewinnung des Standorts Deutschland 213

Kapitel 4
Die Evolution des Mitgliedschaftscodes 227
Zur Soziologie der Grenzziehungen 229
Gesellschaft, Organisation und Interaktion 233
Gesellschaftsinterne Globalisierung und
Entwicklungstrends 238
Die globalisierte Gesellschaft 243
Die globale Herausforderung 250

Literatur 259

Kapitel 1

Neue Medien, Wissenschaft und Technik im Zeitalter der Globalisierung

Die Globalisierung bedeutet die elektronische Vernetzung von Unternehmen, öffentlichen Verwaltungen, privaten Haushalten, Krankenhäusern und Dienstleistern in einem weltweiten Medienverbund. Globales wird in Lokales eingebunden und Lokales mit Globalem vernetzt. Die neuen Medien führen zu einer grundsätzlichen neuen Beziehung zwischen ihren Benutzern und der Technik. Dies heißt aber, daß sich neue kognitive Muster entwickeln. Durch Virtualisierung und Simulation stellen sich grundlegende Veränderungen und Möglichkeiten der Entwicklung geistiger Fähigkeiten ein. Das 21. Jahrhundert wird nicht nur ein höheres, sondern auch ein anderes Techniknivau als das der klassischen Industrialisierung erfordern.

Was heißt Globalisierung?

Wir alle sprechen von Globalisierung und die öffentlichen Medien haben sich dem Thema angenommen. Wissen wir wirklich, was Globalisierung bedeutet? Verfallen wir nicht meistens in eine Abwehrreaktion? Die sozialwissenschaftliche Erforschung von Globalisierung hat kaum erst begonnen. Kennen wir die Mechanismen, durch die Globalisierung entsteht? Entwicklungen auf der Tokioter Börse haben weltweite Auswirkungen und beeinflussen wirtschaftliche und politische Entscheidungen! Wie wäre es zu bewältigen, würde Japan als größtes Gläubigerland sein Kapital zurückziehen, um eigene finanzielle „Lücken" auszugleichen? Ist uns der *Prozeß* der Globalisierung bereits *vertraut* und *selbstverständlich*? Als ganzer ist er nicht zugänglich, sondern nur in Ausschnitten medialer Vernetzung. Dieser Prozeß ist für uns selbst ein Produkt einer Medienrealität. Was bedeutet Globalisierung für die *Regeln* im Welthandel? Sind die Beschlüsse der „World Trading Organization" (WTO), des ehemaligen „General Agreement on Tariffs and Trade" (GATT), für alle Unterzeichner – tatsächlich bindend – gültig? Können sie nicht auch schnell unterhöhlt werden?

Zum Begriff: Globalisierung

Obwohl das Wort *Globalisierung* in aller Munde ist, bedeutet dies nicht, daß wir über ein hinreichendes Verständnis darüber verfügen, was damit gemeint ist. Wir haben uns die Frage zu stellen: *Was heißt Globalisierung?* Von dem Verständnis von „Globalisierung" hängt es ab, welche Einstellung wir ihr gegenüber ausbilden. Zunächst ist augenfällig, daß die grundsätzlich veränderte wirtschaftliche, politische und kulturelle Situation, in der wir uns befinden, durch erweiterte wirtschaftliche Interdependenzen, die Einrichtung von globalen Wertschöpfungsketten, einen weltweit operierenden Finanzmarkt, die Verbreitung der modernen elektronischen Kommunikation, eine kulturübergreifende Vereinheitlichung der Konsumstruktur, eine Verbreitung atomarer Waffen, die wachsenden Umweltfragen sowie die erwartete Bevölkerungsexplosion und Migration herbeigeführt wird.

Im Kontrast dazu werden wir im Zuge dieser Entwicklung auch mit Zersplitterung und Differenzierung rechnen müssen, da sich die kulturellen Traditionen der „großen" Kräfte und Kulturkreise nur an ihren Rändern in Kontakten der politischen-, Wissenschafts- und Wirtschaftseliten annähern werden und die Gemeinsamkeit der Interessen schwach bleiben wird. Bei diesen Entwicklungen handelt es sich um eine Globalisierung von Problemlagen, ihrer Differenzierung und Verteilung. Das Neue an dieser Lage, in der wir uns bereits befinden und die weiter auf uns zukommt, besteht in einer grundsätzlich veränderten Ausgangssituation. *Alle diese Prozesse spielen sich in einem globalen Weltsystem ab.* Lester Thurow sagte einigen Industrienationen voraus, daß sie – wie das alte Rom – schleichend untergehen werden und es ließe sich hinzufügen, dies wird dann der Fall sein, wenn sie sich nicht der Herausforderung der Globalisierung offen und gezielt stellen.

Der Begriff Globalisierung kommt aus dem japanischen und heißt dort in seiner englischen Übersetzung „Glocalization". Die Wortbildung verbindet die beiden Worte „global" und „lokal". Abgeleitet ist das Wort aus „dochaku", das heißt „Im eigenen Land leben". „Glocalization" bedeutet nach der Lexikoneintragung des *Oxford Dictionary of New Words* (1991, S. 134) ein Prozeß, der „formed by telescoping global and local to make a blend." Es ist typisch, daß der Begriff aus Japan kommt, da sich die japanische Gesellschaft bis zu ihrer gewaltsamen Öffnung durch eine bewußte und absichtlich herbeigeführte räumliche und kulturelle Isolierung ausgezeichnet hat. Erst im Zuge seiner Modernisierung expandierte Japan zunächst politisch, dann seit den siebziger Jahren wirtschaftlich, ohne daß es seine partikular orientierte kollektive Identität aufgab – zu Japan G. Preyer, J. Schissler (1996 a), „1.1. Japan", S. N. Eisenstadt (1998). Schon während der achtziger Jahre wurde Globalisierung zu einem Begriff der Geschäftssprache. Das Konzept der Globalisierung ist eine Marktstrategie der industriellen Herstellung und des Mikromarketing von Gütern und Dienstleistungen auf globalen im Sinne von wachsenden lokalen und besonderen Märkten. Die Strategie zeichnet sich dadurch aus, daß sie sich auf die besondere Nachfrage unterschiedlicher Konsumenten einstellt, zum Beispiel auf ihre kulturellen, regionalen, gemeinschaftlichen, geschlechtstypischen Eigenschaften. Gleichzeitig orientiert sich diese Marktstrategie an der Einstellung und Abstimmung auf wachsende und sich differenzierende Konsumentenmärkte sowie an der gezielten Erfindung von „Konsumtraditionen", zum Beispiel im Fall der gegenwärtigen weltweit größten Industrien, des Tourismus und der Unterhaltung (R. Robertson: 1995). Insofern haben die Japaner seit den achtziger Jahren nicht nur durch ihre Lean-Modelle, sondern auch durch eine Marktstrategie den Weltmarkt grundsätzlich verändert.

Globalisierung als Prozeß

Unter Globalisierung ist ein Prozeß zu verstehen, der Globales in *Lokales* einbindet und *Lokales* mit Globalem vernetzt. Die grundsätzlich neue Situation besteht dabei darin, daß das dadurch entstehende Weltsystem nicht nur auf der Basis eines elektronischen Medienverbundes operiert, sondern durch diesen „Verbund" ein globales Weltsystem überhaupt erst entsteht. Weltsysteme gab es auch in vormodernen Gesellschaften, sie zeichneten sich durch ihre begrenzte Reichweite aus, zum Beispiel Imperien. Der Prozeß der Globalisierung und seine weltsystembildende Wirkung bedeutet, daß die Vernetzungen des elektronischen Medienverbundes nicht mehr *von innen* einschränkbar und begrenzbar sind. Ein solcher Verbund ist der Prototyp eines „Global Player". Die Grenzprozesse des dadurch entstehenden Weltsystems verlaufen nur noch gegenüber den physischen, psychischen Umwelten und der Reproduktion von Populationen. Globalisierung ist ein Vorgang, der durch keine sozialen Innengrenzen mehr aufgehalten wird. Diese Prozesse dürfen nicht im Gegensatz zu Lokalisierung verstanden werden. Beides schließt sich nicht aus, da das Globale in Lokales eingeführt wird und sich gleichzeitig Lokales in Globalem vernetzt und sich in diesem Netz gleichzeitig auch partikularisiert. Der Beleg für diese Entwicklung ist die beginnende Vernetzung aller Teilsysteme und der privaten Haushalte. Dies wird zu einer grundsätzlich anderen Orientierung, nicht nur in den Sozialwissenschaften, sondern in dem Kommunikationssystem „Gesellschaft" überhaupt führen. Dazu wird die Einsicht gehören, daß dieses „System" nicht nur eine durch seine Operationsweise „geschlossenes" System ist, sondern sich in seiner spezifischen Operationsform jeder „Steuerung" entzieht. „Geschlossen" bedeutet in diesem Zusammenhang, daß es sich nur über seinen eigenen elektronischen Operationsmodus prozessualisieren kann und sich in jeder seiner Operationen selbst voraussetzt. Es erzeugt ein Ausmaß von Komplexität, die keinem seiner Mitglieder, keiner Partei, keinem Staat, keinem Unternehmen zur Disposition steht. Für Wirtschaftsunternehmen bedeutet dies, daß sie sich fortlaufend im Hinblick auf ein „integriertes Management" umstrukturieren müssen.

Durch den Prozeß der Globalisierung ist ein Weltsystem als ein interagierendes Netzwerk im Entstehen begriffen, in dem die übergreifende Struktur, das Netzwerk, für die Entwicklung der lokalen sozialen Strukturen und ihrer Wirtschaftsregionen immer entscheidender wird. Der Austausch von Informationen, Gütern und Leistungen in diesen Netzwerken, hat zu seiner besonderen Voraussetzung die Finanzierung der Transferkosten. Die Interaktionen in diesem Netzwerk und die ökonomischen Operationen sind ihrerseits auf politische und militärische Sicherheitsgarantien verwiesen, die auf einem „Weltmarkt für Protektion" (V. Bornschier) angeboten und nachgefragt werden.

Eine wesentliche Größe der Beeinflussung der Prozesse in diesen Netzwerken ist das Populationswachstum. Es ist einer der entscheidenden Faktoren von sozialem Wandel und fordert die Gesellschaften in seiner Auswirkungen auf ihre Institutionen und Kulturen heraus. Vergleichbar verhält es sich mit der knappen Ressource Ökologie. Die Ökologie des Weltsystems ist durch die zur Verfügung stehenden Ressourcen und mögliche Alternativen respektive funktionale Äquivalente begrenzt. Hier gilt grundsätzlich:

- Es findet eine stärkere Beanspruchung der knappen Umweltressourcen durch höheren Konsum statt – dies ist ein vorrangiges Problem der Entwicklungsländer –, gleichzeitig ermöglicht die schnelle Verbreitung emissionsarmer Technologien einen angemessenen Umweltschutz.

Was heißt Globalisierung? 19

- Durch die Zunahme der Herstellung vor Ort durch Direktinvestitionen werden Transportkosten und damit Umweltbelastungen eingespart, gleichzeitig wird durch die Vermehrung des weltweiten Handels eine höhere Beanspruchung der Umwelt herbeigeführt.

Wir müssen uns der Situation stellen, daß es in Sachen knappe Ökologie und der Abstimmung der sozialen Evolution auf diese Ökologie keine trivialen Lösungen mehr gibt, sondern mehr oder weniger dramatische Dilemmata. Nur durch weitere hohe Investitionen in die naturwissenschaftliche Forschung und Hochtechnologie können wir mit dieser Ressource wirtschaftlich und lebenserhaltend umgehen. In dem Medienereignis der Ökologierhetorik vermengt man normalerweise „Ökologie" und „Umwelt". Das Weltsystem selbst hat keine ökologische Grundlage, sondern nur noch physische Ressourcen und Bewußtseinssysteme zu seiner Umwelt. Mit ihnen tritt es nicht in Kontakt, da es nur seine eigenen Operationen prozessualisieren kann. Die technologische Entwicklung kann in größeren und kleineren Spielräumen den Einfluß der ökologisch knappen Güter und der dadurch auferlegten Begrenzungen verringern. Durch ein Ausbleiben von Investitionen in diesen Bereich wird mit einem Eintreten einer dramatischen Situation zu rechnen sein. Die Entwicklung von moderner Technologie und ihre Umsetzung in den Teilbereichen des Weltsystems leitet eine fortlaufende Umstrukturierung der institutionellen Mechanismen ein, das heißt die institutionellen Ordnungen des Rechts und der Politik haben fortlaufend Anpassungsleistungen an die technologischen Innovationen und wirtschaftlichen Entwicklungen zu erbringen. In Zukunft wird dies in einem vermutlich noch nicht bekannten Ausmaß der Fall sein. Dies betrifft die Herstellungstechnologien und ihre Finanzierung, die Marketingstrategien der Produkte und Dienstleistungen im Hinblick auf die Bewältigung des Wandels auf *schnellen* und *vernetzten* Märkten, das Entstehen neuer Rechtsgebiete und die Anforderung an ihre Dogmatisierung, die Gestaltung von Familienbeziehungen und Freundschaften, Nachbarschaften sowie lokalen Gemeinschaften.

Das Weltsystem ist durch ein global operierendes Wirtschaftssystem charakterisiert. Es gibt in ihm keine politische Ökonomie mehr, die Ordnungs- und Regelungsgarantien eines Nationalstaates als ihren Rahmen hat. Das Modell der politischen Ökonomie des Keynesianischen Gesellschaftsmodells wurde nach dem zweiten Weltkrieg im westlichen Sozialstaat institutionalisiert. Als exemplarisch und vorbildlich galt im Vergleich der sozialen Kompromisse der deutsche Sozialstaat. Stabilisiert wurde das internationale politische System durch die Ordnungs- und Regelungshoheiten der Nationalstaaten und ihrer Allianzen zur Zeit des „kalten Krieges" und den Kampf um die politische Hegemonie. Wir sollten nicht erwarten, daß es so wie im 19. und 20. Jahrhundert in diesem System einen politischen Hegemon geben wird, wie zum Beispiel Großbritannien oder die Vereinigten Staaten, sondern es ist mit wechselnden strategischen Allianzen zwischen den nationalen Ordnungsmächten zu rechnen. In dem Prozeß der globalen Reorganisation können neue ökonomische Zentren entstehen, wie zum Beispiel Japan, Deutschland, Osteuropa, Malaysia oder Brasilien. Alle Belege, die wir zur Verfügung haben, sprechen dafür, daß das Weltsystem kulturell durch einen sozialen Realismus von unterschiedlichen Kulturen nationalen Ursprungs und nicht von einer universellen kulturellen Orientierung charakterisiert sein wird (A. Bergesen: 1998). Universelle kulturelle Orientierungen unterliegen in einem globalen Weltsystem einem Schrumpfungsprozeß. Es wird nationale Solidarität als sozialen Kontext reproduzieren und in globale Netze einbinden, sie dadurch aber zugleich verändern. In diesem System wird es keinen einzelnen universalen und alle partikularen Kulturen übergreifenden Entwurf der kulturellen Identität geben. Das ist die kulturelle Herausforderung von Globalisierung für die westlichen Gesellschaften und ihr Wertesystem. Der fortlaufende Prozeß der Restrukturierung des Weltsystems, der alle Teilsysteme und Teilordnungen dominieren wird, der auch zu Rückzug und Isolierung sowie zur Differenzierung und Abgrenzung führen kann, erfordert eine kognitive Orientierung, das heißt die Fähigkeit, konzeptuell und strategisch nicht nur Informationen, sondern elektronische Operationen zu verarbeiten, da nur so der Anschluß an Kommunikation sichergestellt werden kann.

Globalisierung bedeutet in einem noch nicht bekannten Ausmaß:

* *Mobilisierung, Expansion* und *Interpenetration*,
* gleichzeitig kann sie auch einen *schnellen Rückzug* aus bestimmten Regionen des Weltsystems bewirken.

Die neuen Herausforderungen

Zu bewältigen sind in dem Prozeß der Globalisierung zumindest drei grundlegende Entwicklungen, die sich zunehmend dramatisch ausgestalten. Es ist noch nicht absehbar, wie die dadurch entstehenden Herausforderungen einer Lösung zuzuführen sind. Sie betreffen:

1. Die Verknappung der ökologischen Ressourcen durch Überpopulation.

2. Die durch Bevölkerungsdruck ausgelösten nicht kontrollierbaren Wanderungen (1. und 2. erfordern als Antwort einen neuen Schub der Investitionen in die Technologieentwicklung und eine Migrationskanalisierung).

3. Die durch Wertewandel hervorgerufene Erwartung auf „Selbstverwirklichung" und „Individualisierung", die immer mehr Mitgliedern der Sozialsysteme zugemutet werden. (Zur Diagnose dieser drei „Insuffizienzen" N. Luhmann: 1997, S. 795).

In dem Verständnis von Globalisierung werden wir dann fehlgeleitet, wenn wir über ihr Ausmaß auf dem Ist-Stand der Weltexportquote zu befinden glauben. Dabei handelt es sich um eine übliche Verfahrensweise, die zu Fehldeutungen führt. Ein etwas korrigiertes Bild ergibt sich, geht man von den Indikatoren „Weltdirektinvestionen", „Welt-Bruttoinlandprodukt", „Weltexport", „Umsatz von Auslandsgeschäften" und „Technologieallianzen in den drei High-Tech-Bereichen" aus, wie zum Beispiel das Hamburger HWWA-Institut. Legen wir die genannten deskriptiven Indikatoren zugrunde, so scheint sich zwischen 1984–1994 kein Globalisierungsschub anzudeuten. „Die Frage ist, ob sich ein anderes Bild ergibt, wenn man anders denkt. So läßt diese Empirie (die ausgewählten Indikatoren d.V.) zum Beispiel die „virtuelle" Ökonomie der Devisentransaktionen völlig außer acht. Sie vernachlässigt vor allem, daß Globalisierung aus einem komplexen Zusammenspiel von Momenten der Infrastrukturen, der Instrumente und der Suprastrukturen resultiert, die je für sich eher Faktoren der Ermöglichung global zirkulierender Kommunikationen sind als Indikatoren für meßbaren Gütertausch. Globalisierung erweist sich und realisiert sich weniger im Austausch konkreter Güter als im Austausch von Kommunikationen, die dazu führen, daß Güter und Dienstleistungen in verteilten Netzen konzipiert, konstruiert und konsumiert werden. Beispiel: Ein schwäbischer Weltkonzern (Daimler Benz AG d.V.) produziert in Alabama einen neuen Typus von Freizeitauto. Zu rund 60 Prozent besteht das Auto aus inländischen (i.e. amerikanischen) Teilen, mindestens 30 Prozent der Produktion werden im Inland (i.e. in den USA) verkauft. Greift man den Grad der Globalisierung, der sich in diesem Beispiel realisiert, an dem grenzüberschreitenden Austausch von Hardware, handgreiflichen Gütern und Waren ab, so wie es die herkömmliche Statistik tut, dann hat sich wenig Aufregendes getan, und der empirische Befund ist: nichts Neues zur Globalisierung. Die entscheidenden Transaktionen allerdings geschehen auf einem ganz anderen Spielfeld, auf dem die übliche Empirie noch keine Reporter stehen hat. Sie betreffen das Aufspannen eines dichten Gewebes transnationaler Kommunikationen, welches politische Absichtserklärungen, regionale Bebauungspläne, kommunale und staatliche Steuerfestsetzungen, Absprachen mit lokalen und regionalen Zulieferfirmen, Gewerkschaften und Ausbildungseinrichtungen einschließen. Betroffen davon ist vor allem der Austausch zwischen Experten und von Expertisen der unterschiedlichsten Art. Wenn der Mutterkonzern in einer entscheidenden Phase des Gesamtprojektes dreihundert Experten nach Alabama schickt, um ernsthafte Schwierigkeiten des Produktionsanlaufs zu überwinden, und wenn diese Experten vor allem implizites Wissen und jahrelange Erfahrung „exportieren", dann taucht dies in keiner Statistik auf. Wenn die entscheidenden Entwicklungsarbeiten für das Auto in global verteilten Forschungs- und Entwicklungszentren des Konzerns in Form des „simultaneous engineering" mit Hilfe hochentwickelter Konstruktionssoftware und anderer Instrumente der elektronischen Gruppenar-

Was heißt Globalisierung? 23

beit („group-ware") auf der Basis proprietärer Hochleistungsnetze der Firma und entsprechender Anschlüsse an globale Telekommunikationsnetze geleistet werden, dann ist dies eine exemplarische Form der Globalisierung der Ökonomie – die wiederum bislang in keiner Statistik auftaucht. Derselbe Konzern ist im französischen Lothringen an der Produktion eines neuen Kleinwagens beteiligt, bei dem 20 global verteilte Systemzulieferer rund 80 Prozent der Wertschöpfung einbringen. Handelt es sich also um ein französisches, um ein deutsches, um ein globales Unternehmen?" (H. Willke: 1997, S. 292–294). Die Frage ist, entgegen der immer wieder vertretenen Meinung, ein globales Weltsystem und eine global operierende Wirtschaft ließe sich nicht anhand der üblichen deskriptiven Indikatoren dramatisch wachsend belegen, einfach zu beantworten: Wir müssen bereits in einem globalen Weltsystem operieren; es ist *kein* Projekt mehr.

In Zukunft wird mehr Investition in Forschung und technologische Entwicklung erforderlich sein, und nur die Staaten und Unternehmen, die sie vornehmen, werden wirtschaftlich überleben können. *Globalisierung ist der Dauertest unseres Gesellschaftssystems und seiner tradierten Institutionen.* Sie konfrontiert uns mit den unausweichlichen Fragen:

- Wie tief können Löhne fallen?
- Wie hoch kann die Arbeitslosenquote ansteigen?
- Wie wird es zu verkraften sein, wenn zum Beispiel in Polen die Löhne steigen und in Deutschland und Frankreich fallen?

In einer globalisierten Wirtschaft liegt China, Indien und Taiwan neben Deutschland.

- Wie kann Deutschland mit einem Billiglohnland, wie China oder Indien, konkurrieren ohne die Lohnkosten zu senken?

Dies könnte es nur, wenn es ein Wirtschaftswachstum erreichen würde, das es ihm erlaubt, weiterhin in großem Umfang umzuverteilen. Diese Situation ist kurz- und mittelfristig nicht in Sicht und langfristig nicht kalkulierbar. Wachstum ist anderseits nur noch durch Globalisierung erreichbar: Der gesamte Bezugsrahmen wirtschaftlicher Entwicklung hat sich grundsätzlich verändert und wird in Zukunft von den Investitionsentscheidungen in einem global operierenden Wirtschaftssystem abhängig sein. Wie wird unter diesen Bedingungen der Rücktransfer in die Mutterländer geregelt? Ist er überhaupt noch gestaltbar? Wenn er überhaupt noch möglich sein sollte, ist dann zum Beispiel die rechtliche Normierung von Anforderungen von Staaten an Unternehmen der erfolgsversprechende Weg? Die Übersteuerung durch eine Überflutung von Gesetzen und Verordnungen hat sich als ineffektiv und speziell für das deutsche Wirtschaftssystem als einschnürend erwiesen. Hier muß etwas nicht stimmen. Es bedarf offensichtlich einer anderen Strategie.

Die nationalen Regierungen stehen dem Prozeß der Globalisierung hilflos gegenüber und müssen sich ihm anpassen. Die heutigen multinationalen Unternehmen denken nicht mehr „national", sondern „global". Siemens ist zum Beispiel in 190 Ländern vertreten. Es heißt nicht mehr „Made in Germany", sondern „Made by Siemens". Glasfaserkabel werden in Indonesien und Transformatoren in Ungarn hergestellt. Das Unternehmen, das in Südostasien oder in Amerika wirtschaftlich bestehen will, kommt nicht nur mit einem Vertriebsbüro auf diesen Märkten aus. Es muß dort produzieren. BMW baut zum Beispiel bei Seoul eine moderne Fabrik. Marktnähe gehört zu jeder erfolgreichen Unternehmensstrategie und dies ist nicht nur eine Frage von günstigen Lohnkosten. Die veränderten Voraussetzungen des wirtschaftlichen Entscheidens und Handelns gelten mittlerweile generell. Sie führen zur Entwicklung von neuen Unternehmensstrategien und neuen Prototypen von Unternehmensorganisationen. Der Vorstandschef der Hoechst AG, Jürgen Dormann, hat die heutige Entwicklung schlaglichtartig in dem Satz dargestellt, Hoechst „ist kein deutsches Unternehmen mehr, (…) sondern auf dem Weg zu einem global agierenden Pharma- und Chemiekonzern". Das ist die Hoechst AG bereits geworden. Sie ist ein Unternehmen, das standortunabhängig operieren kann.

Nach den Prognosen des Internationalen Währungsfonds produzieren die Entwicklungsländer im Jahre 2004 mehr als alle westlichen Industrieländer. Es wird erwartet, daß bis in das Jahr 2010 in Ost-

Asien eine Zunahme der Erwerbsbevölkerung um mehr als 250 Prozent, in Südasien um mehr als 220 Prozent eintritt. Die Wachstumsraten des Bruttosozialprodukts sollen bis in das Jahr 2000 in Malaysia jährlich acht Prozent, in Indonesien sieben Prozent und in Vietnam und China sechs Prozent, dagegen in der europäischen Wirtschaftsgemeinschaft 2,5 Prozent betragen. Entwickelt sich Europa zu einer letztrangigen Wirtschaftsmacht? Wird sich auf dem Arbeitsmarkt eine neue Polarisierung zwischen pauperisierten Bevölkerungsteilen und den „Wissensarbeitern", den „Symbolanalytikern", einstellen? Wie groß können die Exklusionsbereiche im Weltsystem sein, ohne soziale Ordnung zu destabilisieren? Werden wir, wie es sich in Amerika abzuzeichnen beginnt, mit Gated Cities der gut verdienenden Einkommensschichten rechnen müssen? Findet eine Ghettoisierung der Eliten und Brasilianisierung der heutigen Zentren statt?

Als vorläufige Bilanz zeichnet sich ab, daß wir heute in einem Weltsystem leben, das durch die Inkorporation von lokalen Differenzierungen in globale Prozesse zu charakterisieren ist. Diese Prozesse führen ihrerseits zu fortlaufenden Restrukturierungen der sozialen Prozesse, deren Auswirkungen wir nicht kennen, auf die wir uns paradoxerweise dennoch einlassen müssen. Herausgefordert werden in einem globalen Weltsystem zunehmend die demokratischen Errungenschaften der „freien Rede", „freien Assoziation" und des demokratischen Konstitutionalismus, da es nicht mehr auszuschließen ist, daß wirtschaftliche Erfolge und Wohlstand nicht mehr an diese Institutionen gebunden sein werden. Wollen wir sie „für uns" erhalten, so sollten wir uns darauf einstellen, daß ihre globale Geltung in ihrer Einlösbarkeit eher unwahrscheinlich ist, zum Beispiel werden die Menschenrechte in den Kulturkreisen unterschiedlich interpretiert und spezifiziert, wie in China, Indien, Japan oder in den südamerikanischen Staaten. Dieser Herausforderung wird die westliche Kultur und ihre Wertordnung gegenüberstehen.

Die wirtschaftliche Dynamik eines globales Wirtschaftssystems führt tendenziell dazu, daß sich die nationalen Wählerschaften immer mehr spalten werden, da sich die Arbeitsmärkte immer mehr in qualifizierte und nicht-qualifizierte Mitarbeiter differenzieren. Diese

Entwicklung wird durch die Dominanz der Symbolanalytiker befördert. Der alte Nationalstaat, der einen Ordnungsrahmen für die wirtschaftliche Entwicklung und Innovation abgab und die Menschenrechte durchsetzte, hat sich verändert. Er wird in Zukunft nicht mehr der Ordnungsrahmen der kollektiven Identitäten der sozialen Gruppen sein, sei es auf der Basis der Infrastruktur von Macht, sozialer Sicherheit oder Kontrolle. Adaptation an die Operationsweise globaler Prozesse in allen Teilsystemen wird zu erbringen sein, sie entscheidet über die Selektion und den Selektionsvorteil und damit darüber, wer zu den Überlebenden gehören wird.

Die Vernetzung des Sozialen

Wie ist die Frage „Was heißt Globalisierung?" zu beantworten. Globalisierung heißt, daß sich ein vernetztes Weltsystem zu einem Medienverbund entwickelt, das Globales in Lokales einbindet und Lokales mit Globalem vernetzt. Das globale Weltsystem besteht in den elektronischen Netzen eines Medienverbundes und ist nur durch die modernen Kommunikationstechnologien möglich. Dieser Verbund erlaubt es, daß die Koordinationszeit der Abstimmung von Operationen nahezu gegen Null geht. Das elektronische Weltsystem besteht aus der Menge seiner Operationen, die sein Gedächtnis sind. Sie können sich nur rekursiv, durch Rückgriff und Anschluß an Operationen prozessieren. Ausfall sowie Nicht-Anschluß bedeutet nicht Verkleinerung, sondern Nicht-Bestehen. Die Operationsweise des Medienverbunds führt zwangsläufig zu einer Vernetzung der Teilsysteme der Politik, Wirtschaft, Familie, Kunst, in dem es globale Prozesse in ihre lokale Differenzierung inkorporiert. In diesem Rahmen verändern sich die uns vertrauten Organisationssysteme. Staaten, Wirtschaftsunternehmen und Verbände werden zu medialen Netzwerken umgestaltet, die mit globaler Reichweite operieren können. Die allgemeinsten Teilnahme- und Mitgliedschaftsbedingungen werden dabei ihrerseits durch die Technologie des Medienverbunds festgelegt. Wer keine PC-Kompetenz hat, ist einfach out. Das führt dazu, daß sich alle Kommunikationen durch elektronische Interaktionssysteme steuern und verändern. Davon ist nicht nur das Wirtschaftssystem, sondern auch die staatlichen und kommunalen Ver-

Was heißt Globalisierung? 27

waltungen, die Organisation der Wissenschaft, die privaten Haushalte und die durch alle Teilsysteme hindurchgreifenden Kontaktsysteme betroffen.

An dem Bild, das sich „für uns" abzuzeichnen beginnt, ist hervorzuheben: Die Schnelligkeit und Leichtigkeit, mit der mittels moderner Kommunikationstechnologie Operationszustände herbeigeführt werden, schließt Gegenreaktionen in der Form der Abgrenzung eben nicht aus, sondern ruft sie hervor und programmiert sie. Gerade damit exemplifiziert sich das Weltsystem selbst, da alle Grenzen und Abwehr, Partikularisierungen und Abschottungen eben *in* diesem Weltsystem stattfinden und durch seine Operationsweise bedingt sind.

Das Internet ist ein sich selbst steuerndes, rekursives elektronisches Kommunikations- und Interaktionssystem, das von niemanden mehr kontrolliert werden kann und das keiner Aufsicht bedarf. Es operiert dezentralisiert und ohne herkömmliche Institutionen (B. Kahin, J.H. Keller: 1997). Es wird weiter zu beobachten sein, welche Koordinationsmechanismen und Strukturen sich durch seine Operationsweise entwickeln werden. Japanische und amerikanische Unternehmen nutzen es bereits als Handelsnetz.

Es beginnt sich mittlerweile einzubürgern, die Paradigmen der Organisation des modernen Gesellschaftssystems in drei Entwicklungsabschnitte darzustellen: eine erste Moderne, das heißt das Organisationsprinzip des liberalen Wirtschaftssystems und des liberalen Rechtstaats, einer zweiten Moderne, das Organisationsprinzip des Wohlfahrtsstaats, der Demokratie und des Rechtsstaats und der Gegenwartsgesellschaft als eine an der Schwelle zu einer *dritten* Moderne stehenden neuen Grundsituation, die durch eine Globalisierung von Arbeitsteilung und Kommunikationsnetzen sowie Finanz- und Arbeitsmärkten zu charakterisieren ist (R. Münch, 1998). Allerdings habe ich Zweifel daran, ob die Orientierung an der Moderne, ihrer kulturellen Errungenschaften und Institutionen uns „wirklich" in die Lage versetzt, das „Neue" in der Gesellschaft zu erfassen und uns in die Lage versetzt, es mit „Tiefenschärfe" zu analysieren. Der Vorbehalt ist dadurch begründet, daß in einem globalen Weltsystem die Universalzuständigkeit der modernen Kultur einem Schrumpfungsprozess unterliegt. Wir erkennen zudem, was Niklas Luhmann in den letzten Jahren wiederholt hervorgehoben hat, das „künstliche" von funktionaler Differenzierung. Wir erkennen aber auch, daß Moral, die auf Konflikt angelegt ist, wenig zu regeln vermag. Globalisierung ist der Vorgang der Überführung aller sozialer Prozesse in ein Weltsystem, das nicht mehr räumlich operiert. Es beginnt bereits mit seiner *eigenen* Evolution. Durch diese Vernetzung verändern sich die Erhaltungswahrscheinlichkeiten von Sozialsystemen im Hinblick auf ihre Grenzziehungen und Mitgliedschaftsbedingungen, das heißt aber ihren allgemeinen Teilnahmebedingung. Das Weltsystem operiert auf der Basis von Selektionen, die durch das Medienverbundsystem vorgegeben sind. Es sind Netzwerkselektionen, die eigene Differenzierungen und Interpenetrationen hervorbringen. Das Medienverbundssystem gibt sozusagen die „Selektionen der Selektionen" vor. Die neue Evolutionsbedingung, die das Weltsystem hervorbringt, ist das Erfordernis der Angepaßtheit seiner Teilnehmer an die Netzwerke, durch die sich das Interaktionssystem prozessualisiert und stabilisiert. Diese vorgängige Angepaßtheit ist die grundlegende Voraussetzung, um als Teilnehmer in ihm operieren zu können. Damit entwickeln sich andere Variationsbedingungen seiner potentiellen Zustände. Sie bestehen im Auf- und Abbau von Netzwerken, die sich durch Teilnahme und Abbruch hervorbringen. Diesen Zusammenhang können wir nur dann angemessen begreifen, wenn wir die Veränderung der „Denkungsart" erfassen, die mit den Neuen Medien einhergeht. Sie führen nicht nur zu einer Umgestaltung der kognitiven Systeme unserer Intelligenzausbildung, sondern leiten eine Restrukturierung unseres überlieferten Weltbildes und eine Neudefinition von Sozialem ein.

Auf dem Kapitalmarkt, in der Autoindustrie, in der Mikroship- und der Elektronikherstellung, auf dem Arbeitsmarkt und in der Unterhaltungsindustrie wird bereits global operiert. Ausgenommen sind davon die traditionellen Dienstleistungen und die Landwirtschaft. Auf dem Kapitalmarkt gibt es durch die modernen Kommunikationstechnologien letztlich keine staatlichen Kontrollen mehr. Es ist mittlerweile nicht mehr möglich, an nationalen Grenzen zu regulieren, welche monetären Größen sich grenzüberschreitend bewegen. Selbst dann, würde es Kontrollen geben, wären sie nicht erfolgreich durchzuführen. Welchen Erfolg die 1998 vom Internationalen Währungsfond (IWF) angekündigte Einrichtung von Überwachungsmechanismen der Finanzsysteme und Kapitalströme haben wird, sofern sie verwirklicht werden, muß erst noch abgewartet werden. Mit Personalcomputern können beliebige Summen bewegt werden. Elektronische Verrechnungssysteme und Einheiten sind bereits entwickelt worden. Es ist zu erwarten, daß sie sich langfristig durchsetzen und bereits mittelfristig erheblich vermehren werden. Es entwickelt sich ein neues Wirtschaftssystem, das immer mehr soziale Kompetenz in sich aufnimmt, beispielsweise bei der Regelung von Konflikten, bei der Sicherung der Altersvorsorge, der sozialen Kompetenzen der Mitarbeiter usw. Dies wird zur Folge haben, daß es keine politische Macht mehr geben wird, die weltweit für ein globales Wirtschaftssystem verbindliche „Normen" beziehungsweise „Regeln" festlegt. Das heißt nicht, daß es keinen Regelungsbedarf mehr gibt und keine Regelungen mehr vorgenommen werden, zum Beispiel bei den Urheberrechten. Raubkopien werden in Hongkong und Südchina millionenfach hergestellt und nicht in China, sondern auf dem europäischen und amerikanischen Markt abgesetzt. Es stellt sich die Frage, ob die erforderlichen Regelungen im Urheberrecht, seien sie vertraglicher oder rechtlicher Art, weltweit durchsetzbar sind. Die Softwarebranche und die Unterhaltungsindustrie werden von diesen Regelungen, die noch keiner kennt, nicht unberührt bleiben. Es werden sich in Zukunft immer mehr Industrien entwickeln, die nicht natürliche Ressourcen verarbeiten, sondern die auf Biotechnik und Mikroelektronik basieren.

Auf ein grundsätzliches Mißverständnis und eine Fehleinschätzung ist in diesem Zusammenhang hinzuweisen. Globalisierung wird nicht zur Folge haben, daß es gar keine nationalen Märkte mehr geben wird. Ihr Fortbestehen wird durch die gemeinsame Sprache und Kultur sowie die weiter bestehenden regionalen Märkte herbeigeführt. Es könnte eine Entwicklung eintreten, die dahingeht, daß im Unterschied zu den modernen Nationalstaaten die Streitschlichtung in einem globalen Weltsystem nicht mehr auf der Basis eines positiven Rechts geregelt wird. Recht wird es zwar weiter geben, es könnte aber ein regionales, religiöses und ein Recht der Wirtschaftsclans wie in Hongkong sein. Dies ist die Herausforderung an unsere westliche Wertgemeinschaft. Eine globale Weltwirtschaft bedeutet *nicht*, daß es keine nationalen Wirtschaftsinteressen mehr geben wird. Beides ist auseinanderzuhalten und zu trennen, so schwer dies uns auch immer fallen mag. Die Ausgangssituation des wirtschaftlichen und politischen Handelns hat sich dennoch grundsätzlich verändert. Sie ist dadurch gekennzeichnet, daß Globalisierung das Ende der „Politischen Ökonomie" bedeutet. Nach dem „großen" Ost-West Konflikt werden wir weltpolitisch in eine Situation eintreten, die von den Konflikten zwischen wachsender Globalisierung und gleichzeitig zersplitternden Machtbereichen geprägt sein wird. Allgemein verbindliche Regelungen werden in dieser Situation schwerer durchzusetzen sein.

Aus dieser Ausgangssituation und durch das Ende des Kalten Krieges entstanden die Herausforderungen, deren Bewältigung in allen Teilsystemen der westlichen Gesellschaft, der Wirtschaft, des Rechts, der Politik, der Wissenschaft und den Familien, merkbar ihre Spuren hinterlassen haben. Dies erklärt die Hilflosigkeit der empfohlenen Strategien der vorliegenden Problemlösungen in diesen Teilsystemen. Man denke an die in Deutschland geplante Steuerreform und die Art, wie darüber diskutiert wird, oder die organisationellen Widerstände gegen eine – letztlich doch halbherzige – Änderung des Ladenschlußgesetzes. Wozu bedarf es in einer Dienstleistungsgesellschaft überhaupt einer gesetzlichen Regelung der Ladenschlußzeiten!? In Tokio und New York sind Läden 24 Stunden durchgehend geöffnet. Warum kann dies nicht in Deutschland der Fall sein!?

Die Neuen Medien:
Eine Kopernikanische Wende

Bis zum Jahre 2010 beabsichtigt Japan, ein landesweites Glasfaser-Kommunikationsnetz in eine digitale Übertragungstechnik überführt zu haben, die alle Verbraucher vernetzt. China ist dabei, unter der Regie des „China Education and Research Center", seine gesamten Universitäten und Forschungszentren bis zum Jahre 2000 zu vernetzen. Die Anwendungsfelder der modernen Kommunikationstechnologien auf der Basis von Hochleistungsdatennetzen sind nicht mehr abzusehen. Sie betreffen Telecomputer-Arbeitsplätze, Verkehrsleitsysteme, Telematik-Dienste wie zum Beispiel e-mail, Datentransfer, Video-Konferenzen u.a. für jedes Unternehmen, unabhängig von seiner Größenordnung, globale Wissensbeschaffung, elektronische Abwicklung der öffentlichen Aufträge, Stadt-Informationsdienste, elektronische Bibliotheken und vieles mehr. Die Gruppe der führenden Wirtschaftsnationen (G-8) – die USA, Kanada, Großbritannien, Deutschland, Frankreich, Italien, Japan, Rußland – hat bereits über entsprechende elektronische Pilotprojekte entschieden.

In einem globalen Medienverbund werden alle Erfolgschancen von Kommunikation davon abhängig, daß sie das elektronische Medium passieren und sich durch dieses vernetzen. Wir leben heute in einer Situation, in der die neuen Medien und die modernen Kommunikationstechnologien „Kommunikation" neu definieren und verändern. Dies wird unser Verständnis von Sozialem betreffen. Von der Entwicklung des Umgangs mit Zahlen und Rechenoperationen bis zum Satelitenfernsehen haben Informationstechnologien die wirtschaftlichen Aktivitäten und die sie tragenden Institutionen umgestaltet.

Um die mit den neuen Medien einhergehenden Veränderungen einschätzen zu können, ist es hilfreich, sich den Zusammenhang zwischen Kommunikation und Medienentstehung am Beispiel des Sprachmediums und der Verbreitungsmedien zu vergewissern (dazu N. Luhmann: 1997), um dann in einem weiteren Schritt die Frage zustellen, inwieweit die neuen Medien eine „Kopernikanischen Wende" einleiten?

Kommunikation und Medienentstehung

Die meisten Sozialwissenschaftler gehen davon aus, daß Medien evolutionäre Errungenschaften sind, die sich aus dem Erfordernis der Verarbeitung von Information und dem Anschlußproblem von Kommunikation entwickelt haben. Wir sprechen von Kommunikation als dem Ergebnis von erfolgreichen Kommunikationsversuchen im Sinne von absichtlichen Handlungen und Kommunikationsofferten. Kommunikationen kommen zustande, wenn eine Kommunikationsabsicht erkannt wurde. Insofern sind sie instrumenteller Art und immer vom Scheitern bedroht. Sie müssen angefangen und beendet werden und für ihren Fortgang gibt es keine letztlichen Sicherheitsgarantien. Kommunikation profiliert fortlaufend die *Entscheidung* über Annahme und Ablehnung von Kommunikation. Eine Entscheidung, die es ohne Kommunikation nicht gäbe. Die Wahl der Mittel und zum Beispiel die Einschätzung der Interessen eines Adressaten können leicht verfehlt werden. Damit hängt zusammen, daß Kommunikationsangebote das Unwahrscheinliche ihres Erfolgs und Fortgangs nicht aus sich selbst zu bewältigen vermögen. Kommunikationen sind ein sehr voraussetzungsvolles Ereignis. Haben sie Erfolg, so entsteht ein soziales System und damit die Chance, als Mitglied dieses Systems die Annahmechancen für die gesendeten Offerten zu verbessern und entsprechende Anschlüsse im Fortgang der Kommunikationsgeschichte zu gestalten. Kommunikationen operieren immer rekursiv. Sie setzen sich somit selbst voraus, das heißt eine nur einmalige Kommunikation kann es nicht geben.

Die Wahrscheinlichkeit des Unwahrscheinlichen

Kommunikationen können zustandekommen, wenn die Teilnehmer ihre Kommunikationsversuche und -absichten durch die Vorkehrung einer Unterscheidung sowie einer erkennbaren Verbindung zwischen Information, Mitteilungs- und Ausdrucksverhalten stützen. Jedes Kommunikationsangebot und jede Fortführung hat das Grundproblem zu lösen, die Motive der *Annahme* und des sich *Einlassens* auf eine Folgegeschichte zu veranlassen. Kommunikationen sind immer von ihrem Scheitern bedroht, sei es zum Beispiel aus Nicht-Verstehen, Desinteresse, Abbruch oder verfehltem Anschluß. Einfache Interaktionen unter Anwesenden erfordern immer besondere Vorkehrungen, da sie in der Regel nicht auf eigenen Beinen stehen können. Die soziale Konstruktion der Wirklichkeit besteht darin, daß „wir" als Mitglieder von Sozialsystemen eine Vielzahl von sozialen Beziehungen eingehen können. Die Erfolgschancen und die Folgen unserer Kommunikationen sind immer Funktionen besonderer Kontexte eines sozialen Beziehungnetzes, das wir in der Gleichzeitigkeit der ablaufenden Kommunikationen nicht übersehen können.

Um das Verstehens- und Motivationsproblem zu bewältigen, haben sich als Ergebnis einer evolutionären Selektion Kommunikationsmedien entwickelt, wie Geld, Macht, Argumente, Achtung u.a., die das grundsätzliche Scheiternkönnen aller Kommunikation kompensieren und die Annahmemotive steuern. Die Funktion von Kommunikationsmedien konnte sich erst in dem modernen funktional differenzierten Gesellschaftssystem erfolgreich stabilisieren (dazu G. Preyer: 1996 b). Kommunikationen bilden zu ihrer Prozessualisierung zwangsläufig ihre Mitgliedschaftsbedingungen aus, über die sich ihre Teilnehmer von ihrer sozialen Umwelt ausgrenzen und ihr soziales Netzwerk stabilisieren können. Mitgliedschaftsbedingungen sind nicht nur eine Bedingung der Fortführung von Kommunikation und der Kontakterleichterung, sondern das *erste* Kommunikationsangebot hat, sofern es erfolgreich ist, einen möglichen Anschluß und damit die Chance einer Mitgliedschaft in einem Sozialsystem begründet, so flüchtig die Begegnung auch immer gewesen sein mag. Mitgliedschaftsbedingungen sind auch die Voraussetzung der Entscheidungen über Mitgliedschaften und damit über Kommunikation und Nicht-Kommunikation. Die Entscheidung über Mitgliedschaft ist dabei aus der Perspektive der Kommunikation als eigene Entscheidung, sofern Zweifel entstehen, fortlaufend zu fällen. Auf dieser und nur auf dieser Basis können komplexere soziale Strukturen aufgebaut werden, zum Beispiel Linien, Stellen, Verfahren usw. Mitgliedschaften erlauben erst Personalisierungen, wie sie auch für formale Organisationen – und gerade da – charakteristisch sind.

Das *Sprachmedium* erlaubt es zum Beispiel, daß unser Erkennen und Verstehen strukturell über den begrenzten Wahrnehmungshorizont hinaus erweitert wird. Die *Verbreitungsmedien* „Schrift", „Druck", „Funk" und die modernen „Kommunikationstechnologien" des Medienverbundes erweitern nicht nur, sondern *ersetzen* und *privilegieren* bestimmte Wahrnehmungs- und Kognitionsfähigkeiten. Erst Schrift erlaubt eine klar geschnittene Unterscheidung zwischen Information, Mitteilung, Ausdruck und Kommunikationsabsichten, die bei der gesprochenen Sprache nicht leicht zu treffen ist. Alle Verbreitungsmedien führen zu einer höherstufigen Informationszufuhr und Verarbeitung. Sie ermöglichen dadurch eine indirekte Teilnahme an Kommunikationssystemen. Die Verbreitungsmedien selektieren jedoch ihrerseits durch ihre eigene Technik. Sie sind durch medientypische Erhaltungs-, Vergleichs- und Verbesserungsmöglichkeiten ausgezeichnet. Gegenüber der mündlichen, interaktions- und gedächtnisorientierten Überlieferung erweitern sie Kommunikationschancen und Möglichkeiten. Gleichzeitig wirken sie durch das Erfordernis der Ausbildung ihrer jeweiligen Kompetenzen für ihren Einsatz selektiv, das heißt sie schränken durch ihre technische Verarbeitung und Standardisierung die Voraussetzungen für die weiteren an sie anschließenden Kommunikationen ein (N. Luhmann: 1997). Insofern erzeugen Verbreitungsmedien medientypische Mitgliedschaftsbedingungen für Kommunikationssysteme, die sich durch sie entwickeln und prozessualisieren.

Alle evolutionär entstandenen Verbreitungsmedien haben vorhandene Sozialstrukturen einer Veränderung zugeführt, umgebaut und zum Verschwinden gebracht. Im Zuge dieser Entwicklung entstanden komplexer werdende soziale Beziehungen: Verbreitungsmedien haben fortlaufend die conditio humana *verändert*. Die modernen Kommunikationstechnologien bringen ein noch nicht bekanntes Niveau von „Selektions-" und „Motivationsanschlüssen" hervor. Sie entscheiden über die Lebensvoraussetzung der folgenden Generationen. Diese Technologien führen bereits erkennbar dazu, daß das soziale Gedächtnis mediale Eigenschaften bekommt. Alle sozialen Beziehungen basieren auf einem solchen Gedächtnis, dem sich *wiedererinnern* an gegebene soziale Strukturen und durchlebter sozialer

Episoden (Geschichte). Zum Erinnern gehört auch immer das Vergessen als eine Voraussetzung zur Aufnahme und Verarbeitung von Informationen. Das gilt grundsätzlich für alle Kommunikationen, da sie informationsbasiert sind und fortlaufend neue Informationen verarbeiten müssen. Das soziale Gedächtnis hat im Medienverbund keine individuellen Träger mehr. Es wird durch Großrechner gespeichert, es wird durch Netzwerke transportiert und entscheidet als dehumanisierter Teil dieser Technologie, der nicht mehr personenbezogen zugerechnet werden kann, über den Überlebenserfolg nicht nur von einzelnen Personen, sondern von Unternehmen, Staaten, vermutlich von ganzen Gesellschaften und sogar über das Weltsystem selbst. McLuhans bekannt gewordener Slogan „The medium is the message" ist so in seiner Vereinfachung eine soziale Wirklichkeit geworden.

In dem Zeitraum zwischen 1500 und 1900 ist die Rate derjenigen, die Lesen und Schreiben können, von fünf Prozent auf 90 Prozent gestiegen. Die Druckerpresse entstand und die allgemeinen Schulpflicht hat ein homogenes Bildungsniveau auf einer unteren Ebene sichergestellt. Höhere Schulabschlüsse gewährleisteten den Eintritt in die Bürgergemeinschaft. Zeitungen wurden zu einem Medium, das alle Gesellschaftsbereiche mit Informationen versorgte und in denen sich die unterschiedlichen sozialen Interessengruppen artikulierten. Für die Vereinigten Staaten stellte bereits Alexis de Tocqueville 1835 fest: „The consequence is, that nothing is easier than to set up a newspaper. (…) The number of periodical and semi-periodical publications in the United States is almost incredibly large" (S. 53). Durch Rundfunk und Fernsehen wurde die Schriftkultur als ausschließlicher Ausdruck von Wissen, Bildung, Intelligenz relativiert. Durch die neuen Medien wird das Buch in ähnlicher Weise obsolet, wie durch den Rundfunk und das Fernsehen tendentiell die Zeitungen. Die neuen Medien und die Computertechnologien führen zu einer Ablösung eines literarisch-alphabetischen Kulturbegriffs. Dies betrifft auch die anthropologischen Voraussetzungen unserer Kultur.

Ein globales Weltsystem wird zwangsläufig Differenzierungen von Kommunikation ausbilden, mit denen es seine eigenen Kommunikationsprobleme strukturiert. Die Vermehrung von Kommunikation, der Abbau von Begrenzungen in der Kontaktaufnahme unabhängig von der Zugehörigkeit zu Familien, Organisationen, Kulturen und Staaten, die Erwartungen an und der Anspruch auf Kommunikation führt zwangsläufig zu inflationären Prozessen, damit aber auch zu Enttäuschungen, Rückzug und Überforderung. Je *mehr* wir durch Kommunikationen erfahren, sei es zum Beispiel über Umweltprobleme, wirtschaftliche und wissenschaftliche Entwicklungen, Skandale usw., um so mehr werden Risiken des Zusammenbruchs, des Nichtverstehens von Kommunikation programmiert. Gleichzeitig gibt es aber auch kein zurück zu „einfacheren Verhältnissen". Aus dem Kommunikationsnetz eines globalen Weltsystem kann man nicht mehr „ausbrechen": Man kann nur noch über Kommunikation und Nicht-Kommunikation, somit über ihren Fortgang und Abbruch *entscheiden*. Eine Entscheidung, die natürlich auch für Nicht-Kommunikation ausfallen kann. Wir werden zu lernen haben, mit Kommunikation so umzugehen, wie mit einem „knappen Gut". Andererseits wird man davon ausgehen müssen, daß ohne inflationäre Prozesse „Kommunikation" nicht expandieren kann. Sie sind sozusagen der „Preis", ohne den Anschluß in einem globalen Weltsystem nicht mehr zu haben ist.

Die virtuelle Wirklichkeit:
Eine „Vertiefung des Augenblicks"

Die grundlegende Änderung, mit der wir bereits rechnen müssen, betrifft die Beziehung zwischen „uns" und der Technik. Das digitale Zeitalter wird eine neue Kompetenz entwickeln, die *computer literacy* (N. Bolz). Auch wenn die alten Kulturtechniken nicht völlig verschwinden werden, so sind sie bereits heute nicht mehr das Medium, mit dem Informationen verarbeitet, aggregiert, mitgeteilt und gedeutet werden. Darin ist eine grundlegende Veränderung sowie eine neue Möglichkeit der Intelligenzentwicklung erkennbar. Die Entwicklung der neuen Medien und Computertechnologien ist jedoch andererseits indifferent gegenüber den begrenzten Verarbeitungskapazitäten ihrer Benutzer. Diesen Begrenzungen seitens ihrer Anwender kann ihrerseits durch *Simulation* begegnet werden.

Die neuen kognitiven Muster

Das Weltsystem und die Weltgesellschaft ist ein autonomes Kommunikationssystem, das nicht auf Bewußtsein und lebende Systeme zurückführbar ist, sondern das auf der Basis von elektronischen Systemen operiert. Es ist nicht beherrschbar, sondern nur durch rekursive Operationen vernetzbar. Um dies zu bewältigen, bedarf es einer Variation und Restrukturierung unserer geistigen Fähigkeiten. Sie besteht darin, daß

- *Kausalität* durch *Rekursion* und
- *Klassifikation* durch *Mustererkennung*

zunehmend ersetzt werden. Der Computer erlaubt es seinem Benutzer, an einem Kommunikationssystem teilzunehmen, ohne daß er den Prozeß der Operation selbst konstruiert oder nachvollzieht. Um eine Operation durchzuführen, braucht er nur eine Tastenkombination zu betätigen. In einem vereinfachten Vergleich ähnelt dieser Vorgang dem der Erinnerungsfähigkeit bei der Ersetzung der gesprochenen Sprache durch Schrift.

Der grundsätzliche kulturelle Einschnitt, der mit der Computerentwicklung und ihrer Verbreitung einhergeht, bedeutet die Etablierung eines neuen *Rationalitätsparameters,* auf dem die Erzeugung und der Umgang mit einer virtuelle Wirklichkeit beruht. Worin besteht das *Neue* dieses Parameters?

Für Benutzer dieser Technologie, der mit ihr Daten analysiert oder ein Videospiel spielt, wird die Zukunft projektiert: Die Informationen sind bearbeitet und die Ergebnisse sind durch die möglichen programmierten projektierten Zukunftszustände bedingt. Die Aktivität des Benutzers ist durch ein eher fließendes analytisches Denken zu charakterisieren, das heißt es ist operativ und hat immer wieder den Anschluß an Operationen herzustellen. Die Schrift- und Rundfunkkultur ist

- evokativ, dynamisch und konkret,

die Computerkultur dagegen

- referentiell, fortdauernd, das heißt, es gibt in ihr weder Zyklen noch eine historische Zeit, und konzeptuell.

Der Rationalitätsparameter der neuen Medien ist nicht linear, sondern *gleichzeitig* und *netzartig*. „Punkt" und „Linie" als die Grenzen des uns bekannten Zeitfeldes werden durch die Medienzeit abgelöst. „In der *Medienrealität* ist alles der Tendenz nach: *gleich-nah* und *gleich-zeitig*. Im elektronischen *Hier* und *Jetzt:* in Punkten hoher Augenblicksverdichtung vollendet sich der zivilisationsgeschichtliche Prozeß in der Herstellung absoluter Immanenz; was ist, ist im Hier und Jetzt eines momentan aufblitzenden Punktrasters, nicht vorher, nicht nachher, nicht außen, nicht innen. Mit den hohen Verschaltungs-Geschwindigkeiten der elektronischen Apparate schrumpfen die „alten" zeit-räumlichen Distanzen: damit schwinden die gewohnten Erlebnis- und Wahrnehmungs-Spielräume für Fremdes und Eigenes, geht die Grenzerfahrung verloren. Die Gleich-nahe und gleich-zeitige Zeichen-Welt der Medien bietet sich dar in einem Modus zwischen „fremd" und „eigen"." (G. Großklaus: 1995, S. 111)

Wir können bereits davon ausgehen, daß die Orientierung an den Zeichen, Symbolen und Operationsweisen der neuen Medien zu einer „neuen *Zeitkarte*" geführt hat, die ausschließlich zwei Grundbeziehungen notiert: gleichzeitig versus nichtgleichzeitig, (ungleichzeitig) gegenwärtig versus nichtgegenwärtig. „Die Zeit-Karte ist als Netzwerk-Karte vorstellbar, nach der unterschiedlichste Daten aus früher abgegrenzten Territorien punktuell in wechselnden Zusammenstellungen verschaltet werden können: es entstehen flüchtige Vernetzungen von Daten aus früher abgegrenzten Territorien, die punktuell in wechselnden Zusammenstellungen verschaltet werden können: es entstehen flüchtige Vernetzungen von Daten aus den „alten" Innen- und Außenfeldern, aus Nah- und Fern-, Eigen- und Fremdräumen, aus Kultur- und Natur-Räumen, Privat- und Öffentlichkeitszonen: und zwar simultan in der neuartigen Form prozessualer Medien-Texte." (G. Großklaus: 1995, S. 111–112). Eine Computeranimation und die durch sie hergestellten Bildabschnitte sind von einem Rechenprogramm errechnet, die gegenüber unseren natürlichen Wahrnehmungsgegenständen und den natürlichen Eigenschaften Realitäten zweiter Ordnung herstellen, die Informationsverarbeitung im Austausch mit dem Benutzer ist programmatisch und simulatorisch. Forschung und Entwicklung, Raum- und Luftfahrt, elektronische Medizin, Medienkunst, Strategieplanung in Wirtschaft und Militär wird sich immer mehr dieser Simulationsverfahren bedienen und sie nutzen.

Virtuelle Realität

Virtualisierung erzeugt eine eigene Realität, die mit „unserer" Anschauungsrealität verknüpft wird. Auf dieser Ebene wird die Beziehung zwischen Bewußtseinssystem und Realität erster Stufe, unsere gewohnte natürliche Anschauung und Einstellung, grundsätzlich verändert, da die „Raum-Zeit" des elektronischen Mediums nicht mehr von außen begrenzt wird oder zu begrenzen ist beziehungsweise sich begrenzen läßt. Raum ist kein Ort, keine Bühne mehr, das Zeiterleben ist nicht mehr durch Sukzession bestimmt, sondern es wird in eine „unendliche und konstante Vertiefung des Augenblicks" (P. Virilio) überführt. „In der Medienrealität hat nichts „seinen Ort", sondern alles „seine Zeit": seinen flüchtigen Zeitpunkt: seine kurzfristige Präsenz als Lichtspur auf dem Monitor. Konstellationen erscheinen und verschwinden im Bildfeld: in diesem beschleunigten Prozeß des Erscheinens und Verschwindens (Virilio) ist jegliche räumliche und zeitliche Tiefe getilgt: die Wahrnehmung und Erfahrung aber des Fremden und des Eigenen setzt diese Tiefe voraus. Im tiefenlosen Augenblick der Bild-Erscheinung auf dem Monitor fallen Fremdbilder und Eigenbilder zusammen und neutralisieren sich in einer vollkommen neuen Bild- und Textstruktur." (G. Großklaus: 1995, S. 112).

Die Medienrealität ist eine Schnittfläche, auf beziehungsweise in der Vergangenes beliebig vergegenwärtigt und zukünftige Möglichkeiten vorweggenommen werden können. Die *Simulation* verändert alle unsere Orientierungen und bedeutet das Ende von historischer Zeit im Sinne einer sozialen Zeit in einem geschichtlich bestimmten Kontext, den wir uns als Zeitablauf vergegenwärtigen, wenn wir von der Geschichte unserer Eltern, einer Nation, der Wissenschaft, unser Biographie usw. sprechen und sie als Zeitablauf beziehungsweise als „Zeitfluß" an entsprechenden Symbolen, Gegenständen,

Bildern, Beschreibungen vergegenwärtigen. Damit wandeln sich „unsere" Wertungen in Bezug auf die Verbindung zwischen zeitlicher Sukzession und Fortschritt in dem Sinne, daß das Spätere das evolutionär Überlegene sei. An Vergangenes kann angeknüpft, es kann anders fortgeführt werden und in der Zeitfläche der medialen Realität durch Simulation mit Zukünftigem zusammenlaufen, „sich erweitern" oder „schrumpfen" (G. Großklaus: 1995). Umberto Ecos Text Das *Foucaultsche Pendel* ist ein Ausdruck und eine Symbolisierung dieser Struktur.

McLuhan behauptete, daß der Übergang zum Buchdruck die Rede ersetzte, das heißt das Auge ersetzte das Ohr und die sozialen Beziehungen verloren an direktem personalen Ausdruck und gemeinsamen Erleben. Über das Verbreitungs- und Informationsmedium des Drucks wurden kommunikative Distanzen eingerichtet, die zugleich ohne Anwesenheit und Teilnahme an Kommunikation und sozialen Ereignissen eine höherstufige Informationszufuhr, Verarbeitung und indirekte Teilnahme ermöglichten. Kommunikation operierte sozusagen mit anderen Mitteln. Wir befinden uns in einer Entwicklung, in der die moderne Kommunikationstechnologie den Buch- und Zeitungsdruck, den Rundfunk und das Fernsehen ersetzen wird. Es ist nicht mehr ausgeschlossen, sondern eher wahrscheinlich, daß der Cyberspace unseren Begriff von Humanismus und der Humaniora veralten und damit überflüssig werden läßt. Die mit ihnen einhergehenden Ansprüche werden so suspendiert. Das heißt zwar nicht, daß man nicht auf dem Bildschirm Arthur Rimbauds „Illuminations" (1872/3) liest; es wird jedoch kein Text mehr sein, der seinen interpretatorisch verbindlichen Ort in der Entwicklung der modernen Lyrik hat. Dies wäre nur ein möglicher Kontext und *eine* Lesart.

Immanuel Kant, den Friedrich Nietzsche den „Chinesen aus Königsberg" nannte, sprach in bezug auf das Verständnis der modernen Wissenschaften von einer „Kopernikanischen Wende", einer Revolution unserer Denkungsart, sie besagt, „daß die Vernunft nur das einsieht, was sie selbst nach ihrem Entwurfe hervorbringt, daß sie mit Prinzipien ihrer Urteile nach beständigen Gesetzen vorangehen und die Natur nötigen müsse auf ihre Fragen zu antworten, nicht aber sich von ihr allein gleichsam am Leitbande gängeln lassen müsse; ..." (I. Kant: 1966, S. 25). Schlagwortartig bedeutet dies, daß „wir" der Natur die Gesetze vorschreiben. Von einer Kopernikanischen Wende sollten wir im Hinblick auf die modernen Medien sprechen, da sie die Organisation und Orientierungen unserer kognitiven Fähigkeiten respektive Systeme und damit unsere Rationalitätsparameter grundsätzlich ändert. Das Denken, Operieren und Simulieren in Netzwerken bedeutet eine „Revolution unserer Denkungsart". Die Oberfläche des Bildschirms ist eine Simulationswelt und wir simulieren nur dasjenige gleichzeitig und netzartig, was durch ein Rechenprogramm errechnet wird. Es hat keinen individuellen Träger, sondern ist ein Algorithmus der fortlaufend auf sich selbst angewandt wird, das heißt Rechenoperationen „schreiben uns" die *Tiefe* und *Breite* von Simulationen als einer Medienrealität, einer Realität zweiter Ordnung gegenüber der natürlichen Wahrnehmungswelt, vor. Dadurch wird insgesamt ein konzeptuelles Denken befördert. Damit wird vermutlich einhergehen, daß die Buch- und Schriftkultur durch eine „Wiederkehr der Bilder" im Multimediazeitalter ihre Dominanz verlieren wird. Es wird weiter Bücher geben, die Funktion des „Buches" wird im Zuge dieser Entwicklung jedoch an die „neuen Medien" abgegeben. Darauf wurde bereits wiederholt von Medienfachleuten aufmerksam gemacht. Sie übernehmen das Speichern und Verarbeiten von Information sowie die Darstellung von Wissen.

Die Weichen sind bereits dahingehend gestellt, daß sich „virtuelle Realität" zu einem „Organisationsmedium von Organisation" entwickelt. Diese Technologie wird zu einer Realität, die es ihren Benutzern erlaubt, mit den Software-Realitäten in einer Weise zu kommunizieren, als ob es natürliche Wirklichkeiten seien. Sie können beliebig aufgestuft werden: Virtuelle Realitäten können Gegenstand virtueller Realitäten sein. Diese Technologie hebt alle Begrenzungen der vorhandenen Telekommunikation wie Telephon, Radio, Fernsehen u.a. auf. Sie verändert durch diese Möglichkeit grundsätzlich das kooperative Handeln. Man denke nur an das einfache Beispiel der gemeinsamen Abfassung eines Textes oder Dokuments von Personen, die sich in Tokio, München, Berlin, New York, Kapstadt etc. befinden.

Die kulturellen Herausforderungen eines globalen Weltsystems und der virtuellen Wirklichkeit und Rationalität der neuen Medien bestehen in der Entwicklung der Fähigkeit der operativen *Abstraktion* als Voraussetzung des Umgangs mit dem kommunikationstechnologischen Netz und einem Realismus im Hinblick auf die Einheiten dieses Netzes als seine sozialen Kontexte. Diese Ausgangssituation bringt die uns überlieferte und bis heute wirksame Selbstbeschreibung der modernen Kultur und Gesellschaft durch einen „universellen Diskurs" und eine „Romantisierung der Natur" zum Verschwinden. Die „Kultur" des Weltsystems ist nicht die des Humanismus, das heißt sie wird nicht am Menschen orientiert sein, sondern an Systemmitgliedschaften. Es betrifft dies die uns bekannten Leitorientierungen und Selbstbeschreibungen der Teilsysteme der modernen Gesellschaft der Wirtschaft, des Rechts, der Wissenschaft und der Politik, aber auch des Kunstsystems. Es läßt sich nicht mehr ganz ausschließen, daß das moderne Recht in diesem Weltsystem keine Zukunft mehr hat. Vielleicht ist es nur eine Anomalie des modernen Gesellschaftssystems gewesen, wie es N. Luhmann vermutet. Die Selbstbeschreibungen der modernen Kultur wird soziologisiert und als Entwurf und Beschreibungen der Hegemonie der modernen Zentren London, Paris, Wien, New York historisiert (A. Bergesen: 1998). Sie verlieren ihren universellen Geltungsanspruch. Das Weltsystem kann sich nicht am Leitfaden eines Bildes vom Menschen selbstidentifizieren und verstehen, sondern nur noch auf der Basis von vernetzten über die neuen Medien gesteuerten Operationen. Es ist nicht mehr durch eine natürliche Weltwahrnehmung zugänglich. Das Interaktionssystem des Weltsystems differenziert und verknüpft sich durch Operationen und Organisationen, die auf der Basis eines Medienverbunds operieren. Ein Organisationssystem, neben anderen, sind die bestehenden Staatsorganisationen. In diesem Verbund spielen die „Symbolanalytiker" eine immer bedeutendere Rolle. Das wird die Arbeitsplätze weiter revolutionieren.

Die neuen Medien als Chance

Im Zeitalter der Universalisierung der Schriftkultur ersetzten das Unterschreiben von Verträgen das Handschütteln und andere Gesten als Verfahren der Inkraftsetzung der eingegangenen Bindungen. Die Übereinstimmung und Einwilligung in soziale Beziehungen wurde in ihrer „höchsten" Bindung durch Geschriebenes verbindlich. Im Computerzeitalter wird diese Versachlichung durch eine Computereintragung ersetzt. Viele haben schon die Erfahrung gemacht, daß es ihre Hotelreservation nicht gab, da sie nicht im PC eingetragen war.

Computergestützte Informationsverarbeitung ist ein nicht mehr wegzudenkender integraler Bestandteil der Operationen aller Teilsysteme des Gesellschaftssystems geworden, mit denen sie ihre Aktivitäten koordinieren und die über ihren operativen Status an den Märkten entscheiden. Mit ihnen operieren Unternehmen, die öffentliche Verwaltung, Krankenhäuser, wissenschaftliche Institutionen, Gerichte und Anwaltskanzleien. Die Computertechnologie erlaubt es ihren Benutzern, große Mengen von Informationen auf komplexen Wegen mit großer Genauigkeit und Schnelligkeit zu verarbeiten, neu hervorzubringen und weiterzugeben. Die Weichen werden dahingehend gestellt, daß die privaten Haushalte vernetzt werden. In zehn Jahren wird man sich dabei nichts mehr denken. Es wird eine Selbstverständlichkeit sein. In Kalifornien sind bereits 80 Prozent der privaten Haushalte vernetzt. Wir müssen begreifen, daß die neuen Medien alles Soziale nicht nur tiefgreifend verändern werden, mehr als Buchdruck, Telephon, Radio und Fernsehen, sondern Soziales ein Teil einer Mediensimulation wird.

Während des zweiten Weltkrieges kooperierte Großbritannien mit den Vereinigten Staaten bei der Entwicklung von informationsprozessierenden Maschinen. Im Zuge der wirtschaftlichen Stagnation Großbritanniens und der Verstaatlichung von Unternehmen entwickelte sich dort nach dem Krieg keine Computerindustrie. Die Japanische Regierung erklärte 1957 die Entwicklung der Elektronik zu einer nationalen Priorität. Große Investitionen in die Entwicklung von Mikrochips seit den achtziger Jahren führten dazu, daß Japan neben den Vereinigten Staaten der führende Produzent auf diesem Gebiet ist. Ein Anschluß an diese Entwicklung wird für Deutschland nur durch die Globalisierung möglich sein. Dies belegt das Unternehmensnetz von Siemens. Mit den neuen Medien werden sich nicht nur die Arbeitsplätze und Qualifikationen der Mitarbeiter verändern, sondern sie werden einen großen Teil der zukünftigen Arbeitsplätze zur Verfügung stellen. In Silicon Alley (Manhatten) sind zwischen 1994 und 1996 in den Bereichen Software und Multimedia 18 000 Jobs und 1 100 neue Unternehmen entstanden. Hier hat der deutsche Standort nachzuholen. Konkurrenzfähig werden Standorte nur sein, wenn sie ihre Kompetenz im Financial Service, den Neuen Medien und der Software fortlaufend verbessern und in sie investieren. Die Schätzungen gehen dahin, daß in Europa in den nächsten zehn Jahren im Bereich der Neuen Medien an die vier Millionen Arbeitsplätze entstehen werden. Das bedeutet, daß wir die Berufsausbildung und das Universitätsstudium an neuen medien-orientierten Berufsbilder orientieren müssen. Auf dem Ist-Stand ist das gesamte Ausbildungssystem noch zu stark an den produzierenden Berufsbildern orientiert. Die gesamte Forschungs- und Entwicklungspolitik ist immer noch an dem industriellen Bereich ausgerichtet, zum Beispiel entfallen 90 Prozent der staatlichen Forschungsaufwendungen auf den Industriebereich. Hier bedarf es einer grundsätzlichen Neuorientierung. In einer globalen Wirtschaft wird nur derjenige Standort überleben, der in die modernen Technologien investiert und diese Entwicklung befördert. Die neuen Medien sollten und müssen wir als eine Chance, nicht als eine Gefahr, begreifen.

Der Überlebensimperativ: Technologieentwicklung

Konkurrenzfähigkeit und ein wirtschaftliches Wachstum werden im 21. Jahrhundert diejenigen Standorte haben, die in die Entwicklung der Hochtechnologie und auf der ganzen Breite der Naturwissenschaften investieren. Verhaltens-, Kommunikations- und Organisationswissenschaften sollten hier nicht ausgeschlossen werden. Ihnen wird eine neue Bedeutung zukommen. Dies liegt nahe, da die neuen Prototypen von Organisation in Wirtschaft und Verwaltung in einem größeren Umfang als zum Beispiel die klassische Verwaltung „wissensbasiert" sein werden und in fortlaufende Restrukturierungsprozesse einmünden. Dazu bereit zu sein, an erster Stelle stehen zu wollen, die erforderlichen Institutionen zu entwickeln, wird über den Selektionserfolg der Standorte in einem globalen Wirtschaftssystem sowie über die soziale Stabilität und die wirtschaftliche Konkurrenzfähigkeit entscheiden.

Die Rolle der Wissenszentren

Die Entwicklung von Technik und Informationstechnologien war immer in den Kontext einer sozialen Struktur eingebunden. Durch ihn wurde sie begünstigt, erschwert oder verhindert. Die Entwicklung der Schriftkultur in China fand im politischen Zentrum des Palastes statt, während sie in Europa im Zentrum der Marktstruktur sozialstrukturell eingebunden war. Dies hat das Interesse und die Nachfrage und im Fortgang die Ausbildung von Institutionen zur Wissenstradierung und Erneuerung befördert. In Europa entstand, im Unterschied zu China, zum ersten mal eine für einen Markt berechnete und an ihm orientierte Herstellung von Büchern, Zeitungen und Zeitschriften, die zwar auf Teilsysteme spezialisiert wurde, gleichzeitig jedoch allgemein zugänglich war und die Mitglieder des sozialen Systems mit großen Mengen von neuen Informationen versorgte. Die Art der Verbreitung von Information ist ein integraler Bestandteil der Organisation unserer Erfahrungen und die Art des Zugangs zu einer Sprache wie japanisch, englisch, deutsch usw. hat Einfluß auf die Struktur unseres Bewußtseins. Wissenzentren sind ein Kontext, deren Organisation und Entwicklung über die Verbreitung von Informationstechnologien entscheidet.

Das Wissenschafts- und Universitätssystem ist ein Wissenszentrum in ähnlicher Weise wie die modernen Verwaltungen, welche die Funktion einer Informationstechnologie zweiter Stufe haben. Diese Zentren entwickeln bei ihren Mitgliedern und Absolventen Fertigkeiten, Grundsätze, Überzeugungen und Verhaltenskonditionierungen, die für ihre weitere Rollenübernahme in anderen Bereichen nützlich und erforderlich sind. Die klassische Ausprägung fand dies im System der Berufsrollen in allen gesellschaftlichen Teilsystemen. Diese Zentren konnten erst in Gesellschaften entstehen, die über entwickelte Informationstechnologien verfügten. Eines der ersten dieser Wissenszentren war Heliopolis in Ägypten, das im Jahre 2700 a.c.n. entstand, in dem Kalenderberechnungen vorgenommen und schriftlich niedergelegtes Wissen für Prognosen genutzt wurde. Wissenzentren haben eine ökonomische, militärische und verwaltungsorganisatorische Funktion, wobei die Entwicklung seit dem 19. Jahrhundert immer mehr dahingeht, daß die ökonomischen, militärischen und verwaltungsorganisatorischen Strukturen von diesen Zentren abhängig werden. Man sollte sich nur einmal vor Augen führen, wie viele Institutes of Technologies es in den Vereinigten Staaten gibt und in welchem Ausmaß sie sich mit den anderen Teilbereichen des Sozialsystems austauschen, seien es Verwaltungen auf Gemeinde-, Landes- oder Bundesstaatebene, oder Unternehmen. In Amerika gibt es rund 20 000 Lehrinstitute, Colleges eingerechnet.

Die Technologieentwicklung als Imperativ

Ein rationales Wirtschaften als der Umgang mit knappen Mitteln, erfolgte unter den folgenden Rahmenbedingungen und konnte sich erst bei der Gewährleistung dieser Bedingungen prozessualisieren:

- Der Disposition über Güter und Dienste nach Maßgabe ihrer Kostengünstigkeit,

- dem Vorhandensein von Informationsträgern über Beschaffungs- und Absatzalternativen,

Der Überlebensimperativ: Technologieentwicklung

- der kostengünstigen Organisation der Arbeit und der entsprechenden Arbeitsdisziplin im Zusammenhang mit der Entstehung von Berufsrollen; die Konkurrenz auf dem Markt ist hierzu eine günstige Voraussetzung und

- der Nutzen- und Gewinnkalkulation.

Die Entwicklung von Technik und Technologie ist ein prominenter Anwendungsfall der Nutzung des wissenschaftlichen Wissens bei der Bewältigung ökonomischer Aufgabenstellungen. Mit der modernen Technologie tritt eine Entwicklung ein, die dahingeht, daß Wissen nicht mehr eine Sache von Monopolisten ist, zum Beispiel einer Priesterkaste. Es ist mittlerweile kein Monopol der westlichen Gesellschaften mehr. Das indische Bangalore hat sich zum größten Software-Zentrum neben Silicon Valley entwickelt. Wissen ist mittlerweile weltweit vorhanden und über die globale Vernetzung jederzeit verfügbar. Es ist, neben Organisation, zu einem entscheidenden Produktionsfaktor geworden. Im nächsten Jahrhundert wird Kopfarbeit die Handarbeit ersetzen und es werden Branchen dominieren, die keine nationale Heimat mehr haben. Mikroelektronik, Biotechnologie, Werkstoffindustrie, Telekommunikation, Flugzeugbau und Computerindustrie können sich an fast jedem Ort ansiedeln, sie sind nicht mehr *standortabhängig*.

Die sich abzeichnenden Entwicklungen werden zu ihrer Bewältigung ein höheres und anderes Technikniveau als das des 19. und 20. Jahrhundert erfordern. Für Deutschland heißt dies, daß es die in der Öffentlichkeit weit verbreitete und geschürte Angst vor der Hochtechnologie verlieren muß. Nicht weniger, sondern mehr Forschung und Investition, das heißt mehr Technik und Veränderungsbereitschaft, wird hierfür erforderlich sein. Nur dadurch wird auch eine Verbesserung der Umweltsituation herbeigeführt werden können. Durch die Ausrüstung mit Filtern und moderner Abgasreinigungstechnik haben wir Kraftwerke, Industriebetriebe und Müllverbrennungsanlagen dahingehend verbessert, daß die Luftbelastung auf einen unbedenklichen Wert eingeschränkt werden konnte. Die bisherige Umweltpolitik hat sich mit Schadstoffen befaßt. In Zukunft wird sie sich mit „Stoffumsätzen" beschäftigen, das heißt die Umwandlung von Rohstoffen und

Energien in Produkte verursachen Abwässer, Emissionen und Abfälle. Hier bedarf es nicht *weniger* Forschung, sondern *mehr* Wissenschaft. Dies ist nur durch Investitionen in die Spitzentechnologien zu bewältigen. Globalisierung wird diese Entwicklung beschleunigen. Zum Verständnis dieser Zusammenhänge bedarf es eines anderen Technikbegriffs und ein anderes Technikverständnis, das gegenüber den üblichen negativen Konnotationen neutral ist, das heißt wir dürfen die Technisierung von evolutionären Errungenschaften nicht in der Weise auffassen, als sei „Gesellschaft" und „Soziales" oder die „Zivilisation" „selbst technisch geworden"; etwas, das schlicht unzutreffend ist. (Vgl. dazu N. Luhmann: 1997, S. 517–536).

Erforderlich sind in einem noch nicht bekannten Ausmaß Investitionen und Forschungen in Technologiebereiche wie:

- *Mikrosystemtechnik:* Sie wird voraussichtlich eine Schlüsselindustrie des nächsten Jahrhunderts. Sie betrifft eine Miniaturisierung und Optimierung von Mikroelektronik, Mikromechanik und Mikrooptik durch Systemtechniken. In Deutschland können etwa 10 000 Unternehmen diese Technologie bereits einsetzen. Hinzuweisen ist in diesem Zusammenhang auf das Mikrosystemtechnik-Programm des deutschen Bundesministeriums für Bildung, Wissenschaft, Forschung und Technologie, das eine Kooperation zwischen mittelständischen-, Großunternehmen und Forschungsinstituten fördert. Bosch, Temic, Dasa, Siemens und Micropart und die Fraunhofer Institute für Produktionsanlagen und Konstruktionstechnik sind bereits auf diesem Gebiet ins Engagement gegangen.

- *Weiterentwicklung* von *Personal-Computer gestützten Steuerungssystemen:* Ohne ein Intranet-Kommunikationssystem wird in Zukunft eine Integration von Geschäftsabläufen nicht mehr möglich sein. Dies betrifft den Produktions-, aber auch den gesamten Organisationsbereich von Unternehmen und öffentlichen Verwaltungen.

- *Biotechnologie:* Die Weltbevölkerung kann nur noch mit gentechnisch veränderten Nutzpflanzen ernährt werden. Sonst wird bei wachsender Weltbevölkerung, man erwartet in den nächsten 50 Jahren eine Bevölkerungszunahme von fünf auf zehn Milliarden, die Sterblichkeit in den Entwicklungsländern drastisch steigen. Gleichzeitig ist die Produktivität der vorhanden Nutzflächen zu erhöhen.

- *Chemie:* Es ist nicht weniger, sondern mehr Innovation in der Chemie erforderlich. Die Chemie wird sich mit der Physik und Biologie überschneiden. Dadurch werden sich neue Perspektiven eröffnen. Deutschland muß bei der chemischen und pharmazeutischen Erfindung und Produktion wieder an erster Stelle stehen.

- *Energieverbrauch und Klimaschutz:* Wir werden in diesem Bereich weitgehende Veränderungen herbeiführen müssen. Das kann nicht heißen, daß energieintensive Unternehmen mit einer Energiesteuer belastet werden, die ihre Konkurrenzfähigkeit gefährden würde.

Die Belastung der natürlichen Umwelt wird in Zukunft nur durch die Fortentwicklung neuer Methoden und Verfahren der Biotechnologie verringerbar sein. Dies ist eine Herausforderung, der sich Politik, Verwaltung, Wissenschaft und Wirtschaft stellen müssen. Ein Signal hierfür war bereits, daß die *Environmental Protection Agency* (EPA), die Umweltbehörde der Vereinigten Staaten, schon in ihrem Bericht aus dem Jahre 1990 anerkannte, daß nur durch die Weiterentwicklung von innovativen Technologien die wachsenden Umweltprobleme gelöst werden können. Die Biotechnologie kann gegen die Umweltverschmutzung eingesetzt werden, da gentechnisch entwickelte Mikroorganismen den Einsatz von Chemikalien verringern. Auf diesem Gebiet ist deshalb die Forschung zu fördern. *In Europa fehlt allerdings bei den Umweltbehörden eine solche Einsicht.* In Deutschland sind, im Unterschied zu Japan und den Vereinigten Staaten, die Weichen eher dahingehend gestellt worden, daß es den Anschluß an die Molekularbiologie und ihre Umsetzung in die Gentechnologie verlieren wird. Auch in diesem Punkt wird die deutsche Wirtschaft und Wissenschaft nur durch Globalisierung aufholen.

Es spricht alles dafür, daß auf gentechnische Verfahren in der Biologie nicht mehr verzichtet werden kann. Sie finden ihre Anwendung in:

- der *biologischen Grundlagenforschung* bei der Erkenntnis von enzymatischen, genetischen und biochemischen Vorgängen bei Warmblütern, Insekten, Pflanzen und Mikroorganismen;

- der *Ursachenerkenntnis und Behandlung von Krankheiten*, zum Beispiel Krebs und Immunschwäche; der Herstellung von Medikamenten, die dadurch kostengünstiger kalkuliert werden können;

- der *somatischen Gentherapie* (Entnahme, Behandlung und Retransplantation von Körperzellen);

- der Verbesserung von *Diagnoseverfahren bei Krankheiten*, Lebensmittelkontrollen, Umweltanalyse usw.;

- der *Güteverbesserung der Pflanzenzüchtung* durch zum Beispiel die Hitze-Kälteverträglichkeit, Insekten-, Virus- und Pilzresistenz u.a. und schließlich;

- der *umweltverträglichen Herstellungsverfahren* mit der Wirkung eines geringeren Chemikalien- und Lösemittelmengeneinsatzes, einer gesteigerten Produktionsmenge und des damit verbundenen Rohstoffverbrauchs (D. Brauer: 1996).

Es fehlt immer noch die Bereitschaft einzusehen, daß für gentechnische Forschungsanlagen, Herstellungen und Freilandversuche keine weiteren oder gar erhöhte Auflagen nötig, sondern, daß produktorientierte Regelungen wünschbar und sinnvoll sind. Bis heute lassen sich keine Fälle belegen, bei denen durch die Anwendung der Gentechnologie jemand zu Schaden gekommen wäre. In den Vereinigten Staaten gibt es dafür zum Beispiel keine Hinweise.

Mut zur Ehrlichkeit

Die Auseinandersetzung über die Gefährdungen ist nicht durch die Kenntnisnahme von Fakten, sondern durch fundamentalistische Reaktionen motiviert, die sich ihrerseits in Parteiprogrammen niedergeschlagen haben. Ohne wissenschaftliche Einsichten und ihre Umsetzung in Technik und Technologien wäre eine Diskussion zum Beispiel über gesundheitliche Folgen von bestimmten Arbeitstechniken, die Umweltbelastung von Produktionsstätten, die Sicherung von Kraftwerken u.a. nicht denkbar. Ohne die Institutionalisierung der modernen Wissenschaft und ihrer Regeln der Wissensbegründung könnten Einsichten über diese Zusammenhänge gar nicht zur Geltung gebracht werden. Allerdings sind einer Ethisierung von Wissenschaft enge Grenzen gezogen. Das Einrichten von Ethikkommissionen stellt sich zudem als eine Behinderung der Forschung heraus. In ihnen profilieren sich dann in der Regel die Ideologen und Opportunisten gegenüber den gängigen Trends. Es gibt vermutlich wenig Einrichtungen, in denen sich, so wie in den genannten, mit Vorliebe „Wichtigtuer" versammeln. Der Versuch, „Forschungsverbote" zu institutionalisieren, wird an der Globalisierung des Wissenschaftssystems scheitern.

Die Investitionen zum Beispiel der Japaner in die Technologieentwicklung beschleunigten sich seit der zweiten Hälfte der achtziger Jahre und machten sie erfolgreich. Zwischen 1988–1990 wurde von ihnen mehr als in den Vereinigten Staaten in die Technologien der Produktionsverbesserung in Richtung auf vollständige Automation investiert. 1989 waren es 23,2 Prozent des Bruttosozialprodukts in Fabrikanlagen und Investitionsgüter. Die Investitionen in die Infrastruktur, in Straßen, Häfen, Flughäfen und Vertriebseinrichtungen, war zudem erheblich höher als in Deutschland und den Vereinigten Staaten. Die Technologiepolitik eines Landes wird die Zukunft seiner wirtschaftlichen Entwicklung bestimmen und über ihren Erfolg im Wettbewerb entscheiden. Mit ihr wird die Weichenstellung für jede zukünftige Entwicklung vorgenommen. Dabei den Anschluß nicht zu verfehlen, wird zum entscheidenden Faktor des Wettbewerbsvorteils. Wissensarbeiter und Symbolanalytiker sind die Produktionsfaktoren der weiteren industriell-technologischen Entwicklungen. Ohne sie steht die High-Tech-Wirtschaft still. Sie stellen die neue Elite dar. Es sind dies die Biotechniker, Ingenieure, Programmierer, Forscher, Anwälte, Sozialwissenschaftler und Unternehmensberater.

Dem öffentlichen Streit um das knappe Gut natürliche Umwelt fehlt es immer noch an einem „Mut zur Ehrlichkeit". Damit sind die Umweltparteien und ihre Rhetorik angesprochen. Man denke nur an die Forderung der Partei „Die Grünen" aus dem Jahre 1998, den Benzinpreis auf 5 DM zu erhöhen. Es wird in der Regel verschwiegen, daß das wirtschaftliche Wachstum weiterhin mit einer erheblichen Umweltbelastung einhergehen wird. Eine Zwangsbeschränkung des Auto-, Bahn- und Flugverkehrs ist zudem in einer globalen Wirtschaft nicht möglich. Davon ist ein preisregulierter Zugang zum öffentlichen Verkehr betroffen, dessen Verwirklichung, nur zu neuen Ungleichheiten führen würde. Investitionen in die Technologieentwickelung sind die Voraussetzung einer jeden Umweltpolitik und für eine weitere Steigerung von Wohlstand und Wohlfahrt. Sie sind damit eine Voraussetzung für jeden weiteren sozialen Ausgleich. In diesem Sinne ist das Programm der modernen Gesellschaft im Zeitalter der Globalisierung nicht mehr umschreibbar. Fundamentalistische Gegenreaktionen werden sicher nicht einfach verschwinden. Sie sehen sich immer mehr mit dem Umstand konfrontiert, und das ist ihre „Paradoxie", daß gerade sie die Parasiten eines neuen Wachstums sind. Ansonsten sind sie eher mit „Seine Erlaucht", „Graf Leinsdorf", in Robert Musils „Mann ohne Eigenschaften" zu vergleichen, der als „guter" Konservativer die elektrische Heizung nicht missen möchte.

Es bedarf in Deutschland einer weitgehenden Deregulierung der gesetzlichen Auflagen in der Umweltpolitik sowie einer Verkürzung der Entscheidungswege und Zeiträume für die Bewilligungen zum Beispiel für die chemische Industrie und für das Baugewerbe. Der Überlebensimperativ Technologieentwicklung hat noch eine andere Seite. Globalisierung findet nicht nur im Wirtschaftssystem, sondern mit gleicher Schnelligkeit im Wissenschaftssystem statt. Wir werden in Zukunft mit einer erhöhten Konkurrenz der Wissenzentren rechnen müssen. Die Schwellenländer sind dabei, eine Wissenschaftsinfrastruktur aufzubauen. Damit entsteht, speziell für die Europäer, eine ernstzunehmende Konkurrenzsituation, die von ihnen noch gar nicht erkannt worden ist.

Die Zukunft der deutschen Universitäten

Die deutschen Universitäten sind ins Gerede gekommen! Und es häufen sich die Klagen von allen Seiten. Globale Konkurrenz und die Anforderungen an die neuen Mitarbeiterprofile haben die Ineffektivität des deutschen Ausbildungssystems sichtbar gemacht. Der in den achtziger Jahren prognostizierte Rückgang der Studentenzahlen hat sich nicht bewahrheitet. Im Gegenteil, sie haben zugenommen. Gleichzeitig werden in allen Fächern immer mehr Hochschulabsolventen arbeitslos. Seit 1975 verzeichnen wir ein drastisches Wachstum an arbeitslosen, deprimierten Akademikern. Ziel eines Universitätsstudiums kann es nicht sein, Taxifahrer zu werden oder sich nach erfolgreichem Abschluß als Krankenschwester ausbilden zu lassen!

Zur Ausgangssituation

Das heutige Universitätsstudium ist offensichtlich in vielen Studiengängen immer weniger dazu geeignet, eine berufliche Qualifikation zu ermöglichen, die den veränderten Anforderungen der bereits vorhandenen und weiter entstehenden neuen Arbeitsplätzen gerecht wird. Die technischen und kommunikationstechnologischen Erfordernisse moderner Arbeitsplätze haben die klassischen Berufsbilder und Anforderungsprofile grundsätzlich verändert. Fachabteilungen verändern sich zu Prozeßteams, in denen Mitarbeiter mit verschiedenen Aufgabenstellungen zusammenwirken und den Geschäftsablauf gestalten. Die uns bekannten Berufe werden durch multidimensionale Berufsbilder ersetzt. Mitarbeiter müssen unterschiedliche Aufgaben ausführen und die Fähigkeit besitzen, fortlaufend in unterschiedlichen Projekten tätig zu werden. Eine lebenslange Anstellung mit einer festgeschriebenen, unveränderlichen Arbeitsplatzbeschreibung wird es in Zukunft nicht mehr geben. Die Organisationsstrukturen von Unternehmen befinden sich in einem immer weitgehenderen Umbau zu einer flachen Organisation. Auf diese Arbeitsplatzsituation sind die meisten Universitätsabsolventen nicht vorbereitet. Ein Informatikabsolvent, der zum Beispiel die Einrichtung eines Dokumentationssystems in einem Unternehmen einführt, ist durch sein mathematisch ausgerichtetes Studium für diese Aufgabe sicher nicht gut ausgebildet.

Gleichzeitig wird die Qualifikation zur wissenschaftlichen Forschung zunehmend immer häufiger beklagt. Es melden sich in den letzten Jahren Zweifel daran an, ob die Massenuniversität den erforderlichen wissenschaftlichen Nachwuchs wirklich ausbilden kann. So stehen unsere Universitäten unter dem Druck von zwei Seiten: Gegenüber der Nachfrage der Wirtschaft sind die Absolventen zu akademisch aber auch nicht auf die Aufgaben der neuen Arbeitsplätze vorbereitet und für die Anforderungen der Forschung sind sie nicht wissenschaftlich genug ausgebildet und trainiert. In der Spitzenforschung entwickelt sich immer mehr Projektarbeit und die Nachfrage nach interdisziplinärem Wissen, das landläufig nach wie vor den schlechten Ruf der Oberflächlichkeit und des Kompetenzmangels hat. Zur Teilnahme an solchen Projekten sind die jungen Nachwuchswissenschaftler in der Regel nicht entsprechend gerüstet. Zudem besteht ein unübersehbares Mißverhältnis zwischen Studiendauer und Qualifikation. Es bedarf einer Weichenstellung durch eine Strukturreform, die beidem gerecht wird.

Die Chancen der Universitäten

Die Universitäten werden durch ihr eigenes Selbstverständnis, der Orientierung an der reinen Wissenschaft, der Isolierung von der Gesellschaft und durch die staatliche Obhut daran gehindert, neue Lösungen zu finden und sie zu verwirklichen. Die Hochschullehrer fühlen sich durch die Ministerien reglementiert und gegängelt, die staatlichen Instanzen beklagen mangelnde Kooperationsbereitschaft. Zudem hat die anhaltende Politisierung von Reformen Veränderungen unnötig erschwert und blockiert. Die seit der sozialdemokratischen Universitätsreform der siebziger Jahre anhaltende Krise der Universitäten besteht in dem sich verstärkenden Konflikt zwischen den wachsenden Anforderungen an ein berufsqualifizierendes Studium und der Ausbildung von wissenschaftlichem Nachwuchs. Hier droht heute eine Zerreißprobe. Die deutschen Universitäten mögen besser sein als ihr Ruf, die Starrheit der Ausbildung verhindert aber zunehmend Flexibilität und damit eine erfolgreiche Anpassung und Problemlösung nach beiden Seiten. Die Chancen der Universitäten, die sie wahrnehmen müssen, können nur in neuen und besseren *Ausbildungsmodellen* liegen, die zu den neuen Arbeitsplätzen und Mitarbeiterprofilen passen. Das bedeutet eine Ausbildung und ein Studium, das die Bereitschaft zum Weiterlernen befördert.

Die Schwierigkeiten der Absolventen am Arbeitsmarkt sind bekannt. Sie liegen in ihrer geringen Beweglichkeit. Ziel eines Studienganges kann nicht mehr ein abgeschlossenes, in die Tiefe gehendes Wissen sein. Dies ist zu einer Ideologie der deutschen Universitäten geworden, in der das Humboldtsche Ideal unglücklich nachwirkt. Die immer wieder hörbare rituelle Beschwörung des Geistes Humboldts ist für die Umbruchssituation eher symptomatisch: Man sucht die Lösung der Zukunft in der Vergangenheit. Das kann nicht gut gehen. Es bedarf gegenüber dem Bildungsideal des 19. Jahrhunderts der Fähigkeit, verschiedene Wissensbestände zu verbinden. Das bedeutet *Strukturlernen* und *Methodenkompetenz*. Genau diese Fähigkeiten erfordern die neuen Arbeitsplätze als auch die Qualifikation zum Wissenschaftler. Dafür sprechen bereits die Erfolge von kombinierten Studiengängen. In diese Richtung wird man weiter gehen müssen. Was spricht eigentlich gegen einen Studiengang, der aus den Bestandteilen Medizin, Biochemie, Statistik, Informatik und Sozialwissenschaft besteht!?

Von dem amerikanischen Universitätsmodell sollte und kann etwas gelernt werden. Erforderlich ist ein vorgraduiertes Studium, das sich aus verschiedenen Studienelementen zusammensetzt. Projektarbeit und Praktika haben zu einem festen Bestandteil der Ausbildung zu werden. Erst auf dieser Basis kann ein wissenschaftliches Fachstudium und ein Promotionsstudium aufgebaut werden und erfolgen. Eine Neuordnung des Universitätsstudiums hat nicht nur an den veränderten Anforderungen der Arbeitsplätze orientiert zu sein, es ist gleichzeitig an den *gestiegenen* Anforderungen in der wissenschaftlichen Forschung auszurichten. Das wird nur durch eine Differenzierung und Intensivierung von Studiengängen möglich sein. Die effektive Problemlösung kann, *entgegen* immer wieder antreffbarer Meinungen, nur in der Weichenstellung zu einem „differenzierten Hochschul*system*" bestehen (J. Mittelstraß: 1994, S. 60). Große Teile der bestehenden Universität sollten in Fachhochschulen überführt werden, zum Beispiel Teile der angewandten Naturwissenschaften, der Rechtswissenschaften, nicht-ärztlichen Gesundheitsberufe, Teile der betriebswirtschaftlichen Studiengänge, die Zahnmedizin, Sprachausbildung und alle Medienstudiengänge. Gerade dabei könnte etwas von dem amerikanischen Universitätssystem gelernt werden.

Der Ist-Zustand einer aufreibenden Massenausbildung und der unstrukturierte Promotionsstudiengang sollte der Vergangenheit angehören. Führt man sich die Betreuung in den amerikanischen Promotionsstudiengängen vor Augen, dann wird schlagartig klar, warum man dort mehr wissenschaftliche Höchstleistungen zu verbuchen hat als in Europa.

Eine Reform der Universität wird nicht darum herumkommen, die Verbeamtung von Hochschullehrern abzubauen und Professuren auf Zeit einzurichten. Letztlich ist die Verbeamtung von Hochschullehrern abzuschaffen und nur für einen harten Kern von Spitzenwissenschaftlern zu gewährleisten. Ihre finanzielle Absicherung muß nicht durch einen Beamtenstatus gewährleistet sein; es genügt ein lebenslange Anstellung mit entsprechenden Privilegien. Es geht nicht um eine populistische Kritik an Professoren, sondern die deutschen Universitäten stehen vor schweren und nur strukturell lösbaren Problemen. Ihre Lösung wird nur durch neue Ausbildungsmodelle und eine Differenzierung im Hochschulstudium gelingen. Der Weg dahin wird für alle Betroffenen einen Mentalitätswandel bedeuten.

Zur Strukturreform der Universitäten

Zu einem Minimalprogramm der erforderlichen Umstrukturierung der deutschen Universitäten gehört die Umsetzung der folgenden Forderungen, die zur Folge haben würde, daß die deutschen Universitäten kein „Freizeitpark" mehr sind und ein Auffangbecken vor Arbeitslosigkeit:

- Die Krise der Universität ist nur zu lösen, wenn man sich über ihre einlösbaren Ansprüche hinreichend im klaren ist. Der „Wissenschaftsrat" hat die Empfehlung ausgesprochen, die Weichen zu einem *differenzierten Hochschulsystem* zu stellen. Das bedeutet einen Ausbau von Fachhochschulen und eine Verwirklichung des Modells der „Fachhochschule als Regelhochschule" (J. Mittelstraß). In Fachhochschulen könnten aus der Universität zum Beispiel angewandte Naturwissenschaften, Rechtswissenschaften, nicht-ärztliche Gesundheitsberufe, betriebswirtschaftliche Studiengänge, Zahnmedizin, Sprachausbildung, Medienstudiengänge u.a. ausgegliedert werden.

- Der mit dem Abitur verbundene rechtliche Anspruch auf einen allgemeinen Hochschulzugang, der bereits durch den numerus clausus eingeschränkt wurde, ist zu begrenzen. Den Universitäten ist ein Auswahlrecht bei der Aufnahme ihrer Studenten einzuräumen. In die richtige Richtung ist das Land Baden-Württemberg gegangen. Seit dem Wintersemester 1997/98 können sich an der Heidelberger Universität die Fächer Biologie, Psychologie und Sportwissenschaft ihre Studenten aussuchen. Es ist nicht mehr nachvollziehbar, daß fast 50 Prozent eines Jahrgangs das Maturum erwerben und studieren. Die Fehlentwicklung ist daran zu erkennen, daß man in Erwägung zieht, Studienabbrechern ein Zeugnis zu geben. Allerdings ist der Zugang nicht durch Standardtests wie dem Medizintest, der zu Recht abgeschafft wurde, zu regulieren. Verfehlt ist es allerdings auch, die Hochschule gegenüber Berufstätigen zu öffnen. Erforderlich ist es, die immer wieder ideologisch gepflegte Vermengung von Bildungs-, Sozial- und Hochschulpolitik zu entmengen.

- Den Universitäten ist in der Gestaltung der Studiengänge ein großer Freiraum einzuräumen. Über ihren Erfolg sollte der Wettbewerb zwischen den Studiengängen und den Universitäten entscheiden. Ein sich nicht bewährender Studiengang kann gegebenenfalls umgebaut oder abgeschafft werden. Insofern ist auf einen ins einzelne gehenden Anforderungskatalog an Studiengänge und Prüfungsordnungen im Hochschulrahmengesetzt zu verzichten.

Hier gilt, wie bei allen gesetzlichen Normierungen, der bewährte Grundsatz der Verfassungskonstrukteure: So abstrakt wie möglich, so konkret wie nötig. Die Konkurrenz über die Auslegungspraxis ist der sozialen Entwicklung und Rechtsprechung anheimzustellen.

- Das föderale System der Hochschulen hat sich bewährt. Erforderlich ist ein Ausbau der Eigenverantwortung und Selbständigkeit der universitären Entscheidungsträger.

  Hierzu ist es allerdings geboten, daß die „Gruppenuniversität", sofern noch nicht geschehen, abgeschafft wird. Über Forschung, Lehre und Lehrstuhlbesetzung haben nur Hochschulprofessoren zu entscheiden. Wissenschaftliche Mitarbeiter, Vertreter der Studentenschaft und Verwaltungsangestellte sind aus allen diesbezüglichen Entscheidungsprozessen auszuschließen.

- Im Zuge einer Strukturreform ist es allen Fachbereichen erlaubt, Profitcenter einzurichten und eine eigenständige Öffentlichkeitsarbeit zu betreiben.

- Es sind Studiengebühren und eine Regelstudienzeit einzuführen. Sie werden die Studenten für Ihr Studium motivieren und ihre soziale Verantwortung stimulieren. Dies schließt Förderungsmodelle nicht aus. Warum soll eigentlich ein Arzt, Rechtsanwalt oder Betriebswirt, der ein erfolgreiches Studium abgeschlossen hat und im Berufsleben gut etabliert ist, nicht in der Lage sein, seine Studiengebühren zurückzuzahlen!? In diesem Punkt bedarf es einer weitgehenden Entideologisierung.

- Die Reorganisation der Universitäten hat auf der Basis der modernen Kommunikationstechnologie zu erfolgen. Dies hat nicht nur Folgen für die Gestaltung von Lehre und Forschung, sondern insgesamt für die Fachbereichsorganisation. In Zukunft wird es an der Universität keine Schreibkräfte mehr geben, da die Wissenschaftler mit Sprachcomputern auszustatten sind. Der Schritt zu einer virtuellen Universität wird nicht zu verhindern sein. Dies wird in Zukunft zu einer Delokalisierung der Universitäten führen.

- Zweckmäßig und erfolgreich könnte ein dreigliedriger Studiengang nach dem Vorbild des amerikanischen Universitätssystems sein. Doktoranden wären obligatorisch in die Lehre einzubeziehen. Damit könnten sie ihren Promotionsstudiengang finanzieren. Die Habilitation ist nicht abzuschaffen, sondern zu stärken. Diese Nachwuchswissenschaftler sollte man, so wie Doktoranten, in die Lehre einbeziehen.

Es wird auf die Weichenstellung ankommen, die hier vorgenommen wird. Die betrifft nicht nur die Reorganisation ihrer Struktur, das heißt der Ausbildungs- und Forschungsmodelle, und den Widerstand gegen die populistischen und parteipolitisch gepflegten Bildungserwartungen an die Universität, sondern eine Reorganisation auf der Basis der modernen Kommunikationstechnologie. Das wird weitgehende organisationelle Restrukturierungen zur Folge haben. Dann werden es die kleinen Schritte sein, die aus der überall beklagten Misere herausführen. Ihre kulturellen und gesellschaftlichen Aufgaben werden die Universitäten am besten erfüllen, wenn sie für sich selbst verantwortlich in einen Wettbewerb um finanzielle Mittel und Studenten eintreten (zur Situation der Deutschen Universitäten J. Mittelstraß: 1994, R. Münch: 1991, S. 219–118).

Kapitel 2

Veränderte Konstellationen

Wir befinden uns in einer Situation, in der sich die Konstellation zwischen einer globalen Weltwirtschaft und den staatlichen Ordnungen zu verändern beginnt, es entstehen neue Finanzmärkten, es findet eine Verbreitung der wertorientierten Unternehmensführung statt, und es entwickelt sich eine virtuelle Wirtschaft und Gesellschaft. Die Bewältigung von Globalisierung führt zu einer fortlaufenden Umgestaltung von Unternehmen zu Netzwerkorganisationen mit einer Segmentierung ihrer Geschäftsbereiche. Die einheitliche europäische Währung trägt mit dazu bei, die Konkurrenzfähigkeit der Unternehmen am Standort Europa zu verbessern. Vernetzung und virtuelle Organisationen sind ein neues Paradigma der Organisationsgestaltung. Integriertes Management und ein segmentärer Unternehmensaufbau ermöglichen es, die Herausforderung von Globalisierung im Wirtschaftssystem zu bewältigen.

Globale Wirtschaft und globale Ordnung

Weltweit besteht heute ein gnadenloser Wettbewerb. Globale Märkte haben die Konkurrenzbedingungen der Unternehmen grundsätzlich verändert. Die multinationalen, global operierenden Unternehmen erreichen bereits bei ihren Investitionen eine Mobilität, die wir noch nicht kannten. Damit ändern sich die Austauschbeziehung zwischen Wirtschaft, Recht und Staat, das heißt der uns vertraute politische Ordnungsrahmen des Wirtschaftssystems wird sich grundsätzlich verändern. Es wird in Zukunft keine Keynesiansche Wirtschaftspolitik und die damit einhergehende Steuerung der Wirtschaft mehr geben. Die Regierungen bieten den Unternehmen in einem globalen Maßstab günstige Steuersätze und Abschreibungsbedingungen an. Sie hoffen auf Investitionen und Arbeitsplätze, aber im Hinblick auf eine Vermehrung ihrer Steuereinnahmen werden sie enttäuscht. Die Ergebnisse sind ernüchternd. Die westlichen Industrieländer, zum Beispiel die Vereinigten Staaten, Großbritannien, die Niederlande, Belgien, Frankreich und Deutschland, nehmen 1995 weniger Körperschaftsteuer als vor zehn oder zwanzig Jahren ein. Der Weltkonzern Siemens führte 1995 bei einem Bruttogewinn von 2,6 Millarden Mark keine Ertragssteuer in Deutschland ab, die anfallenden Steuern von 19,9 Prozent bekam der ausländische Fiskus. Nicht nur Siemens und BMW, sondern alle deutschen Konzerne sind keine großen Steuerzahler. Der Trend geht dahin, die gewinnträchtigen Unternehmensteile ins Ausland zu verlagern. Von diesem Vorgang sind die Mittelständler, die solche Operationen nicht durchführen können, und Arbeitnehmer negativ betroffen. Ihre steuerliche Belastung ist zwischen 1980 und 1994 in Europa durchschnittlich von 30 Prozent auf 40 Prozent gestiegen.

Globalisierung und die Beseitigung von Devisenkontrollen sowie andere Begrenzungen des Kapitalverkehrs haben die Spielräume für eine Steuervermeidung vergrößert und werden sie weiter begünstigen. Es wird in Zukunft immer weniger festzustellen sein, welcher Teil eines Produkts wo hergestellt wurde. Der Einzug von Körperschaftssteuern von global operierenden Unternehmen durch den Fiskus wird zunehmend unmöglich. Der Fluß von Halbprodukten und Dienstleistungen erlaubt es, die Einnahmen und Gewinne nach steuerstrategischen Gesichtspunkten anfallen zu lassen, sei es in London, Tokio, Luxemburg oder den Niederlanden. Der Fiskus hat damit keinen Zugriff mehr auf eine Versteuerung des Unternehmensgewinns. Es gibt zwei Strategien, mit denen ein global operierendes Unternehmen seine Steuerzahlungen verringern kann:

1. Verlagerung der Herstellung in ein Niedrigsteuerland. Dies hat den Nachteil, daß die in diesen Ländern nicht vorhandene oder schlechte Infrastruktur und Qualifikation der Mitarbeiter in Kauf genommen werden muß.

2. Die Umleitung des Gewinns in Länder mit geringen Steuersätzen, unabhängig davon, wo der Ertrag erwirtschaftet wurde. Das Verfahren hierfür ist nicht schwierig: Die konzerninternen Verrechnungspreise für Vorleistungen durch ein Niedrigsteuerland werden hoch angesetzt, um dort die Erträge zu sammeln und in der Filiale im importierenden Hochsteuerland fallen hohe Kosten und somit niedrige Gewinne an. Global operierende Unternehmen können an Standorten produzieren, an denen die günstigste Infrastruktur vorhanden ist; sie entrichten jedoch ihre Steuern in einem Niedrigsteuerland. Eine andere „feinere" Variante sind die Gründungen von Finanzierungsgesellschaften. Sie wird deshalb immer mehr bevorzugt, da es mittlerweile eine Vielzahl von Staaten gibt, die „märchenhafte" Bedingungen für die Finanzierungsgesellschaften global operierender Unternehmen anbieten.

In der Brüsseler zuständigen Behörde soll es keine Liste über die „offiziell genehmigten Steuerparadiese" in Europa geben. Luxemburg verfügt über ein Doppelbesteuerungsabkommen mit Malta, insofern kann man einer luxemburgischen Gesellschaft durch eine maltesische Holding überdachen und zahlt dann eigentlich gar keine Steuern mehr. Hier helfen Moralisierungen mit ihrer Rhetorik nicht mehr weiter. Moral neigt zudem eher zum Konflikt und erschwert in vielen Fällen Regelungen. Es fehlt ihr die Fähigkeit zum klugen Kompromiß. Der EU-Ministerrat hat sich für einen „Wohlverhaltenskodex" in Sachen unlauteren Steuerwettbewerbs ausgesprochen. Es besteht nicht nur noch kein „Entwurf", er würde nicht viel helfen, da es für die darin niedergelegte Moral keine Gemeinschaft gibt, die ihre Mitglieder *binden* könnte. Es ist keine unüberwindbare Schwierigkeit für Unternehmen, sich ein nationales Kleid anzuziehen. Ein in Deutschland, Amerika oder Frankreich registriertes Unternehmen kann mit Hilfe seines globalen Netzes nationale Bestimmungen und Gesetzesvorgaben mühelos umgehen.

Es scheint immer aussichtsloser, daß Staaten den Unternehmen Normen und Regelungen vorgeben können, die diese verbindlich befolgen. Dies gelänge nur dann, wenn sie für alle Mitglieder eines sozialen Systems in einer gefühlsmäßig bindenden, sozialen Gemeinschaft institutionalisiert wären und tatsächlich durchgesetzt werden könnten. Eine solche Gemeinschaft erweist sich im Hinblick auf das Weltsystem als illusorisch, da es durch sie nicht nach innen begrenzt werden kann. Die globalen Kapitalmärkte und Kapitalverflechtungen haben dazu geführt, daß nationale Kartellämter über immer weniger Macht und Kontrollchancen verfügen. Dies liegt nahe, denn je mehr die Unternehmen global operieren, zum Beispiel auf der Basis von global verteilten Forschungszentren („simultaneous engineering") und elektronischer Gruppenarbeit („group-Ware") als auch global ihre Standortentscheidungen treffen, um so weniger können ihnen gegenüber Regierungen kollektiv verbindliche Entscheidungen durchsetzen. Daran wird die geübte Kritik des deutschen Bundespräsidenten Roman Herzog nichts ändern. Devisenhändler lassen sich nicht mehr durch staatliche Drohungen und rituelle Moralbeschwörungen beindrucken. Wir leben in einer Zeit, in der eine Erosion der traditionellen Kontakte zwischen Unternehmen, Regierungen sowie Mitarbeitern und ihren Vertretern stattfindet. Gewinner der Globalisierung werden diejenigen sein, welche die Mengen der preisgünstigen Arbeitskräfte und das fortgeschrittenste Know-how nutzen, sowie die durch die modernen Technologien entstehenden Eliten für sich gewinnen können.

*Demokratischer Konstitutionalismus und
wirtschaftliche Entwicklung*

Die Modernisierungstheorien neigten bis heute immer dazu, Demokratie und modernes Recht als eine evolutionäre Universalie einzustufen, das heißt, daß sich im Prozeß der Modernisierung der moderne politische Konstitutionalismus in allen Gesellschaften langfristig entwickeln wird. Dafür scheint zunächst die sogenannte „dritte Welle" der Demokratisierung (S. Huntington) seit der Mitte der siebziger Jahre zu sprechen, wie in Südeuropa, Lateinamerika und Asien, Südkorea, Thailand und die Philippinen seit Mitte der achtziger Jahre sowie in Osteuropa in der Folge des Zusammenbruchs der Sowjet-Union Ende der achtziger Jahre. In Afrika ist der Prozeß noch nicht abgeschlossen. Mehr als 30 afrikanische Länder befinden sich in einer Übergangssituation von einer Militärregierung zur Anerkennung von mehr Pluralismus. Dennoch ist es zweifelhaft, ob sich in diesen Staaten mittelfristig Demokratien westlichen Zuschnitts entwickeln werden. 1993 waren über die Hälfte der Mitglieder der Vereinten Nationen, 99 von 198 Ländern, autoritativ regierte Staaten.

Seit dem 19. Jahrhundert, bis heute, ist man der Meinung, daß Marktwirtschaft und politische Demokratie sich ergänzende und gegenseitig sich steigernde Errungenschaften sind, das heißt ein freier Markt benötigt Demokratie und ein modernes, wie Max Weber schreibt, wie eine Maschine berechenbares Recht. Die moderne Gesellschaftsentwicklung war dadurch ausgezeichnet, daß das gesatzte Recht (Vertragsrecht) und seine Anwendung in einer Rechtsgemeinschaft die politische Machtausübung in ihrer Geltung über besondere Gruppengrenzen hinaus verallgemeinert hat. Die moderne rationale Verwaltung zeichnet sich durch die Orientierung des Beamten an allgemeinen Regeln und nicht an willkürlichen Gerechtigkeits- und Billigkeitsforderungen, Fachschulung, Trennung von Amt und Betriebsmittel, Kompetenzenordnung, hierarchische Ordnung von Befehls- und Informationswegen, Aktenführung und Genehmigungschancen für Eingaben aus. Im historischen Vergleich entstand eine moderne Wirtschaft nur dort, wo eine rationale Verwaltung den Unternehmen eine rationale Kalkulation ermöglichte. Ohne die Öffnung der wirtschaftlichen Zwecksetzung zu dem rationalen Recht, der rationalen Verwaltung und der politischen Ordnung konnte sich kein modernes Wirtschaftssystem entwickeln. Hierzu gehören Eigentumsrecht, Vertragsrecht und andere Rechtsinstitute. Die Bindung an das Eigentums- und Vertragsrecht sind Voraussetzungen der Berechenbarkeit des wirtschaftlichen Handelns. Nur unter dieser Voraussetzung können Zukunftserwartungen ausgebildet werden. Das moderne rationale Recht ist durch die Normierung der rechtlichen Regelungen durch Rechtsätze, die Trennung von Rechtsschöpfung und Rechtsanwendung und die Widerspruchsfreiheit des Rechts ausgezeichnet. Nur bei dieser Voraussetzung kann ein modernes Unternehmen mit fortlaufenden Investitionen und rationaler Kapitalrechnung auf Dauer bestehen.

Allgemeine Verbindlichkeit konnten die rechtlichen Regelungen des modernen Wirtschaftssystems nicht nur durch den Einfluß des juristischen Denkens, sondern durch die Institutionalisierung des Rechtsinstitutes in einer sich ausbildenden gesellschaftlichen Gemeinschaft und der Selbstverpflichtung gegenüber der Normbindung durch den asketischen Protestantismus erhalten. Die Berechenbarkeit des modernen Verwaltungshandelns war ein Ergebnis der Entfaltung der kapitalistischen Interessen und der politischen Fürsteninteressen mit den Vereinheitlichungs-, Formalisierungs- und Rechtsicherheitsinteressen eines unabhängigen Juristenstandes, aber sie ist nicht aus *einem* dieser Faktoren allein erklärbar. In dem historischen Kontext besteht die Relevanz der Beamtenverwaltung des absolutistischen Staates zum Beispiel darin, daß sie die Gestaltung des Rechts, soweit sie von unabhängigen juristischen Professionen hervorgebracht wurde, in die Richtung auf eine Kodifizierung in verallgemeinerbare Rechtsregeln lenkte.

Das Eigentums- und Vertragsrecht ist ein wesentliches Merkmal des wirtschaftlichen Rechtsinstituts. Es übernimmt die Regelung von typischen Handlungskonflikten. Für diese Regelung ist eine restitutive Sanktion typisch. Die Orientierung des juristischen Denkens an der Vereinheitlichung und der Codifizierung des Rechts und die Garantie des Rechtsinstituts hat sich ihrerseits erst durch selbständige juristische Professionen durchgesetzt und durch sie sozial stabilisiert.

Das Gemeinschaftshandeln und das politischen Handeln, die politische Zwecksetzung, ist in modernen Gesellschaften an der staatsbürgerlichen Gemeinschaft des Nationalstaates, der sich seit dem 18. Jahrhundert durchsetze, und der formale Rechtlichkeit des Gemeinschaftshandelns orientiert. Es entwickelte sich eine Versachlichung des Gemeinschaftshandelns, der sozialen Bindungen ihrer Mitglieder und eine Generalisierung von Recht und Moral. Ein allgemein geltendes Recht und die Ausübung der politischen Macht erlaubt die Interpretation und Anwendung des gesetzten Rechts durch professionelle juristischen Experten.

Neue Desillusionierungen

Die Veränderung der Konstellation zwischen dem Wirtschafts- und dem politischen System und damit die Grenzen staatlicher Regelungen werden dadurch herbeigeführt, daß die entstehenden Infrastrukturen in einem globalen Weltsystem nicht mehr macht-, sondern technologiebasiert ausgestaltet sind. Sie müssen von ihrem Konzept her global angelegt sein. Die „Veränderung" besteht darin, daß in den sich entwickelnden Organisationssystemen staatliche Organisationen nur ein Beteiligter unter anderen sind. Das bedeutet, daß die sozusagen klassische Funktion des politischen Systems, die der Normierung und Durchsetzung von Regelungen im öffentlichen Interesse, nicht mehr *in* und *über* diese Organistionssysteme und ihre elektronischen Netze verbindlich einzugreifen vermag. Staatliches Machthandeln kann in diesen Netzen nicht mehr ausgeübt werden, das heißt das Medium „Macht" kann nicht mehr die Annahmemotive von kollektiv verbindlichen Entscheidungen bewirken. Die veränderte Konstellation läßt sich bereits an dem bekannten EUREKA Forschungsprogramm belegen. Das Programm ist eine Förderung der Kooperation von europäischen Unternehmen und Forschungseinrichtungen auf dem Gebiet der zivilen Kern- und Schlüsselindustrie, das 1985 beschlossen wurde. Es war eine Antwort auf die amerikanischen Programme „Strategic Computing Initiative" (SCI) und „Strategic Defence Initiative" (SDI), die ihrerseits als Antwort auf die Erfolge der japanischen Forschungs- und Entwicklungsprogramme „Very Large Scale Integration" (VlSI) von 1979 eingerichtet wurden. Die an EUREKA beteiligten europäischen Staaten waren am Management des Projekts nicht beteiligt, sondern formulierten nur die Rahmenbedingungen, die Durchführung des Programms oblag den beteiligten Unternehmen und die Finanzierung von Seiten der beteiligten Staaten wurde projektbezogen vorgenommen (H. Willke: 1997, S. 217–229).

Unter der Voraussetzung von Globalisierung häufen sich die Belege dafür, daß wir nicht mehr so einfach von einer Universalität der Kulturentwicklung ausgehen können, wie sie die klassische Modernisierungstheorie am Beispiel des Modells der Verallgemeinerung der westlichen Entwicklung annahm. Das Weltsystem als ganzes ist aufgrund seiner Komplexität nicht demokratisch regierbar, das heißt Demokratie ist auf dieser Basis nicht institutionalisier- und konsolidierbar und es gibt in ihm keine allgemein anerkannten Legitimationsgrundlagen, die in der modernen Geschichte nicht nur an Nationalstaaten gebunden waren, sondern die Legitimität in die Effektivität einer amtierenden Regierung überführten. Es ist nicht zu erwarten, daß es so etwas wie eine effektive und allgemein anerkannte Weltregierung je geben wird. Die Geschichte der UNO belegt, wie wenig erfolgreich diese Institution war. Nicht nur das Beispiel Japan, sondern auch die in Asien entstehenden Wirtschaftsgesellschaften (Südkorea, Malaysia, Thailand, Singapur), lassen Zweifel aufkommen, ob dieser Ordnungsrahmen eines demokratischen Konstitutionalismus sich langfristig tatsächlich durchsetzen wird. Die Anzeichen sprechen eher dafür, daß aufholende Schwellenländer mit traditionaler Sozialstruktur andere Wege gehen können. Entscheidend dabei ist nicht die Demokratisierung, was zum Beispiel Japan belegt, sondern der Elitenkompromiß, der Protektionsvorteil und eine erfolgreiche sowie vorteilhafte wirtschaftliche Leistungsbilanz. Dies schließt eine Ungleichheit in der Einkommensverteilung der jeweiligen Bevölkerung nicht aus, sondern kann sie gegebenfalls kompensieren. Das wird durch die wirtschaftliche Entwicklung der ostasiatischen Schwellenländer gut belegt. Nachholende Entwicklungen stehen meistens vor der Lösung eines Innovations- und Effektivitätsproblems. Dies kann durch Elitenherrschaft unter Umständen eher gewährleistet werden als durch

Demokratisierung. Erfolgsversprechend ist in diesen Fällen der Vorrang der Gewährleistung effektiver sozialer Autorität in der wirtschaftlichen Gestaltung und ihrer politischen Absicherung.

Wir können es nicht ausschließen, daß „autoritäre Regime" sich als lernfähig erweisen können. In dieser Hinsicht bedürfen die eurozentrischen Vorurteile einer Relativierung (R. C. Baum: 1998). Ein modernes Banksystem kann für die Modernisierung einer Wirtschaft entscheidender sein als der politische Konstitutionalismus. Zudem erfordern globale Märkte keine durchgängig demokratischen Institutionen. Dies ist nicht nur eine Herausforderung des Selbstverständnisses der euro-amerikanischen politischen Kultur und des Individualismus der protestantischen Reformation, die sich im Zuge der Globalisierung einstellt, sondern der überkommenen institutionellen Rahmenbedingungen des Wirtschaftssystems, das sich seit dem 19. Jahrhundert durchgesetzt hat. Wir sollten nicht damit rechnen, daß das Weltsystem eine „Solidargemeinschaft" nach dem Modell des deutschen Wohlfahrtsstaates hervorbringen wird.

Die Reideologisierungsversuche, die nach der deutschen Einigung von der Elite der „Vordenker" der Sozialdemokraten mit der auf Dolf Sternberger zurückgehenden Leerformel des „Verfassungspatriotismus" vorgenommen wurden, werden nichts daran ändern. Der Unfähigkeit der Sozialdemokraten und ihrer Ideologen, die deutsche Wiedervereinigung politisch herbeizuführen, entspricht zum Beispiel die immer noch vorhandene Verweigerung der Übernahme von politischer und sozialer Verantwortung in der internationalen Politik und bei der Bewältigung globaler Herausforderungen. Schlaglichtartig springt diese Sachlage in ihrem Verhalten gegenüber der Beteiligung der Bundeswehr bei Einsätzen im Rahmen des internationalen Rechts, in der Asylfrage und in ihrem wahlpolitischen Opportunismus und Wackelkurs gegenüber den Bürgern der neuen Bundesländer ins Auge. Das neue Schlagwort dieser Ideologen hieß nunmehr „Civil Society", zu der eher sie und ihre Klientel, nicht aber ihre Gegner gehören. Daran wird deutlich, daß sie etwas anderes meinen als sie sagen. Mit dem Begriff geht der Anspruch auf die selbstbewußte Gestaltung der öffentlichen Verantwortung einher, sie meinen damit jedoch etwas anderes, den Anspruch auf die Übernahme von Regierungsverantwortung. Das neue Schlagwort wurde so zum wahlpolitischen Kalkül und es wird in Vergessenheit geraten (G. Preyer, J. Schissler: 1994). Zudem kann man gegenüber der in Deutschland gepflegten „Politikverdrossenheit" nicht oft genug hervorheben: „Man muß ständig neu daran erinnern, daß die parlamentarische Demokratie nie eine Demokratie im Wortsinn gewesen ist und es auch von ihrem Regierungsprinzip her nicht sein soll. Im parlamentarischen Repräsentativsystem herrscht nicht das Volk, sondern es ‚herrschen', wenn der Ausdruck überhaupt angebracht ist, durch Wählermehrheiten beauftragte Parlamentspolitiker. Im parlamentarischen System erschöpft sich die Volksherrschaft in der Wahl der Entscheider, nicht im direkten Einfluß auf politische Entscheider." „Eine ‚saubere Demokratie' ist eine contradicto in adjecto. Man sollte ihr Bild darum nicht als Maßstab der Kritik politischer Unmoral zugrunde legen. Der Sinn der Mehrheitsdemokratie liegt (...) darin, die Unmoral, mit der man ständig zu rechnen hat, öffentlich zu machen, um diejenigen, die sich vergehen, zur Rechenschaft zu ziehen. Man soll die Qualität einer Demokratie an der Art und Weise messen, in der sie die konkreten Fälle politischer Unmoral bewältigt, nicht daran, daß es überhaupt zu unmoralischen Praktiken kommt." (W. Becker: 1993, S. 208, 210)

Die uns zur Verfügung stehenden Belege sprechen dafür, daß eine Stabilisierung oder Entwicklung einer politischen Demokratie einerseits von einer günstigen ökonomischen Entwicklung abhängt, andererseits kulturelle Faktoren betrifft, die durch ein wirtschaftliches Wachstum nicht ohne weiteres herbeizuführen sind. Angesprochen sind damit nicht nur stabile Rechtsverhältnisse zum Beispiel im Wirtschafts- oder sogar im Staatsrecht, – diese sind ohne demokratischen Konstitutionalismus etablierbar –, sondern vorrangig sind die Einstellungen, Wertorientierungen, religiöse Traditionen sowie Entscheidungen der politischen Führung und der dominierenden sozialen Gruppen (Eliten). Ziehen wir das Beispiel der islamischen Gesellschaften oder den Fall der Modernisierung Japans heran, so werden diese kulturellen und sozialen Faktoren, die Einstellungen der Eliten betreffend, besonders deutlich. Im historischen Vergleich hatten der römische Katholizismus, der Islam, der Konfuzianismus und der Buddhismus, im Unterschied zum Protestantismus, eine negative Einstellung gegenüber dem modernen Wirtschaftssystem, seiner Erwerbswirtschaft und der an einer Rentabilität ausgerichteten Systemrationalität als auch gegenüber dem modernen demokratischen Konstitutionalismus eingenommen. Dies führte dazu, daß sie eine Entwicklung in diese Richtung von sich aus nicht begünstigten. Unter der Voraussetzung eines globalen Wirtschaftssystems können sich die Religionen unterschiedlich auf die wirtschaftliche Modernisierung auswirken, zum Beispiel die Elitenreligion des Konfuzianismus in Südkorea oder die Variante von Buddhismus und Konfuzianismus in Japan.

Der Wettbewerb sozialer Ordnungen und die westlichen Legitimationsgrundlagen

Es findet im Weltsystem ein Wettbewerb sozialer Ordnungen statt, der in bezug auf die Effektivität der Gewährleistung von Schutz äußerst selektiv operiert. Hier kommen nur wenig Ordnungsmächte in Betracht. Zumal sich dabei immer die Frage nach der Finanzierung stellt. In einem globalen Wirtschaftssystem sind die Regierungen dazu genötigt, erfolgreiche Entwicklungen für die Nutzung von Konkurrenzvorteilen zu gewährleisten und Sicherheitsgarantien zu geben. Erfolgreich sind dabei die Staaten die über einen Wettbewerbs- und Protektionsvorteil verfügen. Dazu gehört die Übernahme militärischer Verantwortung. Nur dadurch kann ein Staat oder ein Staatenbund auf dem Weltmarkt für Protektion Glaubwürdigkeit und Reputation gewinnen, beispielsweise im Golfkrieg und mit dem Engagement der Vereinigten Staaten im Jugoslawienkrieg. Damit verändern sich die Legitimationsgrundlagen staatlichen Handelns. Leitender Selektionsmechanismus ist in diesem Fall die Verarbeitung von Informationen mittels der sich immer weiter entwickelnden und verbreitenden Kommunikationstechnologie. Er entscheidet über den Wettbewerbsvorteil. Die Interessen von Staaten, Unternehmen und des organisierten Bevölkerungsteils müssen sozusagen, um verfolgbar zu sein, sich ihrer bedienen. Damit verändern sich die Mechanismen der Konsens- und Dissensherstellung. Konsenseinhaltung und Dissenskonsistenz sind nicht in einer Gemeinschaft in Kraft setzbar, sondern nur noch als Fortgang in der operativen Teilnahme an Kommunikationen. Naive Konsensuierungen und Konsensunterstellungen werden immer mehr zu differenzieren sein und, sofern vorgenommen, enttäuscht werden. Alle Konsensfindungen haben sich erst im Kommunikationssystem auszuarbeiten und sind nicht zeitunabhängig zu gewähren. Es gibt keine Anzeichen dafür, daß globale Wirtschaftsprozesse und weltpolitische Demokratisierung – selbst wenn dies für uns als Mitglieder der westlichen Kulturgemeinschaft wünschbar ist – miteinander von selbst und reibungslos einhergehen.

Gerade Globalisierung wird nicht zu einer Verbreitung der westlichen kulturellen Legitimationsgrundlagen der Bürgerrechte und eines offenen Bürgertums führen, da sie den kulturellen Traditionen der entstehenden und der alten Wirtschaftszentren fremd sind und bleiben werden, zum Beispiel der Asiens und der westlichen Gesellschaft. Die Belege sprechen eher dafür, daß die Demokratien dieser Staaten sich weiterhin sehr schwer damit tun werden, ein autonomes demokratisches System westlichen Zuschnitts zu entwickeln. Es ist nicht ganz auszuschließen, daß eine solche Entwicklung in Zukunft gerade nicht eintritt. Wir sind dazu genötigt uns darauf einzustellen, daß in einem globalen Weltsystem politischer Konsens und die Visionen der Wilson-Ära nicht mehr die Leitorientierungen sind. Das Weltsystem funktioniert auf einem Mechanismus, der Gemeinsamkeiten in der Interessenverfolgung bei gleichzeitigen Differenzen in Überzeugungssystemen organisiert. Soziale Beziehungen werden *punktueller, kurzfristiger, schneller abbrechbarer,* das heißt sie sind nicht mehr total und gehen nicht in die Tiefe. Sie können sich über größere Strecken ausdehnen, sich vermehren und mit vielen Personen im globalen Rahmen immer wieder neu angefangen werden. Ich muß mit meinem Geschäftspartner nicht in seinen substantiellen Überzeugungen übereinstimmen, um mit ihm Geschäfte machen zu können, ich kann eine Partei wählen, weil ich es in einer bestimmten Situation für zweckmäßig halte, daß sie eine Wahl gewinnt, ohne ihre allgemeinen Orientierungen zu teilen, wie sie sich zum Beispiel in ihrem Parteiprogramm dokumentieren. Konsensorientierung eignet sich immer wieder zur Ideologisierung und wird in der Regel, vor allem im politischen System enttäuscht. Konsensfindung ist ein aufwendiges Verfahren. Es bedarf der Vertiefung von Kommunikationen, des Interessenausgleichs, des gegenseitigen Verständnisses und Vertrauens. Konsens ist nur für ein sehr begrenztes aktuelles gemeinsames Erleben und Handeln herstellbar und handzuhaben. Hinzuweisen ist in diesem Zusammenhang darauf, daß Institutionen weniger der Beschaffung als der „Ökonomie" von Konsens und des geregelten Interessenausgleich dienen.

Diese Situation wird sich in einem Kommunikationssystem, das über einen Medienverbund verläuft, weiterhin verstärken. Darauf kann nicht oft genug hingewiesen werden. Der Austausch benötigt zwar Regelungen, er bedarf nicht der Normierung dieser Regeln durch ihre gesetzliche Fixierung. Das hat sich als nicht zweckdienlich und – gegenüber Entwicklungserfordernissen – als hinderlich erwiesen. Man denke daran, daß in Deutschland einer Restrukturierung der öffentlichen Verwaltungen gesetzliche Regelungen entgegenstehen, Beamte sind nicht kündbar, Pensionsansprüche nicht suspendierbar oder modifizierbar. Hier haben wir seit dem zweiten Weltkrieg in allen westlichen Staaten eine Inflation von Macht durch Gesetzesfluten zu verzeichnen. Sie wird dadurch vermehrt, daß in einer globalen Wirtschaft protektionistische Maßnahmen schwerer durchsetzbar sind und oft zurückgenommen werden. Die französische Verwaltung hatte keinen Erfolg, den Import des in Großbritannien montierten Nissan Bluebird auf drei Prozent zu begrenzen, da 80 Prozent der Teile in Europa hergestellt wurden. Der Normierungsbedarf und die Regelung durch staatliche Vorgaben ist im Austausch zwischen Wirtschaft und Staat zudem abhängig von den jeweiligen *Problemfeldern*. Er ist im Falle der Währungspolitik höher als im Gesellschaftsrecht und bei den Vorgaben für die Aushandlung von Tarifverträgen.

Das internationale System nach dem Kalten Krieg wird weitaus komplexer, weniger berechenbar und unter Umständen nicht mehr in dem Ausmaß wie nach dem zweiten Weltkrieg multilateral angelegt sein. Politische Assoziationen mit großer Reichweite werden in Zukunft schwieriger zu gestalten sein. H. Kissinger (1994) hat in einer ersten Diagnose von dem *Ende der Wilson-Ära* gesprochen. Die internationalen Institutionen waren, entgegen der Rhetorik in der Zeit des Kalten Kriegs und einer durch den Ost-West-Konflikt bedingten Optik, in der amerikanischen Gesellschaft letztlich nicht wirklich populär. Das sollte man den Amerikanern nicht vorwerfen. Die Vereinigten Staaten werden nicht mehr den Anspruch haben, die Welt zu missionieren oder gar das Weltsystem zu beherrschen. Sie werden nicht einfach, wie nach dem ersten Weltkrieg, mit einem neuen Isolationismus antworten können, da dazu die Interessen zu sehr vernetzt sind. Die amerikanische Gesellschaft wird vermutlich weniger auf internationale Regelungen beharren, sondern die wirtschaftliche Karte spielen. Es ist nicht mehr ausgeschlossen, daß in Nord- und Südamerika eine Freihandelszone von Alaska bis Kap Hoorn entsteht. In der zweiten Hälfte der achtziger Jahre entwickelte sich in Brasilien, Argentinien und Chile eine für diese Staaten neue, wirtschaftliche Disziplin. Zudem verknüpft sich das amerikanische Wirtschaftssystem mit den asiatischen Wirtschaftsräumen, zum Beispiel sind die Vereinigten Staaten Mitglied der asiatisch-pazifischen Wirtschaftsgemeinschaft (APEC). Daraus wird kein gemeinsamer politischer Zusammenschluß erfolgen, etwa in Richtung auf eine Pazifische Gemeinschaft mit einem institutionellen Rahmen etwa nach dem europäischen Modell. In den asiatischen Gesellschaften sind nicht einschätzbare Konflikte zwischen den ASEAN-Staaten und China sowie Japan programmiert. Insofern wünschen die ASEAN-Staaten eine Anwesenheit der Amerikaner und kommen ihnen entgegen. Es ist allerdings einzukalkulieren, daß in der westlichen Sphäre die politischen Interessen und strategischen Orientierungen zwischen den Vereinigten Staaten und Europa, aber auch unter den Europäern Deutschland, Frankreich und Großbritannien, letztlich nicht harmonisierbar sind. Großbritannien wird auf nicht absehbare Zeit das Einfalltor amerikanischer Interessen in ein europäisches politisches System sein; gleichzeitig wird es nicht umhinkommen, seine weitere strategisch orientierte Einfädlung in das europäische Wirtschaftssystem zu betreiben. Die Briten sind keine Ideologen einer europäischen Idee. Dazu fehlt jede geschichtliche Voraussetzung. Die sich einstellende

Situation für die Aushandlung weitgehender politischer Regelungen wird zusätzlich dadurch erschwert, daß die Regierungen der westlichen Staaten gegenüber den Prozessen in einer globalen Wirtschaft nur adaptativ agieren können. Es sollte davon ausgegangen werden, daß sich die Vereinigten Staaten – nach dem kalten Krieg – nicht mehr für die internationale Institutionen, sei es die UNO oder den IWF, im gleichen Maße wie in der Vergangenheit engagieren werden. Diese Organisationen waren nur insofern für sie von Interesse, wie der amerikanische Kongress sie für seine Politik dominieren konnte (J. E. Garten: 1993, S. 156–185). Wie sich in Zukunft die politischen Gewichte verteilen, hängt fortlaufend davon ab, ob es den Europäern gelingt, eine erfolgreiche Sicherheitspolitik zu entwickeln, die sich im Konfliktfall bewährt. Auf dem Ist-Stand spricht alles dafür, daß ein *Balance of Power* die globale politische Stabilität auf dem Weltmarkt für Protektion am besten gewährleistet. Dazu gehört, daß die NATO weiter ausgebaut und stabilisiert wird und in diesem Zug ihre Ziele neu definiert werden.

Ein globales Weltsystem ist dadurch gekennzeichnet, daß seine Teilnehmer an verschiedenen und unterschiedlichen Zusammenhängen mitwirken und sie gestalten. Diese Grundsituation verstärkt eher die Aufgabe von normativen Orientierungen. Sie zeichnen sich dadurch aus, daß sie an Enttäuschungen nicht anpaßbar sind. Sie haben einen kontrafaktischen Status und im Normalfall gibt man sie bei gehäuften Enttäuschungen schlicht auf. Je differenzierter und vernetzter sich das Weltsystem ausgestaltet, um so schwerer wird es, durch Normierung und Abstraktion politisch-rechtliche Entscheidungsverfahren mit „Universalzuständigkeit" zu institutionalisieren und zu bewähren. Moral scheitert schlicht an der von ihr nicht bewältigbaren Komplexität eines globalen Netzes. Sie wurde, speziell in der alten Bundesrepublik, in ihrer Regelungsfähigkeit von Konflikten immer wieder überschätzt. Es wird zwar weiter Recht geben, dieses Recht könnte sich aber sehr wohl vormodern ausgestalten, das heißt es wird religiöse, regionale und traditionale Bestandteile beinhalten. Dies belegen die Rechtsordnungen im Islam und den asiatischen Kulturkreisen sowie die Rechtssysteme in Osteuropa. Für Japan ist zum Beispiel typisch, daß die Eintreibung von Forderungen an einem traditionalen Rechtsdenken orientiert ist. Eine außergerichtliche Streitschlichtung durch Verhandlung, Schlichtung und Schiedsgericht spielt eine größere Rolle als die Herbeiführung einer gerichtlichen Entscheidung über die Durchsetzung des Anspruchs. Ein Verfahren also, das für das traditionale Rechtsdenken charakteristisch ist. Welche Entwicklungen auch immer eintreten werden, eines läßt sich bereits feststellen: Eine globale Wirtschafts- und Sozialpolitik wird es schon deshalb nicht geben, da die Staaten, um Effektivität und Legitimation zu optimieren, möglichst viele Probleme in diesen Bereichen nicht global, sondern auf „tieferen" Ebenen regeln werden. Damit befördern sie einen Abbau von Universalzuständigkeit. Landes-, Regional- und Gemeindeverwaltungen fordern – nicht nur in den Vereinigten Staaten – mehr Entscheidungskompetenz (Subsidiaritätsprinzip). Die Anpassungsprozesse können nicht global, sondern nur problemnah erbracht werden, das heißt auf der Ebene von Partikularisierungen der regionalen Interessen und Erfordernisse. Der Rahmen dazu bedarf keiner starken Inhaltsvorgaben, sondern einer positiven wirtschaftlichen Entwicklung.

Der Nationalstaat im Weltsystem

In dem Medienverbund eines globalen Weltsystems sind alle Operationen und die sich daraus ergebenden Ergebnisse *gleichzeitig* herbeiführbar. Alle Prozesse laufen gleichzeitig ab und sind deshalb nicht in ihrer Gesamtheit koordinierbar. In ihm gibt es keine Raumgrenzen mehr und es ist nicht räumlich zu lokalisieren. Hierin besteht die Herausforderung seiner politischen Steuerung, die auf dieser Basis nicht mehr möglich ist. Das Nationalstaatsmodell, das Regelungen in räumlichen Grenzen vorsieht, ist auf das Weltsystem nicht übertragbar. Das Weltsystem ist von keinem Teilsystem mehr nur für seine Zwecke instrumentalisier- und beeinflußbar. Dieser Umstand wird die „Selbstbehauptungsambitionen" der bestehenden Nationalstaaten und Regionen nicht ausschließen. Es heißt nicht, daß es, speziell in den Beziehungen zwischen dem Wirtschafts- und dem politischen System, keinen Regelungsbedarf mehr geben wird und keine Regelungen mehr vorgenommen werden. Diese Regelungen sind durch die elektronischen Kontaktnetze leicht unterhöhlbar und stehen vor dem Erfordernis, sich schnell an die globale Wirtschaft zu adaptieren. Damit ist ein Prozeß eingeleitet, der mit den überlieferten und vorhandenen Legitimationsgrundlagen staatlicher Ordnungen nicht mehr strukturierbar ist. Man denke nur daran, daß zum Beispiel in Thailand Wählerstimmen kaufbar sind.

Die Entwicklung einer globalen Rechtsordnung mit Universalzuständigkeit wird in einem globalen Weltsystem nicht begünstigt. Die politischen Regelungen werden zunehmend eher problemnah auszurichten sein, das heißt daß die Institutionalisierung der Souveränität der rechtlichen Normsetzung mit Universalzuständigkeit an der Komplexität eines globalen Weltsystems scheitert. Erfolg hätte diese Zuständigkeit nur dann, wenn sie faktisch die Durchsetzung ihrer Entscheidungen und Expertisen kontrollieren könnte. Genau dies scheitert in dem polykontextuellen Weltsystem auf der Basis der Nichtzuständigkeit dieser „Souveränität" und ihrer Institutionen als Experte in den Bereichen der globalen Finanz- und Wirtschaftsprozesse, der Investitionen und Forschungen in den Schlüsseltechnologien u.a.m. Insofern werden Politik und Recht in einem globalen Weltsystem zu einer *Selbsteinschränkung* genötigt sein.

In diesem Zusammenhang wird bereits von einem Paradigmenwechsel der Moderne gesprochen, insofern die „alte Politik" der weitgehenden „Verwirklichung individueller Rechte und Interessen" im Rahmen von Nationalstaaten einer neuen Form von Organisationsbildung im Zuge von Globalisierung weicht. Das heißt nicht, daß in einem globalen Weltsystem die Nationalstaaten keine Rolle mehr spielen werden, sie werden jedoch ihre Funktion verändern. Sie werden tendenziell zu einer Institution, die zwischen *globalen* und *übernationalen* Einheiten sowie zwischen *regionalen* und *lokalen* Einheiten ihre Steuerungsfunktion neu bewerten und organisieren müssen. Gerade der Prozeß der sogenannten politischen Einigung der Europäer im Rahmen einer Europäischen Union, deren Mitglieder Nationalstaaten sind, belegt, daß keine vollständige Aufgabe von Souveränität ihrer Mitglieder zu erwarten sein wird. Eine Vereinheitlichung der Märkte und eine Europäische

Währungsunion bedarf im Bezugsrahmen einer global vernetzten Wirtschaft vermutlich keines europäischen Zentralstaates, der mit allgemeinen Gesetzesbefugnissen auszustatten wäre. Es ist nicht auszuschließen, daß die politischen Systeme gegenüber einer global organisierten Wirtschaft eher abtriften und in der angesprochenen Steuerungsfunktion eher die Rolle eines „Supervisor" einnehmen werden. Dabei handelt es sich um Prozesse, die einer weiteren sozialwissenschaftlichen Erforschung bedürfen.

Die Ironie besteht darin, daß die Politik noch nichts von ihrem „Unglück ahnt" (Willke: 1997). Wir bewegen uns auf einen Zustand zu, der zu einem Ende der Illusion der modernen politischen Gesellschaft führt, das heißt die nationalen Regierungen werden in Zukunft nicht mehr der Souverän des Wirtschaftssystems, schon gar nicht der des Mediensystems sein. Das bedeutet eine weitgehende Umorientierung, da wir davon ausgehen müssen, daß das Keynesianische Gesellschaftsmodell keine Zukunft mehr haben wird.

Die Globalisierung der Finanzmärkte – Das Ende der Inflation!

Ein globales Wirtschaftssystem führt nicht nur zu einer veränderten Konstellation zwischen dem Wirtschafts- und dem politischen System, sondern es entsteht eine neue Struktur der Finanzmärkte. Wir erleben heute ihre Globalisierung, die nicht mehr umkehrbar ist. Insofern ist eine Transparenz und staatliche Kontrolle des Bankensystems letztlich nicht mehr möglich. Daran würden gesetzliche Verbote nichts mehr ändern, die es zum Beispiel den Vertretern einer Bank verbieten, in den Aufsichtsrat eines konkurrierenden Unternehmens einzutreten. Die Anleger im In- und Ausland haben zunehmend ihre Einstellungen verändert: Nicht nur die amerikanischen Pensionskassen oder international operierende Versicherungen, sondern die „neuen" Durchschnittsanleger achten viel stärker als früher auf eine hohe Rendite. Das ist ein Ergebnis der Globalisierung der internationalen Finanzmärkte. *Geld erwirbt dadurch Reputation, daß es ein knappes Gut zweiter Ordnung ist. Nur dadurch entwickelt sich für eine Geldpolitik das erforderliche Vertrauen.*

Der Shareholder Value: Die Orientierung globaler Finanzmärkte

Zunächst ist zu berücksichtigen, daß sich hinter dem Shareholder und der Stakeholder Value zwei unterschiedliche Wirtschaftskulturen und Unternehmensorganisationen verbergen. Für amerikanische Unternehmen („Corporation") ist eine einheitliche Unternehmensstrategie in dem Sinne typisch, die ausschließlich an den Interessen der Eigentümer orientiert ist. Die Steuerungs- und Geschäftsführungsfunktion ist nicht differenziert, somit einstufig, und im Board of Directors zusammengefaßt. Dabei kommt dem Vorstandsvorsitzenden gegenüber den anderen Mitgliedern des Board eine „starke exekutive Macht" zu. Hinzu kommt, daß die Veröffentlichung von Gewinnen, die gesamte Performanz der Unternehmen, eine Selbstverständlichkeit ist. Für die deutsche Unternehmensverfassung sind im Unterschied dazu die Ansprüche verschiedener Interessengruppen, die Stakeholder (Aktionäre, Mitarbeiter, Gläubiger, Kunden, Lieferanten), zu berücksichtigen und auszugleichen. Die Kontrollfunktion ist ihrerseits in zwei Stufen differenziert, bei Aktiengesellschaften in Vorstand und Aufsichtsrat. Es ist naheliegend, daß diese Unterschiede in der Unternehmensorganisation zu anderen Unternehmens- und Konfliktlösungsstrategien führen. In den Vereinigten Staaten dominiert die Unternehmenswertsteigerung, während in der deutschen Wirtschaft die juristische Person des Unternehmens – stellvertretend für alle Stakeholder – und ein Verschweigen und Verstecken von Gewinnen gegenüber der Öffentlichkeit die Regel ist. Das gesetzlich verankerte Mitbestimmungsrecht in Deutschland stellt einen wesentlichen Unterschied zur amerikanischen Unternehmensorganisation dar. Daraus folgt nicht, daß die Shareoder Value-Strategie in einem globalen Wirtschaftssystem keine Verbreitung und Weiterentwicklung erfahren wird und sich die Unternehmenskulturen im Zuge der Globalisierung im Hinblick auf Transparenz der Geschäftsberichte und Erfolgsorientierung – auch in Deutschland – nicht angleichen werden.

Seit Anfang der neunziger Jahre ist das Interesse an dieser Strategie in der deutschen Wirtschaft gegenwärtig, sie wird von den Interessengruppen kontrovers erörtert und es spricht viel dafür, daß sie sich im Fortgang in Deutschland durchsetzen wird.

Es ist nicht zufällig, daß die Shareholder-Bewertung für das britische und amerikanische Wirtschaftssystem charakteristisch ist. Dort gibt es ganz andere Chancen, Geld zu beschaffen, zu verleihen oder für Investitionen zu nutzen. In den Vereinigten Staaten werden die Ersparnisse besteuert, während Zinsaufwendungen für Kredite steuerlich absetzbar sind. Dies führt, im Unterschied zu Deutschland, natürlicherweise dazu, daß man sich verschuldet, da Sparen nicht belohnt wird. Hervorzuheben ist in diesem Zusammenhang, daß die durchschnittlichen amerikanischen Aktionäre keine besondere Bindung an Unternehmen haben, sondern ausschließlich an der Rendite und der Dividende orientiert sind. Diese Einstellung wird in den Unternehmensstrategien des Managements, dem Board of Directors, umgesetzt. Sie zielt darauf ab, die Aktienkurse ihres Unternehmens zu verbessern. Damit ist eine Grundsituation programmiert, die dazu führen kann, daß sich die finanziellen Interessen der Anleger und die Interessen der Unternehmer konfliktreich gestalten. Die vierteljährlichen Veröffentlichungen der Verlust- und Gewinnrechnung können leicht Turbulenzen auslösen. Langfristige Firmenstrategien werden dadurch erschwert und Unternehmen mit hohen Investitionen haben einen Konkurrenznachteil. Das amerikanische Wirtschaftssystem hat den Vorteil, daß es die Bereitschaft zum Risiko begünstigt. Es ist zum Beispiel keine Seltenheit, daß man Spekulationskapital für Firmengründer mit neuen Ideen bereitstellt, auch dann, wenn sie vom „Hinterhof" aus operieren.

Die wertorientierte Unternehmsstrategie

In der Öffentlichkeit besteht immer noch eine Unkenntnis darüber, was Shareholder Value, das *Value-based Management*, eigentlich bedeutet. Insofern möchte ich den Ansatz kurz skizzieren. Der Begriff entstand bereits in den siebziger Jahren in den Vereinigten Staaten. Alfred Rappaport (1986) hat den Ansatz in seinem spektakulären Buch *Creating Shareholder Value: The New Standard for Business Performance* systematisch entwickelt und dargestellt. Man versteht darunter eine Unternehmensstrategie, die den Wert des Unternehmens an dem Eigentümerwert und den Erfolgsbedingungen am Kapitalmarkt orientiert. Der Ansatz ist für alle Unternehmen und nicht *nur* für die am Aktienmarkt notierten von Interesse. Es sind allerdings geläufige Mißverständnisse gegenüber diesem Ansatz auszuräumen. Shareholder Value Management bedeutet keine kurzfristige Kurssteigerung von Aktien. Es ist nicht umstritten, daß solche Strategien die Unternehmen langfristig in Gefahr bringen. Es handelt sich dagegen um eine langfristig angelegte Strategie für die engagierte Wertsteigerung des Unternehmens, die eine zukunftorientierte Entwicklung verfolgt. Das schließt beispielsweise eine zeitweise Nichtausschüttung von Dividenden nicht aus. Hervorzuheben ist, daß der Shareholder Value eine Ausrichtung an den Interessengruppen der Mitarbeiter, Gläubiger, Kunden, Lieferanten und dem Staat nicht ausschließt. Share- und Stakeholder müssen sich nicht zwingend widersprechen. Der Preussag Chef Michael Frenzel umreißt diesen Zusammenhang dahingehend: „Wertorientierte Unternehmensführung, die den Interessen von Kunden, Mitarbeitern und Gläubigern sowie dem gesellschaftlichen Umfeld hohe Aufmerksamkeit schenkt." Entscheidend für diese Konzeption ist das Bestehen im Wettbewerb und die Verbesserung der Konkurrenzfähigkeit des Unternehmens. Selbstverständlich sollte sein, daß Shareholder Ansätze nur dann erfolgreich sein können, wenn sie fortlaufend verfolgt werden und eine erfolgreiche Abstimmung von Unternehmensstrategie, Planung und Kontrolle erfolgt. Insofern begünstigt und bedarf diese Konzeption eines *integrierten* Management. Die Erfolgsgeschichte von Coca-Cola gilt als ein Highlight der Shareholder Value-Strategie. Es war eines der ersten Unternehmen, die sich konsequent auf ihr Kerngeschäft konzentriert haben. In den Vereinigten Staaten wird der Ansatz bereits von 2 000 Unternehmen, mehr oder weniger erfolgreich angewandt. In Deutschland sollen die Unternehmen Höchst AG, Veba AG und Haniel den Ansatz erfolgreich umgesetzt haben. Die Alusuisse-Lonza, ein weltweit operierendes Schweizer Unternehmen, hat seit dem Herbst 1992 den Ansatz konsequent und erfolgreich etabliert. Die Einschätzung geht dahin, daß Daimler-Benz, Fresenius, Lufthansa, Mannesmann und Thyssen auf dem Weg sind, das Konzept zu realisieren.

Globalisierung und die damit einhergehende Tendenz von deutschen Unternehmen, sich an ausländischen Börsen notieren zu lassen, wird dazu führen, daß sich die wertorientierte Unternehmensführung weiter durchsetzt. Die Studie der SGZ Bank belegt für das Jahr 1996, daß sich die 30 im Deutschen Aktienindex (DAX) geführten Unternehmen an einer Wertsteigerung für die Aktienbesitzer ausrichteten. Im Vergleich zu 1995 erreichten alle vertretenen Unternehmen 50 Prozent der möglichen 100 Punkte. Die Spitzenreiter waren Veba AG, die Hoechst AG und Bayer AG. Allerdings zeigt das Beispiel BMW, daß Aktien von Unternehmen, die nicht ausschließlich an einem wertorientierten Management ausgerichtet sind, sehr wohl steigen. Bewertungsmaßstäbe der Untersuchung waren: die durchschnittliche Jahresrendite, Unternehmenstransparenz und Unternehmenskommunikation sowie die operative Umsetzung des Shareholder Value-Ansatzes, das heißt die Unternehmensstrategie nach Cash-flow statt nach Gewinn, Ausschüttungspolitik, leistungsbezogene Vergütungssysteme und Rückkauf eigener Aktien. Die Untersuchung ist deshalb als informativ einzustufen, da sie zum zweiten Male durchgeführt wurde und insofern eine eingeschränkte Trendaussage erlaubt. Allerdings ist auf dem Ist-Stand Deutschland noch ein Entwicklungsland. Am weitesten ist in Europa bei der Umsetzung der Shareholder Value-Strategie Großbritannien, gefolgt von den Niederlanden, Schweden und der Schweiz. Deutschland nimmt vor Belgien, Frankreich und Spanien den fünften Platz ein. Es ist sicher eine offene Frage, ob das Management und die Unternehmensorganisation deutscher Unternehmen bereits derart gestaltet ist, daß es ein Value-based Management praktizieren kann.

Rappaport (1986) hebt drei Problembereiche der Unternehmensbewertung hervor: Performance-Messungen, Verknüpfung von Wettbewerbs- und Shareholder Value-Analysen und weitergehende Anwendungsfelder der Strategie. Er stellt heraus – was in der Wirtschafts- und Betriebswissenschaft nicht ganz neu war –, daß der

Jahresüberschuß, abgeleitete Kennzahlen, wie beispielsweise Gewinn pro Aktie, oder der *Return on Investment* (ROI) beziehungsweise *Return on Equity* (ROE), für das Management nicht die Entscheidungsbasis der Unternehmensbewertung sein können. Herauszustellen ist, daß Rappaport sich gegen die in den Vereinigten Staaten verbreitete Überzeugung der Aussagekraft von Bilanzen wendet. Sie möchte er widerlegen. Eine „gute Bilanz" muß zum Beispiel nicht ohne weiteres zu einem positiven Börsenkurs führen. Dieser Bilanzorientierung stellt er die Shareholder Value-Strategie entgegen. In Deutschland ist dagegen die Situation dahingehend anders gelagert, da Bilanzen bei Berücksichtigung der Gewährleistung der nominellen Kapitalerhaltung ausschüttbaren Gewinn ausweisen. Die Meinung, an den Bilanzgewinnen die Unternehmenssteuerung zu orientieren, wird hierzulande eher verneint. Hinzuweisen ist dabei darauf, daß Rappaports Konzeption bereits als „ökonomischer Gewinn" bekannt war. Das mindert allerdings nicht sein Verdienst. Ziel des Shareholder Value-Ansatzes – das ist das Neue – ist die Steigerung des Aktienwerts des Unternehmens und somit die Vermehrung des Eigenkapitals und seines Prestiges an der Börse, das heißt es kann neues Kapital leichter erwerben und damit Investitionen günstiger finanzieren. Solche Unternehmen können deshalb eher Arbeitsplätze sichern und Neueinstellungen vornehmen.

Zur Strategie – „Profit is an opinion, but cash is a fact"

Der Erfolg eines Unternehmens in einem Geschäftsjahr läßt sich nicht durch Umsatz-, Gesamtkapital-, Eigenkapitalrenditen, Umsatz oder Bilanzsummenwachstum, Jahresüberschuß und Erfolg je Aktie zwingend genug festlegen. Die normalen Bewertungsmaßstäbe haben nur eine begrenzte Aussagekraft. *Worin* besteht und was bedeutet im Unterschied dazu ein Value-based Management? Die Strategie läßt sich wie folgt umreißen.

In einem *ersten* Schritt sind für die Feststellung des Shareholder Value auf der Basis einer Wertsteigerungsanalyse, ausgehend von einem gegebenen Zeitpunkt, die in Zukunft zu erwartenden *Zahlungsströme* des Unternehmens zu erheben, welche den zu erwartenden *Geldflüssen* an die Anteilseigner entsprechen. Somit bedeutet der Unternehmenswert den ökonomischen Wert, auf den Fremd- und Eigenkapital einen Anspruch anmelden kann. Unter dem Eigentümerwert versteht man den Unternehmens*wert*, der um den Marktwert des Fremdkapitals vermindert wird. Die Feststellung des Unternehmenswerts verfährt in der Weise, daß die *freien Cashflows* im Hinblick auf den unternehmensstrategisch wichtigen Zeitraum mit den Kapitalkosten diskontiert werden. Dies geschieht im Rahmen des Discounted Cash-flow-Verfahrens (DCF). Zu den Unterschieden dieses Verfahrens zu der üblichen Ertragsmethode A. Holzer (1997). Unter Cash-flow versteht man den Differenzbetrag zwischen betrieblichen Ein- und Auszahlungen. Dabei ist ein angemessener *Restwert* (Residual-, Endwert) zu berücksichtigen. Der freie Cash-flow besteht in den Zahlungsmitteln, die von einem Unternehmen in Zukunft erwirtschaften werden und die den Fremd- und Eigenkapitalgebern zur Verfügung stehen. Im Unterschied zu dem Gewinn, der sich aus Ertrag und Aufwand errechnet, ist der freie Cash-flow eine Größe, die auf der Basis von Ein- und Auszahlungen errechnet wird.

In einem *zweiten* Schritt können die nach Marktwerten gewichteten Kapitalkosten (WACC = Weighted Average Cost of Capital) gewichtet werden, welche die Renditeanforderung der Kapitalgeber bei Einbeziehung ihrer Anlagerisiken dokumentieren (Abbildung 1).

Der Grundgedanke der Shareholder Value-Analyse ist somit einfach darin zu sehen: Das Gesamtunternehmen wird in verschiedene Geschäftsfelder (Produktsparten) aufgeteilt und die Soll-Renditen (kalkulatorische Kapitalkosten) sowie deren Vergleich mit den tatsächlichen (zukünftig erwarteten) Ergebnissen der Geschäftsfelder werden ermittelt. Die Investitionsentscheidungen in einen Geschäftsbereich sind dann auf der Basis zu treffen, ob die Ist-Kapitalverzinsung über oder unter den kalkulatorischen Kapitalkosten liegen. Die Ergebnisse dieser Vorgehensweise bei der Wertsteigerungsanalyse sind deshalb die Entscheidungsbasis von Investoren und eignet sich dazu, sowohl die Interessen von Unternehmen als auch von Investoren auf dem Kapitalmarkt abzustimmen (Abbildung 2).

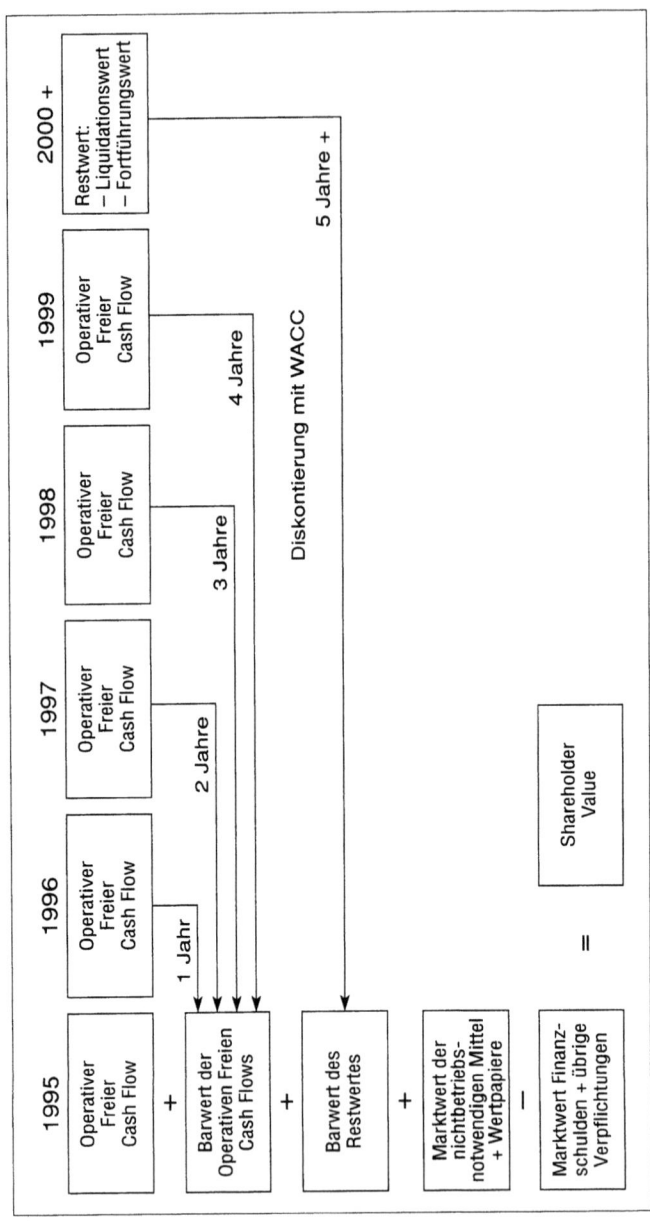

Abbildung 1: Berechnung des Sharehold Value bei der DCF-Methode

Die Globalisierung der Finanzmärkte

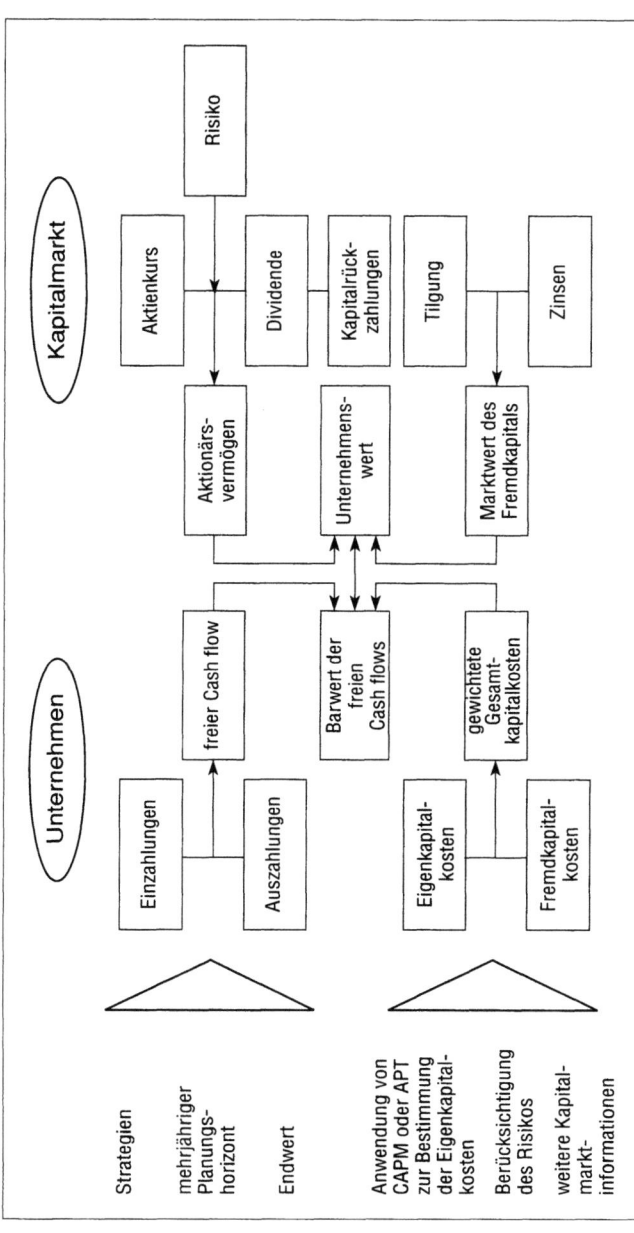

Abbildung 2: Der Shareholder Value Ansatz bildet die Interessen der Anteilseigner unternehmensintern ab

Der Sharehoder Value-Ansatz ist weiter derart angelegt, daß er nicht die *Einzel*investitionen der Renditeanalyse zugrundelegt, sondern sowohl die Unternehmensstrategie als auch die Entwicklung der einzelnen Geschäftsfelder und somit die Performance-Beurteilung des ganzen Unternehmens in seine Bewertung einbezieht.

Das Verbindungsstück zwischen Wertsteigerung und Unternehmensstrategie stellt die Auszeichnung von sogenannten „Wertgeneratoren" (Value driver) dar (Abbildung 3).

Wichtige Wertgeneratoren sind zum Beispiel die Investitionen in das Anlage- und Umlaufvermögen, die Gewinnmarge, der Umsatz und die Kapitalkosten. Diese Generatoren sind Bestimmungsgrößen des Unternehmenswerts, die das Verbindungsstück zu der strategischen Unternehmensplanung herstellen. Die Neuorientierung fällt sicherlich in der deutschen Wirtschaft schwer, da sie zu einer grundlegenden Veränderung des betriebswirtschaftlichen Bewertungssystems führt. Vermutlich ist man mit den Instrumenten noch nicht hinreichend genug vertraut. Allerdings ist die Umsetzung bereits heute soweit fortgeschritten, daß mit einem computergestützten Analyse- sowie Wertmanagement eine Einschätzung von Unternehmenswert und Wertsteigerungserwartung vorgenommen werden kann, zum Beispiel mit den von Price Waterhouse eingeführten „Value Builder". Für die Strategieentwicklung gilt dabei, daß sie auf der Basis einer Wettbewerbsanalyse zu erfolgen hat. Es sollte allerdings darauf hingewiesen werden, daß eine Orientierung an den einzelnen Wertegeneratoren als Grundlage für Unternehmensentwicklungsprognosen leicht in die Irre führen kann. In der Praxis können dabei nicht nur Fehlentscheidungen gefällt werden, sondern die Prognosen können sich, aufgrund der Abstraktheit der Generatoren, hoffnungslos von der Realität entfernen. Ziele der wertorientierten Unternehmensführung sind:

1. Der Ausweis von wertschaffenden und wertvernichtenden Geschäftsbereichen,

2. Die Steuerung des Unternehmenswerts durch eine entsprechende, den Unternehmenswert betreffende, Investitions- und Desinvestitionspolitik,

Die Globalisierung der Finanzmärkte 89

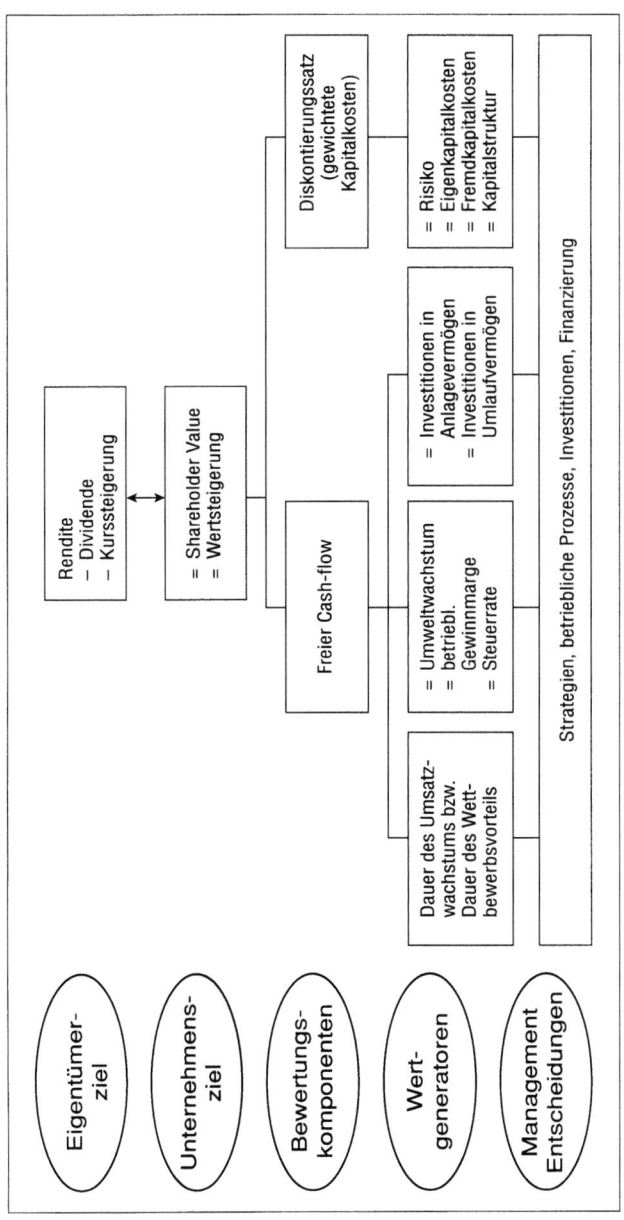

Abbildung 3: Wertgeneratoren als verbindendes Element zwischen Managemententscheidungen und Shareholder Value (Rappaport (1986), S. 76 erweitert), 1.–3. Abbildung nach U. Michel

3. Die Aufbereitung eines aussagestarken Kennzahlensystems für die strategische und operative Unternehmenssteuerung,

4. Die Beeinflussung des Börsenkurses durch ein entsprechendes Informationssystem und

5. Kapitalerhöhungen erfolgen auf der Basis der Optimierung des Cash-in.

Nach dem von dem „Coopers & Lybrand. Corporate Finance Service" entwickelten Konzept ist die Feststellung des Marktwerts durch das Discounted cash-flow-Verfahren durch den Economic Profit zu ergänzen, um die Vorgaben für die operative Unternehmensführung zu ermitteln. Die zeitpunktbezogene Größenermittlung des DCF-Verfahrens wird damit durch periodenorientierte Größen ergänzt. Der Economic Profit ergibt sich aus der Differenz zwischen der in einem Unternehmen erzielten Kapitalrendite in einer Periode und den von den Kapitalgebern anstehenden Kapitalkosten.

Zur Neuorientierung auf globalen Finanzmärkten

Marktanteile, Deckungsbeiträge, Gewinn und Rentabilität sind keine letztlichen Maßstäbe für den Erfolg eines Unternehmens. Es sind Größen die manipulierbar sind. Sie sind vergangenheitsbezogen und von der Anlage her zuwenig entscheidungsorientiert. Die Belege gehen dahin, daß die Kapitalmärkte eher auf Cash Flow-bedingte Entscheidungen reagieren und weniger auf eine Veränderung durch die Bilanzierungs- und Bewertungsmethoden. Die Vorteile des Shareholder Value bestehen darin, daß er nicht nur durch die Analyse der zu erwartenden zukünftigen Zahlungsströme (free cash-flows) an die Anteilseigner die ökonomische Rendite in den Vordergrund stellt, sondern er schließt durch eine langfristige Betrachtung von Zahlungsströmen Beeinflussungen durch kurzfristige Erfolgs- oder Mißerfolgsgrößen aus, zum Beispiel den Jahresabschluß. Neben den Renditeerwartungen findet eine Berücksichtigung des Risikos von Investoren sowie des Zeitwertes des Geldes satt und eine zukunftsorientierte Entwicklung des Unternehmens kann auf dieser Basis sichergestellt werden. Insgesamt heißt dies:

Die Unternehmenssegmente werden nicht durch die Jahresabschlüsse bewertet, sondern auf der Basis der zukünftigen „free cash-flows", der frei verfügbaren Einzahlungsüberschüsse. Insofern gilt die praxisnahe Orientierung, die sich in dem Schlagwort ausformuliert hat: „Profit is an opinion, but cash is a fact". Mit dem Ansatz geht weiter einher, daß sich Unternehmen wieder auf ihre Kernkompetenz(-geschäft) zurückbesinnen. Er begünstigt eine Organisationsentwicklung von Unternehmen, welche die Geschäftsbereiche gegenüber den Konzernführungen stärkt, zum Beispiel in der Kapitalbeschaffung, das heißt die Konzernleitungsebene wird zu einer Holdinggesellschaft umstrukturiert, die nur noch koordinierende Zentralfunktionen, somit Dienstleistungen für das Unternehmensnetz, wahrnimmt. Die Umsetzung eines Shareholder-Managements bedeutet für deutsche Unternehmen, daß sie ihre internen Steuerungs-, Finanzierungs- und Vergütungssysteme neu gestalten. Nur so sind sie im globalen Wettbewerb erfolgreich. Die Orientierung an der Steigerung des Unternehmenswerts sichert nicht nur die Zukunft des Unternehmens, sondern ist die Voraussetzung für den Interessenausgleich *von* Share- *und* Stakeholder.

Anforderung an erfolgreiche Unternehmen

Wertorientierte Unternehmensführung setzt eine Differenzierung des gesamten Unternehmens in Segmente voraus, das heißt die einzelnen Geschäftsbereiche sind eigenständig zu bewerten. Entscheidend ist dabei, die Segmentierung nicht derart zu gestalten, daß ihre segmentäre Integration nicht willkürlich ist, also jedem Segment des Geschäftsbereichs sind eindeutige Ergebnisse, Cash Flows und der entsprechende Kapitaleinsatz zuzuordnen. Bei mehreren Spaten ist die Segmentierung möglichst marktnahe auszurichten. Auf dieser Basis sind die Geschäftsfelder daraufhin zu bewerten, ob sie ihre Kapitalkosten erwirtschaften. Es ist somit jederzeit erkennbar, welche Unternehmenssegmente nicht wertschaffend sind. Wertorientierte Unternehmesführung erzwingt deshalb eine Umorganisation von Aufbau- und Ablauforganisationen. Die Veba AG, der sogenannte Pionier im werteorientierten Management, bewertet die Geschäftsfelder auf der Basis, ob ihre Renditen, gemessen an dem

Cash Flow Return on Investment (CFROI), über den Kapitalkosten liegen = Wertentwicklung eines Geschäftsfeldes. Ihr Erfolg wurde durch eine offene und nachvollziehbare Informationspolitik, die Rechnungslegung nach internationalen Standards und eine offene Kommunikation mit dem Kapitalmarkt herbeigeführt. Es ist allerdings darauf hinzuweisen, daß die Komplexität der Methoden des Ansatzes, der erforderliche Wandel der Organisationsstruktur und die immer wieder auftretenden Schwierigkeiten bei der Anwendung auf die Unternehmenssegmente ein Hindernis für die Einführung von Value-based Management sind.

Im Zuge der Globalisierung der Finanz- und Kapitalmärkte war es naheliegend, daß man nach einer Unternehmensstrategie suchte, die gegenüber den Erwartungen und Anforderungen der Kapitalmärkte Erfolg versprach. In einem globalen Wirtschaftssystem ist die Verbreitung der wertorientierten Unternehmensführung die Folge des Wettbewerbs um das knappe Gut „Kapital", da die Investoren nur dort anlegen, wo mit der höchsten Rendite gerechnet werden kann. Das hat dem Konzept in Deutschland eher geschadet. Die Entwicklung ging „bei uns" mit dem wachsenden Interesse am Shareholder Value seit Anfang der neunziger Jahre dahin, die Stakeholderinteressen in den Ansatz einzubeziehen und eine „ganzheitliche Sicht" in der Unternehmensbewertung zu profilieren. *Wertsteigerung* bedeutet, wie der Vorstandsvorsitzende der Hapag-Lloyd AG Bernd Wrede feststellte: „die intensive Beschäftigung mit dem operativen Geschäft, ist die kontinuierliche Produktverbesserung, Produktivitätssteigerung und Kostenoptimierung".

Allerdings sollte auf eine Grenze des Shareholder-Ansatzes hingewiesen werden. Der Börsenkurs ist nicht in jedem Fall zwingend ein Indikator für die Wertzuwachsentwicklung eines Unternehmens. Die Annahme, daß er langfristig die Interessen aller Betroffenen ausgleicht ist eine starke Idealisierung, die sich aus dem diesem Ansatz zugrundeliegenden Gleichgewichtsmodell der Kapitalmarkttheorie erklärt. Für die amerikanische Wirtschaft sind diesbezüglich Zweifel angebracht. Bekannt sind Fälle, wie Käufe und Verkäufe von Unternehmen derselben Gesellschaft in vergleichsweise kurzen Zeiträumen, die zu Kurssteigerungen führten, ohne daß sie langfristig den Unternehmenswert gesteigert hätten. Zinssenkungen können zu Kurssteigerungen führen, ohne daß eine Wertsteigerung des Unternehmens vorliegt. Speziell für Deutschland galt, daß der US $-Kurs die Börsenkurse der deutschen Exportwirtschaft beeinflußt hat. Daran kann kein Management etwas ändern. Insofern ist nicht der Fehler zu begehen, den Shareholder Value kurzfristig mit dem Börsenkurs zu identifizieren. Er kann von unterschiedlichen wirtschaftlichen und politischen Faktoren beeinflußt sein und muß deshalb nicht den tatsächlichen Unternehmenswert wiedergeben. In Deutschland darf aufgrund der Bewertungs- und Bilanzierungsrichtlinien, des gesetzlichen Gläubigerschutzes sowie der dadurch bedingten Bildung von stillen Reserven der Börsenkurs nicht mit dem Shareholder Value gleichgesetzt werden. Für Deutschland gilt immer noch, daß seine Aktienkultur im internationalen Vergleich unterentwickelt ist und durch eine fehlgeleitete Polemik gegen den Shareholder Value eine Reform des Aktienrechts erschwert wird. Die verfehlte Rhetorik dient nicht dazu, die Unternehmensfinanzierungen zu erleichtern. Es befördert vielmehr die Tendenz, daß sich das Management noch stärker nach dem Ausland hin orientiert, da dort bessere Finanzierungsmöglichkeiten bestehen.

Entwicklungstrends

Ein globales Wirtschaftssystem erzwingt tendenziell das amerikanische kapitalmarktorientierte Finanzierungssystem. Die Verbreitung der amerikanischen Bilanzierungsmethoden wird dadurch begünstigt. Sie sind an den Aktionärsinteressen orientiert und nicht an dem Schutz von Gläubigern. In dieser Entwicklung werden die Banken ihre Kapitalmarktstrategie ändern und sich zum Aktiengeschäft hin orientieren, zum Beispiel über Anlagefonds. Für das deutsche Bankensystem ist die Universalbank typisch, die das Kredit- und Wertpapiergeschäft betreibt. Dies führte zu einer hohen Verflechtung von Kreditinstituten, Versicherungen und Betrieben, die von der Deutschen Bank seit den fünfziger Jahren begünstigt und befördert wurde. Die deutschen Bilanzierungsverfahren führen dazu, daß ein internationaler Vergleich von branchengleichen Unternehmen nicht durchführbar ist. Da bislang die Finanzierung der Unternehmen über Selbstfinanzierung und Hausbanken vorgenommen wurde, waren Veränderungen diesbezüglich nicht zwingend einsehbar. Die Grundsituation in einer globalen Wirtschaft erzwingt aber eine andere Kommunikationspolitik der Unternehmen. Man denke auch daran, daß deutsche Investoren im globalen Vergleich eine andere Informationspolitik über die Ertragslage der Unternehmen erwarten werden, zum Beispiel ist der Eigenkapitalausweis deutscher Unternehmen im Unterschied zu amerikanischen in den Bilanzen zu gering. Insgesamt wird ein einheitliches Bilanzierungsverfahren und eine entsprechende Kommunikationspolitik der Unternehmen nicht zu vermeiden sein. Auf einem globalen Kapitalmarkt werden die Gewinnen von Unternehmen nicht mehr „versteckt" werden können. Es ist heute allgemein anerkannt, daß die Bildung von beträchtlichen „stillen Reserven" die Strategie erlaubt, Verluste und eine ungünstige Geschäftsentwicklung zu verdecken. Dies ist sicherlich nicht im Interesse der Mitarbeiter.

Die Shareholder Value-Praxis erweist sich im Zusammenhang der Veränderung der Aktienmärkte als ein Steuerungsinstrument für die dauernde Steigerung des Unternehmenswerts. Dies steht dann nicht in einem Konflikt zu einer mittel- und langfristigen Unternehmensstrategie, wenn wir die sich entwickelnden neuen Unternehmensorganisationen berücksichtigen. Insofern sollten wir davon ausgehen, daß der Shareholder Value Zukunft haben und weiter Verbreitung finden wird. Diese Entwicklung wird durch eine globale Weltwirtschaft dadurch verstärkt, daß die internationalen Anleger überall die gleichen Gewinne erwarten, in Sachsen sowie in Kalifornien. Dies belegt die Entwicklung der Aktienfonds, die nicht nur von Banken in einer breiten Palette, sondern auch von der deutschen Allianz Versicherungs AG angeboten werden. Sie entwickelt sich zu einem der weltgrößten Finanzdienstleister. Die Fonds sind nicht mehr nur mit nationalen Firmen bestückt, sondern aus Aktien im globalen Rahmen. Damit werden weitere Umstrukturierungen der deutschen Unternehmen einhergehen. Die Produktivität des eingesetzten Kapitals ist in der deutschen Industrie um 35 Prozent geringer als in den Vereinigten Staaten. Dies ist nicht nur durch die wesentlich kürzeren Maschinenlaufzeiten bedingt, sondern durch eine ineffiziente Allokation von Kapital. Durch die steuerlich verursachten Anlageentscheidungen werden oft ertragsungünstige Allokationen vorgenommen.

Für den deutschen Aktienmarkt ist es immer noch typisch, daß ihm eine hohe inländische Nachfrage fehlt. Diese Grundsituation wird sich durch die noch bevorstehende Beendigung des Generationsvertrages ändern. Global operierende Unternehmen sind in den nächsten Jahren mit der Herausforderung übergroßer Investitionsanstrengungen konfrontiert. Sie sind nur mit einer entsprechenden Eigenkapitalausstattung zu bewältigen. Dies wird den meisten Unternehmen nicht ohne den Kapitalmarkt möglich sein. Es ist die Höhe des Eigenkapitals, seine Relation zu den Verbindlichkeiten und dem Vermögen, das den Operationsrahmen von Unternehmen, somit ihre Flexibilität, in der sich vermehrenden und verschärfenden Konkurrenz bestimmen. Das Anlagevermögen hat in Deutschland einen neuen Umfang angenommen. Wenn diese Vermögen in Zukunft mehr in Richtung einer Beteiligung an Produktivkapital angelegt werden, dann werden Unternehmen und Anleger daraus einen Vorteil ziehen. Das wird sich günstig auf den deutschen Standort auswirken und im Interessen von Mitarbeitern sein.

Die Paradoxie besteht vermutlich darin, daß der deutsche Aktienmarkt zum Erfolg „verurteilt" sein wird. Nach Meinung des Vorsitzenden des Deutschen Aktieninstituts (DAI) Rüdiger von Rosen sind mindestens 1500 Unternehmen börsenreif. Von dem bevorstehenden Umbau der Alterssicherung werden starke Wachstumsimpulse für den deutschen Aktienmarkt ausgehen. Die Marktinfrastruktur des Finanzplatz „Deutschland" wird mittlerweile als „sehr gut" bewertet. In Frankfurt am Main werden alle Produkte am Kassa- und am Terminmarkt auf elektronischen Systemen gehandelt. Der Telekom ist mit Erfolg an der Börse gestartet und an dem globalen Netz der Terminbörse der Deutschen Börsen AG nehmen mehr ausländische als deutsche Banken und Broker teil. Was allerdings noch an den Börsen fehlt, ist die Inlandsnachfrage und ein Schub der Börsennotierung der erfolgreichen Unternehmen. Der

Vergleich mit den New Yorker Börsen macht deutlich, daß hier ein Anschluß herzustellen ist. An den drei Börsen in New York, der Stock Exchange (AMEX), der American Stock Exchange (AMEX) und der Nasdaq (Computerbörse für Wachstumswerte) werden 8 000 Aktien notiert.

Der Shareholder Value, der Wertzuwachs für die Aktienbesitzer, bringt die an ihrem Besitzstand und traditionell eingestellten Politiker und Gewerkschaftler in eine defensive Ausgangslage. Es sind dies speziell in Deutschland die Eliten der Wohlfahrtsstaatsgewinnler. Die Unsicherheiten und Kontroversen, die der Shareholder Value bei Gewerkschaften und Unternehmen hervorgerufen hat, ist ein Beleg der im Zuge von Globalisierung beginnenden Umorientierung. Es wird immer deutlicher, daß die Einkommen nicht mehr auf ihrem bisherigen Niveau bleiben können. Dies führte zu Irritationen. Demgegenüber ist verständlich zu machen: Ein hoher Shareholder Value wird letztlich den Mitarbeitern zu gute kommen. Das belegt die Ems-Gruppe. In den letzten zehn Jahren stieg der Börsenkurs der Inhaberaktie um 27,8 Prozent jährlich, gleichzeitig nahm die Beschäftigung der ganzen Unternehmensgruppe um 60 Prozent – auf etwa 2 700 Mitarbeiter zu. Dies geschah in einer Phase der Umstrukturierung, der Umstellung der Herstellung von Synthesefasern zu Polymeren. Es ist in der Regel unzutreffend, daß die Börse den Abbau von Arbeitsplätzen mit steigenden Kursen honoriert. Ein echter Interessenkonflikt zwischen Mitarbeitern und Shareholder ist *nicht* hoch zu veranschlagen, da nur langfristig erfolgreiche Unternehmen Arbeitsplätze erhalten und schaffen können. Nach der Darstellung des Vorstandsvorsitzenden Jürgen Schrempp ist beabsichtigt, die Beteiligung von Mitarbeitern am Unternehmenserfolg auf die gesamte Belegschaft zu erweitern. Damit soll dem Streit um den Shareholder beendet werden. „Wichtiger Gradmesser" – so Schrempp – „unseres unternehmerischen Erfolgs ist der Aktienkurs."

Es besteht immer weniger die Chance, die Herstellung von Gütern und Dienstleistungen mit sozialpolitischen oder ethischen Überzeugungen in Einklang zu bringen. Dies versuchte die alte Bundesrepublik Deutschland. Sie verliebte sich in den Irrtum, es gäbe auf

"Gerechtigkeitsfragen" eine objektive Antwort. Das Weltsystem und eine globale Wirtschaft wird keine Wertegemeinschaft mit Universalzuständigkeit sein. Für die deutsche Wirtschaft besteht das Strukturproblem, daß es an der Bereitschaft zu Investitionen, der Entwicklung neuer Produkte und der Erschließung neuer Märkte immer noch fehlt. Wirtschaften, die nur eine geringe Kapitalproduktivität haben und zusätzlich kapitalschonend operieren, werden es immer schwerer haben, in dem globalen Wettbewerb Erfolg zu haben. Zu der Wettbewerbsfähigkeit gehört immer auch eine Vorgabe in den Zielrenditen. Ein globales Wirtschaftssystem wird sich – und das sind die Trends in Europa, Asien und Amerika – schrittweise von dem Privat-, Bank- und Staatsbesitz zu einem offenen Aktiensystem hin entwickeln.

Das Value-based Management ist nichts "Hochgespieltes", sondern das Ergebnis der Interdependenzen und Transparenzerwartungen im einem globalen Wirtschaftssystem, in dem sich die Wettbewerbsvorteile grundsätzlich verändert haben und weiter verändern werden. Die 1996 durchgeführte Studie von "Cooper & Lybrand. Corporate Finance Service" belegt, daß sich der Ansatz zunehmend durchsetzt. Es sollte nicht verwundern, daß er in Europa in seiner Anwendung und Fortbildung erst am Anfang steht. An der Studie nahmen 277 börsen- und nichtbörsennotierte Unternehmen in 13 europäischen Ländern teil. Die Ergebnisse wurden mit amerikanischen Unternehmen verglichen. Allerdings sollte hervorgehoben werden, daß es kein einheitliches Muster gibt, wie Management im Detail zu gestalten ist. Es gibt nur den Rahmen der Orientierung an der Konkurrenzfähigkeit. Die unterschiedlichen Wirtschaftskulturen werden auch in einem globalen Wirtschaftssystem nicht verschwinden.

Bestandsaufnahme

Auf dem Ist-Stand ist festzustellen: Die Unternehmensstrategie der Steigerung des Unternehmenswerts wird zu einer fortlaufenden Umstrukturierung im Hinblick auf Konkurrenzfähigkeit von Unternehmen führen, das heißt:

1. Die Einrichtung einer schlanken Unternehmensorganisation wird sich weiter durchsetzen.
2. Der Managementprozeß ist nach Maßgabe seines Beitrags zur Verbesserung des Unternehmenswerts zu bewerten.
3. Es sind entsprechende Anreize von Mitarbeitern und vom Management auf der Basis des operativen Ergebnis einzuführen.
4. Die Kommunikationspolitik und die Performanz von Unternehmen hat sowohl „Konzept", „Strategie" und „Leistung" öffentliche bewertbar zu halten. Die Kapitalallokationen von Unternehmen stehen damit immer wieder auf dem „Prüfstand", da sich die Aktionäre immer mehr professionalisieren. Fehlallokationen, wie der Bau von Bürohochhäusern in Deutschland – mitfinanziert durch steuerliche Vorteilsnahme –, die auf nicht absehbare Zeit leerstehen, wird es dann nicht mehr geben.

Diese Umstrukturierungen bedeuten, daß Manager und Mitarbeiter *umdenken* müssen: Sie haben zu lernen, so wie Unternehmer zu denken. Cash Flow und Zins sind für diese Unternehmen gegenüber den üblichen Periodengewinnen von entscheidender Bedeutung. Ziel ist nicht eine kurzfristige Optimierung von Periodengewinnen, sondern eine langfristige Bewertung der Unternehmensstrategie auf der Basis der abgezinsten zukünftigen Cash Flows. Eine solche Unternehmensstrategie muß die soziale Verantwortung eines Unternehmens *nicht* hinfällig werden lassen. Gerade global operierende Unternehmen zeigen ein besonderes Interesse an den Regionen ihrer Niederlassungen.

Zu erwarten ist es, daß durch die globalen Kapitalmärkte und die damit einhergehende veränderte Kreditbeschaffung von Unternehmen eine Veränderung des Bankensystems einleitet, die sich zusehens beschleunigt. Darauf verweisen die Fusionen in den Vereinigten Staaten, in Canada, aber auch in Deutschland. In den Vereinigten Staaten sind seit 1933 durch Gesetz zwei Geschäftszweige zugelassen, die Commercial Banks, die Kredite vergeben und die Investitionsbanken, die nur das Wertpapiergeschäft betreiben. Diese Trennung ist durch den Glass-Stegal-Act relativiert worden. Sie erlaubt es, den Investmenthäusern Kredite zu vergeben und die Commercial Banks dürfen 25 Prozent ihrer Einnahmen über das Wertpapiergeschäft erwirtschaften. Signal war in den Vereinigten Staaten die Fusion der Geschäftsbank „Bankers Trust" mit dem Investmenthaus „Alex". 1998 fingen die amerikanischen Banken im großen Maßstab zu fusionieren an. Sie zielen auf Kostensenkung, Verschlankung und den europäischen Markt ab. Am Ende der Entwicklung könnte zum Beispiel eine Konvergenz zwischen dem amerikanischen und dem deutschen Bankensystem stehen. Die Umstrukturierungen im Bankgeschäft werden durch das Erfordernis eines globalen elektronischen Banking und Zahlungsmittelverkehrs vorangetrieben. In Zukunft wird es keine Bankfilialen mehr geben, sondern nur noch Telebanking. Das elekronische Geld von der Chipkarte wird global als Zahlungsmittel Verwendung finden. Technisch ist der Übergang zum Cybergeld schon jetzt vollziehbar, so wie die erfolgreiche Einführung des Kartentelefons der deutschen Telekom.

Der Euro: Das Ende der Geldentwertung

Analysanten und Devisenhändler, insbesondere die Deutschen, fürchten die Inflation. Geldentwertung ist für die Deutschen ein kollektives Trauma. Zu den sich entwickelnden Strukturen eines globalen Wirtschaftssystems gehört eine veränderte Operationsweise zwischen Finanzmärkten, der Kapitalbeschaffung und der Organisation von Unternehmen. Damit wird einhergehen, daß sich die Preisentwicklung und somit der Geldwert fortlaufend eher antiinflationär gestalten wird. Es sind heute Stimmen hörbar, daß die Geldentwertung der letzten Jahrzehnte eine Ausnahmeerscheinung gewesen ist und sich historisch besonderen nicht verallgemeinerbaren wirtschaftlichen und politischen Situationen verdankt, zum Beispiel das Gelddrucken während der Französischen Revolution, in der Weimarer Republik und in Rußland in Folge des Zusammenbruchs des Sowjet-Systems (Roger Bootle: 1997).

Im Rückblick ist festzustellen, daß die Inflation in den Industrieländern seit Anfang der achtziger Jahre bis Mitte der neunziger Jahre von etwa 15 Prozent auf 2,5 Prozent zurückging. Die Großunternehmen der Autoindustrie Volkswagen, Opel, BMW und Daimler Benz, die Computerbranche, die Fluggesellschaften und die McDonalds-Ketten müssen sich immer mehr auf einen Preiswettbewerb einstellen. Es ist ihnen immer weniger möglich, daß Unternehmen einfach ihre Preise erhöhen. Die damit entstehenden Konkurrenzsituationen sind nicht nur ein Ergebnis der Geldpolitik der Notenbanken, sondern des globalen Wettbewerbs, der die Unternehmen zwingt, ihre Preise zu senken. Die vorherrschende Lehrmeinung der Monetaristen kann eine solche Entwicklung nicht erklären. Es läßt sich nicht mehr ausschließen, daß das Preisniveau mehrere Jahre sinken wird. Die europäischen Regierungen müssen zur Inflationsbekämpfung mit einem Deregulierungskurs fortfahren, um das Wirtschaftswachstum zu sichern. Die Herstellung von Konkurrenzsituationen ist das beste Mittel, um antiinflationär zu wirken. Ein globales Wirtschaftssystem gibt dazu den erforderlichen Rahmen ab.

Zur Weichenstellung

Die Frage nach der Stabilität einer gemeinsamen europäischen Währung, dem Euro, ist davon mitbetroffen. Mit dem Konvergenzgutachten der Europäischen Zentralbank, vorgelegt am 25. März 1998, sind die Weichen für eine einheitliche europäische Währung gestellt (*Konvergenzbericht* Nach Artikel 109 j des Vertrags zur Gründung der Europäischen Gemeinschaft vorgeschriebener Bericht, März 1998, Europäisches Währungsinstitut (EWI), Frankfurt am Main). Bewertungsdimensionen des Gutachtens waren Schuldenlast, Wechselkursstabilität, Haushaltsdefizit und langfristige Zinsen der 15 Mitgliedsstaaten der Europäischen Gemeinschaft. Elf Teilnehmer erhalten eine positive Bewertung, Griechenland und Schweden eine negative, wobei Schweden mit Großbritannien, und Dänemark zu den Staaten gehört, die einer Währungsunion vorerst nicht beizutreten beabsichtigen. Unter den elf Teilnehmern, die positiv bewertet wurden, gab es nur gegenüber Italien und Belgien Vorbehalte, die in der Stellungnahme der Deutschen Bundesbank zu dem Gutachten noch einmal bekräftigt wurden. Das Gutachten aber belegt auch, daß der Stabilisierungskurs weiterzuführen ist. Die vorhandenen Defizite in vielen als positiv bewertenden Staaten werden fortlaufend zu beseitigen sein, zum Beispiel ist davon Belgien, Deutschland, Spanien, Frankreich, Italien, die Niederlande, Östereich und Portugal – Griechenland eingeschlossen – betroffen. Das wird nur durch die Einhaltung des 1999 in kraft tretenden „Stabilitäts- und Wachstumspakts" gelingen.

Für die Teilnehmer an einer europäischen Währung wird, unabhängig von der positiv zu bewertenden Erfüllung der Konvergenzkriterien, der Abbau der Gesamtverschuldung, nicht nur der Neuverschuldung, des Staatshaushaltes ein weiteres Erfordernis bleiben, das heißt mit den vorliegenden Erfolgen ist ein erster Schritt in der Konsolidierung der Staatshaushalte getan. Zu einer nachhaltigen Haushaltskonsolidierung wird es langfristiger Maßnahmen bedürfen. Insgesamt ist hervorzuheben, daß nur eine Strukturanpassung der an einer europäischen Währung beteiligten Länder zu einer Konsolidierung der Staatshaushalte beitragen aber auch dem Problem der Altersversorgung einer weiter alternden Bevölkerung begegnen wird. Davon sind die Verringerung der Schuldenquote, insbesondere der Einfluß der Zinsentwicklung auf kurzfristig anfällige Schulden und die umlagenfinanzierten Altersversorgungssysteme betroffen. Gegenüber der in den öffentlichen Medien immer wieder hörbaren Rhetorik einer durch ein europäisches Parlament zu gestalteten „volonté general", ist ein harter Sparkurs des Fiskus anzumahnen, der ein Haushaltsgleichgewicht herstellt. Dies wird nur durch eine Deregulierung und einem Abschied vom Anspruchdenken der alten Bundesrepublik Deutschland gelingen. Das belegt eindringlich: Wir befinden uns in einer Situation des gesellschaftlichen Umbruchs, in der „tiefer Realzins" und „tiefe Lohnkosten" die Voraussetzungen für Wirtschaftswachstum sind.

Die Gründe und Motive für oder gegen eine gemeinsame Währung sind unterschiedlicher Art. Die Befürwortung von Seiten der Gewerkschaften ist dadurch begründet, daß sie eine weniger restriktive Geldpolitik erwarten und auf eine Verringerung der Arbeitslosigkeit hoffen, andere parteipolitische Interessengruppen erwarten eine Beschleunigung der Entwicklung zu einer Europäischen Union und damit das Ende der europäischen Nationalstaaten. Von einer Eurowährung erwartet die exportierende Großindustrie (Elektro-, Automobilindustrie, Maschinenbau), die Finanzdienstleister und Versicherungen Entwicklungs- und Operationsvorteile, da sie dadurch einen härteren Wettbewerb bewältigen kann. Für sie verbilligen die verschwindenden Währungskosten die Herstellungs- und Transfairkosten. So verbessern sie ihre Wettbewerbsfähigkeit. Ungünstiger sieht es dagegen für die Mittelständler aus. Schreiner, Bäcker, Friseure, Bauunternehmen mittlerer Größenordnung u.a. geraten unter Konkurrenzdruck durch das Ausland. Die Spanier und die Portugiesen werden viel schneller in den deutschen Markt einsteigen als umgekehrt. Eine gescheiterte europäische Währung hätte für die Europäer einen erheblichen Prestigeverlust bedeutet. Im Jahre 1997 blieben die meisten Deutschen beunruhigt. Die Politbarometer melden das annäherungsweise 65 Prozent der Deutschen einem Ende der D-Mark nicht zustimmen möchten, obwohl 75 Prozent der Befragten davon ausgehen, daß eine gemeinsame europäische Währung kommen wird.

Eine Eurowährung wird allerdings die Arbeitslosigkeit nicht verringern, sondern, sollten die Arbeitsmärkte weiterhin unflexibel bleiben, eher erhöhen. Daraus ist die Folgerung zu ziehen, daß sie mit der Einführung einer europäischen Währung eine *hohe* Flexibilität entwickeln müssen. Darauf ist man in Deutschland nicht eingestellt. Gleichzeitig muß eine Europäische Zentralbank (EZB) stärker sein als die Deutsche Bundesbank. Sie wird keine Mitglieder aufnehmen können, die gegenüber ihrer schwachen Währung keinen Stabilitätskurs einzuschlagen bereit sind.

Die Stabilität einer europäischen Währung

Wie ist die währungspolitische Grundsituation einer europäischen Währung einzuschätzen? Es ist zu erwarten, daß eine Europäische Zentralbank einen stabilitätsorientierten Kurs einschlagen wird. Das heißt, der Euro wird keine Abwertung der anderen Währungen beschleunigen. Eine Europäische Zentralbank ist in ihrer Startsituation voraussichtlich mit dem Problem konfrontiert, daß sie zunächst über kein geldpolitisches „Reputationskapital" verfügt. Sie wird sich Glaubwürdigkeit und Vertrauen durch einen „harten" geldpolitischen Kurs erst erwerben müssen, das heißt aber, sie wird voraussichtlich mit hohen Leitzinsen operieren. Allerdings sind dadurch die entsprechenden Wirtschaftspolitiken nicht automatisch und als selbstverständlich garantiert. Entscheidend ist in jedem Fall eine weitere Stabilisierung, also Konsolidierung der Staatsfinanzen. Die Währungsunion könnte dadurch gefährdet werden und vielleicht sogar nach ihrer Einrichtung scheitern, sofern die Arbeitslosigkeit weiter steigt, die geforderte Konvergenz der Teilnehmerstaaten nicht erreicht wird und sich dadurch die Spannungen auf den Märkten erhöhen. Das Ergebnis könnte bei einer solchen Entwicklung eine Aussetzung und schließlich Aufhebung des Maastricht-Vertrags sein. Das Ergebnis wäre, daß für die Europäer der Dollar langfristig die wichtigste internationale Reservewährung, mit allen gesamtwirtschaftlichen Folgen, bleibt. Das würde die Situation stabilisieren, daß er die europäischen Währungen immer wieder unter Druck setzen könnte. Es wird nach 1999 von der erfolgreichen Stabilitätspolitik der Teilnehmerländer abhängen, welche Entwicklungen zu erwarten sind.

Die Mitglieder des Zentralbankrates unterliegen keiner Weisung von nationalstaatlichen Behörden und eine Zentralbankfinanzierung aller öffentlichen Angelegenheiten ist untersagt. Der Rat setzt sich aus den Mitgliedern des Direktoriums (Präsident, Vizepräsident und vier weitere Mitglieder) und den Notenbankpräsidenten der Mitgliedstaaten zusammen. Die Mitgliedsländer der Europäischen Währungsunion entscheiden somit über ihre gemeinsame Geldpolitik. Darin besteht auch ein Stabilitätsrisiko. Wie hoch dies zu veranschlagen ist, wird von dem zukünftigen Wirtschaftswachstum und des Abbaus der Defizite abhängig sein. Der Maastricht-Vertrag enthält keine Angaben darüber, wie eine Preisstabilität zu erreichen ist. Insofern bedarf eine Europäische Zentralbank der wirksamen geldpolitischen Strategien und Instrumente, mit der sie die Zinssätze am Geldmarkt beeinflussen und damit steuern kann.

In einer globalen Weltwirtschaft wird, bestätigen sich die folgenden Annahmen, *keine* erheblichen Inflation eintreten:

1. Der globale Wettbewerb wird sich fortlaufend verstärken, sofern ein weltweiter Kapital- und Gütermarkt nicht protektionistisch begrenzt und eingeschnürt wird. Alle Belege weisen darauf hin, daß sich der Welthandel nicht zurückentwickelt. Diesbezüglich sollten wir davon ausgehen, daß wir erst am Anfang eines globalen Wirtschaftssystems stehen.

2. Durch die weltweite Verlagerung und Errichtung von Produktionsstandorten, wird die Kostenstruktur der Unternehmen vorteilhaft verändert. Dazu gehört eine fortlaufende Kostenkontrolle und eine weitere Verschlankung der Unternehmen durch segmentäres und integriertes Management.

3. Der begonnene Konsolidierungskurs der staatlichen Haushalte wird weiter fortgesetzt. Dazu gehört, daß die vorhandenen sozialen Sicherungssysteme umgebaut werden.

4. Die gesamte Lohnpolitik gestaltet sich flexibel. Dadurch wird ein neuer Arbeitsmarkt entstehen. Die gelingt unter der Voraussetzung, daß sich die Lohnpolitik an der Produktivität der einzelnen Unternehmen orientiert.

5. Eine Verknappung von Rohstoffen tritt nicht ein. Dies ist deshalb wahrscheinlich, da die klassischen Rohstoffe immer mehr an Bedeutung verlieren. Es mag zwar eine leichte Steigerung der Rohstoffpreise eintreten, eine Preisrevolution ist jedoch nicht zu erwarten.

6. Ein globales Wirtschaftssystem nötigt zu einer selbständigen Geldpolitik. Das geldpolitische Modell der Vereinigten Staaten der jüngsten Zeit hat sich ein Stück weit bewährt. Diese Strategie, zur Inflationsvermeidung die „Zinsschraube" rechtzeitig „anzuziehen" und mit einer „raschen Zinslockerung" bei abfallender resp. nachgebender Konjunktur zu reagieren, könnte sich durchsetzen.

7. Eine weitere Privatisierung von Staatsunternehmen, in Europa, wird zur der Entstehung von neuen Märkte führen. In diesem Bereich hat Frankreich und Italien nachzuholen. In Deutschland ist mit den veränderten Ladenschlußzeiten und einer Privatisierung von städtischen Einrichtungen nur ein erster Schritt in die

richtige Richtung getan, dem weitere folgen müssen. Dazu gehört eine Einschränkung des Kündigungsschutzes und die Verkürzung von Genehmigungschancen für Investitionen, insbesondere in der chemischen Industrie und der Bauwirtschaft.

8. Diese Entwicklungen führen voraussichtlich dazu, daß mit keinem steigenden und langfristig hohem Zinsniveau zu rechnen ist. Insofern kann man auf dem europäischen Aktienmarkt mit weiteren Zuwachsraten rechnen. Dies setzt voraus, daß man den Lohndruck mäßigt und eine durchgängige Produktivitätsverbesserung der Unternehmen eintritt. Eine europäische Währungsunion, die eine stabilitätsorientierte Geldpolitik verfolgt, wird voraussichtlich zu einem stabilen Zinsniveau beitragen und damit die Chancen für Wirtschaftswachstum verbessern.

Die Inflationsbekämpfung speziell in Europa – auch unter der Voraussetzung einer gemeinsamen Währung – wird davon abhängen, ob die Lohn- und Fiskalpolitik einen stabilitätsorientierten Kurs beibehält. Dazu gehört, daß die Unternehmen nicht *nur* durch Kostenersparung ihre Wettbewerbschancen verbessern, sondern eine Erweiterung des Welthandelns nicht durch einschränkende protektionistische Maßnahmen behindert wird sowie auf eine Angleichung der europäischen Sozialpolitik *nach oben* verzichtet wird. An der Verbesserung der Konkurrenzfähigkeit und die Gewinnung von Standortvorteilen wirkt die nationale Steuerpolitik mit. Dazu ist es erforderlich, daß weitere Steuerreformen durchgeführt werden, durch die nationale Regierungen Anreize für Neuinvestitionen geben und für sie günstige Voraussetzungen bereitstellen.

Insgesamt ist davon auszugehen, daß ein niedriges Zinsniveau, eine gestiegene Wechselkursstabilität, eine verantwortliche Lohnpolitik, das heißt gedrosselter Lohnerwartungen und Lohnforderungen, eine angehobene, wenn auch nicht eine sehr hohe, Produktivitätssteigerungen in Europa, also ein gemäßigtes Wachstum bei nicht erhöhten Preisen, herbeiführen werden. Dies sind günstige Voraussetzungen für die Entwicklung von steigenden Aktienkursen. Mit einem verbesserten Eigenkapitalstock ist es eher möglich, daß Unternehmen Konjunktureinbrüche überleben. Die Eigenkapitalaufstockung ist deshalb erforderlich, um in einem globalen Wirtschaftssystem konkurrenzfähig zu sein. Sie ist zugleich die Voraussetzung für die Investitionen in die fortlaufende Technologieentwicklung. Insgesamt könnte sich die Situation einstellen, daß sich um die Jahrtausendwende ein Wachstum einstellt und die Rentabilität steigt. Voraussetzung für diese Entwicklung ist es, daß sich die Unternehmen einem verschärften Wettbewerb stellen, das heißt fortlaufend umstrukturieren und die Lohnstückkosten weiter senken können. Seit 1994 war dies in Deutschland der Fall gewesen. Diese Entwicklung wird dadurch verstärkt, daß die asiatischen Wachstumsregionen, einschließlich Indien, an wirtschaftlichem Einfluß gewinnen und Lateinamerika zunehmend aufholen und seinen Standort verbessern wird; dies gilt auch für Teile Südamerikas.

Die geldpolitischen Strategien der Europäischen Zentralbank

Die Unsicherheit gegenüber einer einheitlichen europäischen Währung und die dabei aufkommenden Ängste werden durch die Unkenntnis der geldpolitischen Strategien einer Europäischen Zentralbank hervorgerufen. Hier gilt es, Abhilfe zu schaffen, um mit den Problemen umgehen und eine begründete Meinung ihnen gegenüber ausbilden zu können. Rhetorik, in welcher Richtung auch immer, ist hierbei kontraproduktiv und dient nur der ideologischen Verwirrung. Damit ist dem Standort Deutschland nicht gedient.

Funktionen des Geldmediums

Die klassische Ökonomie unterscheidet zwischen Geld als Austauschmedium, als Wertmaß und als Maßeinheit der Kosten (A. Smith, D. Ricardo). Als Austauschmedium zirkuliert es, das heißt es wird von einer sozialen Einheit ausgegeben und von einer anderen erworben. In dem Prozeß der Zirkulation, der Allokation der Ressourcen erfüllt Geld auf dem Markt Funktionen, es wird als Medium aber nicht konsumiert. Bei der Ausgabe von Geld geht eine soziale Einheit Verpflichtungen ein, die ihrerseits eine andere Einheit beeinflußen. Geld ist nicht nur ein Zirkulationsmittel, sondern auch Wertmaß. Die Geldeinheit, seine Wertmaß- und Maßeinheitfunktion sowie die Güte der Geldeinheit, als eine bestimmte Währung, hat eine stabilisierende und entwicklungsfördernde Funktion für das Wirtschaftssystem. Der Wert der physischen und der anderen Güter, einschließlich der Dienstleistungen, läßt sich mit dem Geldstandard vergleichen und erlaubt es, eine rationale Allokation zwischen verschiedenen Anwärtern auf diesen Vergleich vorzunehmen.

Aussagen über die Kalkulation des Bruttosozialprodukts sind ein Beispiel für den Gebrauch von Geld als Wertmaß. Beschreibungen in Geldgrößen werden als eine Art logischer Rahmen dazu gebraucht, um quantitative Tatsachen über die Ökonomie zu erheben. Der Geldgebrauch bedeutet nach Freiheitsgraden entscheiden zu können, zum Beispiel derjenige, der Geld akzeptiert, ist nicht verpflichtet, es für besondere Güter und Dienste auszugeben, er kann *sparen;* er ist weiter nicht verpflichtet, Güter und Dienste von einem besonderen Anbieter zu kaufen, er kann sich *umsehen;* er ist nicht dazu verpflichtet, das Geld zu einer bestimmten Zeit auszugeben, er kann *warten;* er ist nicht dazu verpflichtet, besondere Kaufbedingungen zu akzeptieren, er kann seine Entscheidungen auf günstige Marktsituationen *spezifizieren.*

Geld ist ein Kommunikationsmedium, das in allen Teilsystemen des Gesellschaftssystems seine Funktionen ausübt. Nur eine stabile Währung ist dazu geeignet, Reputation zu gewinnen, die gewährleistet, daß ihr Vertrauen entgegengebracht wird. Nur so kann Geld seine Funktionen erfüllen. Zu ihnen gehört auch, daß es zu seiner Annahme motiviert. Dieses Vertrauen ist für eine gemeinsame europäische Währung unverzichtbar. Sie wird eine harte Währung sein müssen. Der Erwerb eines solchen Vertrauens betrifft den währungspolitischen Kurs einer Europäischen Zentralbank und das heißt, durch die geldpolitischen Strategien, die sie verfolgt, wird sie Reputation erwerben und damit Vertrauen gewinnen müssen. Davon wird der Erfolg der einheitlichen europäischen Währung abhängig sein. Dies Erfordernis für die Gewährleistung einer stabilen europäischen Währung ist nicht nur eine Frage der geld- und währungstechnischen Ausgestaltung.

Strategien zur Inflationsbekämpfung der europäischen Zentralbank

Von Interesse ist es somit, durch welche geldpolitischen *Strategien* eine Europäische Zentralbank ihre Reputation erwerben und dadurch Vertrauen, nicht nur im europäischen Wirtschaftsraum, sondern in einer globalen Wirtschaft, gewinnen kann? Das Europäische Währungsinstitut hat für eine Europäische Zentralbank drei Strategien entwickelt: ein *Geldmengenziel,* ein direktes *Inflationsziel* und eine Kombination aus beiden Strategien.

Die *Geldmengenstrategie* würde die Strategie der Deutschen Bundesbank anwenden und die Preisentwicklung mit Hilfe der Vergrößerung und Verkleinerung der Geldmenge zu steuern versuchen. Eine alternative Strategie könnte es sein, so wie die Bank of England zu operieren. Sie legt ex ante ein Inflationsziel fest. Tritt der Fall ein, daß eine Abweichung zwischen dem vorgegebenem Ziel und der Preisprognose eintritt, so würden zur Anpassung die Zinssätze entsprechend verändert. Bei diesem Modell sind die ex ante aufgestellten Inflationsprognosen die Basis der Anpassung der Geldpolitik an die Preisentwicklung.

Die Aufgabe einer Zentralbank besteht darin, Wirtschaftswachstum zu fördern und Geldwertstabilität zu garantieren. Dadurch erwirbt sie ihre Reputation und das Vertrauen der Teilnehmer am Wirtschaftssystem. Sofern die Zentralbanken bei den Marktteilnehmern darin Glaubwürdigkeit gewinnen, kann sie erfolgreich ihre Inflationserwartungen enttäuschen. Ist sie damit erfolgreich, werden sie an Prestige gewinnen, und zwar in einem globalen Maßstab. Dies wird den Zentralbanken nur gelingen, wenn ihre geldpolitischen Strategien für die Marktteilnehmer die erforderliche *Transparenz* und *Berechenbarkeit* haben. Eine Geldmengensteuerung hat sich für die Transparenzsicherung bis heute am besten bewährt, da sie am einfachsten von den Mitgliedern des Wirtschaftssystems überprüft werden kann. Gleichzeitig ist durch sie frühzeitig erkennbar, ob die Notenbank dieses Ziel tatsächlich verfolgt. Eine geldpolitische Strategie, die sich an der *Inflationsrate* orientiert, hat demgegenüber den Nachteil, daß ihr Erfolg erst zu dem Zeitpunkt feststellbar ist, wenn die Preisstabilität bereits gefährdet wird. Hierin ist der Grund dafür zusehen, daß sich diese Strategie nicht ohne weiteres für die Gewinnung von Prestige an den Finanzmärkten empfiehlt.

Das Europäische Währungsinstitut hat als geldpolitische Strategie ein Geldmengenziel empfohlen. Mit der erfolgreichen Übernahme dieser Strategie könnte sich im Fortgang der Effekt einstellen, daß eine Europäische Zentralbank von der vorhandenen Reputation der Deutschen Bundesbank profitiert und an ihr teilhat. Der Erfolg eines Reputationsgewinns, der sich dadurch einstellen könnte, ist davon abhängig, daß sich eine stabile Relation zwischen Geldmenge und Preisentwicklung einstellt und stabilisiert. Sollte diese Entwicklung nicht eintreten, besteht die Gefahr, das vorgegebene Geldmengenziel zu verfehlen. Die Geldmengenstrategie würde sich dann nicht bewähren. Das Ergebnis wäre ein Reputationsverlust, das heißt mangelnde Transparenz und Berechenbarkeit der Geldpolitik. Eine Strategie der direkten Inflationssteuerung wäre, sollte eine solche Entwicklung eintreten, gegenüber der Geldmengensteuerung eher erfolgsversprechend.

Zur geldpolitischen Grundsituation

Mit der Einführung einer europäischen Währung entsteht für alle Teilnehmer am Wirtschaftssystem eine neue geldpolitische Grundsituation, auf die sie sich einzustellen haben und die für sie berechenbar sein muß. Es ist zu erwarten, daß damit weitgehende Veränderungen in den nationalen Zahlungsverkehrssystemen einhergehen, die den Zahlungsverkehr verändern und umgestalten werden. Im Zuge dieser Entwicklung ist davon auszugehen, daß auf einem europäischen Finanzmarkt neue Finanzprodukte entstehen. Das System wird sich einspielen müssen, es muß der Umgang damit gelernt werden und es sind die Vorteile zu erkennen, die sich für den Marktteilnehmer durch seine Etablierung einstellen.

Informativ ist in diesem Zusammenhang die Entwicklung auf dem amerikanischen Markt. Dort hat sich mittlerweile eine Situation eingestellt, die „verbrieften Forderungen", zum Beispiel Anteile an Geldmarktfonds, als Zahlungsmittel zu verwenden. Es ist nicht auszuschließen, daß eine solche Entwicklung auf dem europäischen Markt stattfindet wird. Sollte diese Situation eintreten, so wird es schwieriger sein, eine Unterscheidung und Trennung zwischen Produkten mit Zahlungsmittelfunktion und solchen der längerfristigen Geldkapitalbildung vorzunehmen. Als Ergebnis könnte sich eine Situation einstellen, in der eine *feste* Relation zwischen Geldmenge und Preisniveau tendentiell nicht mehr gegeben ist, da die übliche Geldmengenabgrenzung die vorhandene Liquiditätssituation durch eine Unter- oder Überzeichnung fortlaufend verzerrt.

Alle Annahmen sprechen dafür, daß eine Europäische Zentralbank diesen nicht vorhersehbaren Entwicklungen mit einem *flexiblem Ansatz* begegnen wird. Sie wird die Strategie der Geldmengenfestlegung durch Bestandteile einer direkten Inflationssteuerung ergänzen. Flexibilität und Anpassungsfähigkeit der Geldpolitik wird durch eine Strategiewahl gewährleistet, die nicht nur Geldmengenziele und Geldmengenaggregate, sondern die auch Orientierungen für die Preisentwicklung vorgibt und erkennbar darauf abstellt. Eine solcher flexibler Ansatz berücksichtigt in seiner Orientierung die Faktoren wie Kreditverfügbarkeit, Zinsstruktur, Lohnstückkosten, Wechselkurse, Kapazitätsauslastungen und Umfragen der Erwartungen über die Wirtschaftsentwicklung. Als Steuerungs- und Anpassungsinstrument ist in diesem Modell ein „diskreditionärer Spielraum" für die Europäische Zentralbank vorgesehen, das heißt die geldpolitischen Zielvorgaben müssen nur mittelfristig erfüllt werden. Das erlaubt es, Abweichungen in einem langfristigen Zeitraum zu korrigieren. Stellen sich kurzfristige Fehleinschätzungen respektive Zielverfehlungen ein, so kann durch diesen flexiblen Ansatz wieder an Reputation gewonnen werden.

Es läßt sich insgesamt nicht ausschließen, daß die beiden geldpolitischen Strategien „Geldmengenziel" und „Inflationsbekämpfung" im Verbund angewandt werden und beide Strategien sich gegenseitig *stützen* und *ergänzen*. Damit könnten sich die Unterschiede zwischen beiden Ansätzen immer mehr „verwischen". (Abbildung 4)

Die Globalisierung der Finanzmärkte 111

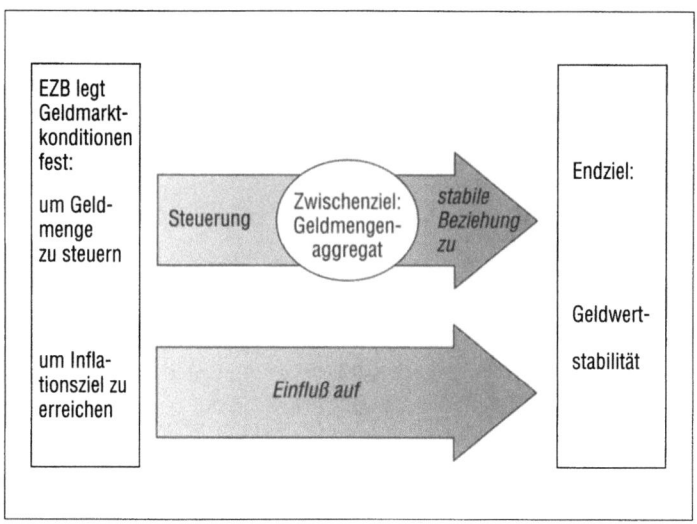

Abbildung 4: Strategiewahl der Europäischen Zentralbank

Unter den Notenbanken der europäischen Union besteht eine Übereinstimmung dahingehend, daß durch die Strategie von *Offenmarktoperationen* die fortlaufende Steuerung von Zinssätzen sowohl die Liquidität am Geldmarkt gewährleistet werden kann. Es sind zudem zwei Faszilitäten vorgesehen, die diese Strategie stützen soll:

1. Eine *Einlagenfaszilität,* das heißt die Kreditinstitute haben die Option, ihre überschüssige Liquidität bei dem Europäischen System der Zentralbanken (ESZB) einzulegen. Dadurch wird am Geldmarkt eine Zinsuntergrenze vorgegeben.

2. Eine *Spitzenrefinanzierungslinie,* auf sie können die Banken bei ihrer Anpassung am Geldmarkt zurückgreifen. Sie ist eine obere Auffanglinie am Geldmarkt. Durch die Institutionalisierung dieses *Zinskorridors* ist es möglich, die Fluktuationen der kurzfristigen Zinssätze in beide Richtungen „nach oben" und „nach unten" zu begrenzen. Dies begünstigt eine Situation, in der das Europäische System der Zentralbanken eher selten auf dem Geldmarkt intervenieren müßte. (Abbildung 5)

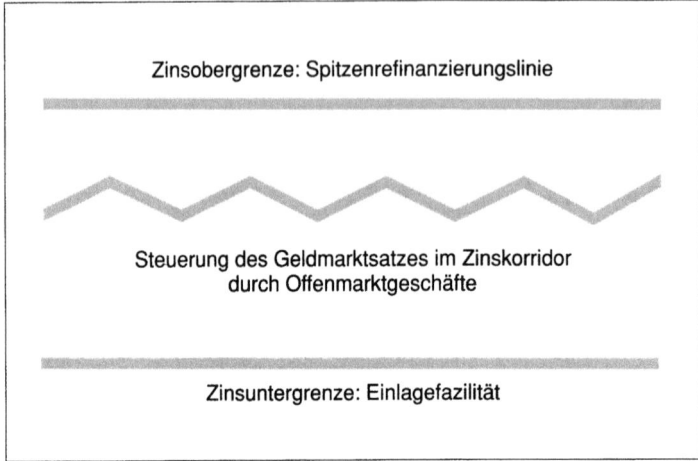

Abbildung 5: Basisinstrumentarium der Europäischen Zentralbank

Die Konzeption geht dahin, vier Arten von Offenmarktoperationen durch das Europäische System der Zentralbanken (ESZB) einzurichten:

1. Die Refinanzierung wird zu einem erheblichen Teil durch das Wertpapierpensionsgeschäft (Geschäfte mit Rückkaufvereinbarung) – vergleichbar der in Deutschland üblichen Verfahrensweise – durchgeführt.
2. Die nationalen Notenbanken schließen dieses Geschäft dezentral in einem wöchentlichen Verfahren ab.
3. Die Feinsteuerungsmaßnahmen sehen keine Einschränkungen bei den zugelassenen Geschäftspartnern vor.
4. Die Sicherheit der Notenbankkredite wird von den jeweiligen Kreditinstituten durch ein breites Angebot von Finanztiteln sichergestellt. Dazu sind zwei Gruppen von Sicherheitsgarantien vorgesehen: a) Marktfähige öffentliche und private Schuldtitel, welche die von dem Europäischen System der Zentralbanken aufgestellten Bedingungen erfüllen und die für den gesamten

Euro-Währungsraum gelten und b) nicht-marktfähige Titel, sofern sie für die nationalen Finanzmärkte und Bankensysteme wichtig sind.

Für eine einheitliche Geldpolitik bedarf es nicht nur einer Abstimmung der geldpolitischen Instrumente, sondern einer Integration der nationalen Interbankenmärkte. Dies ist nur dann durchführbar, sofern der nationale Zahlungsverkehr übergreifend integriert wird und dazu geeignete Abwicklungssysteme zur Verfügung stehen, das heißt die Banken müssen alle Zahlungen – grenzüberschreitend und binnenwirtschaftlich – flüssig abwickeln können. Nur ein solches System kann es gewährleisten, daß es über hinreichende Arbitragemöglichkeiten verfügt, um Preisgefälle auf dem Markt des Zentralbankgeldes derart zu nutzen, daß sich ein fester Preis für das Zentralbankgeld herstellt, der Zinssatzdifferenzen auf den lokalen Märkten verhindert.

Ziel muß die Institutionalisierung eines geeigneten Zahlungssystems sein, mit dem *alle* Euro-Zahlungen verbindlich vorgenommen werden können. Dies ist nur durch ein effektives Großbetragszahlungssystem möglich und zu gewährleisten. Es muß in der Lage sein, in einem vergleichsweise sehr kurzem Zeitraum hohe Geldmarktzahlungen zu verarbeiten und gleichzeitig im europäischen Kreditgewerbe wettbewerbsneutral zu verteilen. Dazu eignen sich nicht die weitverbreiteten Nettosysteme, bei denen es erst am Ende eines Tages zu einem Saldenausgleich kommt. Für diese Zwecke hat das Europäische Währungsinstitut ein Zahlungsverkehrssystem TARGET entwickelt, den Trans-European Automated Real-time Gross Settlement express Transfer. Ziel dieses Kommunikationssystems, des „Interlinking-Systems", ist es, die von den nationalen Zentralbanken betriebenen *Echtzeit-Bruttosysteme* miteinander zu koordinieren.

Das Medium Geld kann nur zusammen mit ihm entsprechenden Institutionen und Kommuniktionssystemen erfolgreich seine Codefunktion „Zahlen-Nichtzahlen" erfüllen, welche die Gesamtheit seiner Funktionen, sozusagen durch Rückkopplung, sicherstellen und abstützen. Dazu gehört die Institution des Vertrages, unabhängig von dem besonderen Inhalt der Verträge, das Eigentumsrecht, entsprechende Finanzierungs- und Zahlungssysteme und eine verbindliche reputationssichernde Geldpolitik. Eine stabile europäische Währung wird darauf angewiesen sein, daß sie durch eine entsprechende Wirtschaftspolitik gestützt wird, die fortlaufend ihre Glaubwürdigkeit unter Beweis stellt. Sie ist ein Erfordernis für die europäische Wirtschaft, da sie eine unentbehrliche Stützung des Erwerbs globaler Konkurrenzfähigkeit ist. Die Belege sprechen dafür, daß die Kernländer des europäischen Währungsraums eine positiv einzuschätzende Stabilitätskultur entwickelt und Reputation in ihrer Geldpolitik erworben haben: Die Inflationsrate ist nicht erheblich gestiegen und die Kostensteigerungen sind gering geblieben. Es ist zu erwarten, daß eine Europäische Zentralbank, genauso wie die Deutsche Bundesbank, eine stabilitätsorientierte Geldpolitik betreiben wird.

Wir müssen davon ausgehen, daß die Unternehmens- und Finanzeliten in einem globalen Wirtschaftssystem ihre Einstellungen grundsätzlich ändern. Dafür spricht die Orientierung am Shareholder Value und die sich weiter vergrößernde Distanz gegenüber den politischen Interessen ihrer Herkunftsstaaten. Die Verbesserung der Konkurrenzfähigkeit der Europäer in einem globalen Wirtschaftssystem wird sie dazu zwingen, weiterhin eine stabilitätsorientierte Lohn- und Finanzpolitik zu betreiben. Damit sind die Voraussetzungen für den Euro als eine stabile Währung gewährleistet. So wäre eine einheitliche europäische Währung nicht nur Anwärter auf eine anerkannte Reservewährung in einem globalen Wirtschaftssystem, sondern der Euro könnte als einzige Währung in eine Konkurrenz zum Dollar treten.

Eine Europäische Währungsunion wird das Entstehen einer europäischen *Wirtschaftsunion* beschleunigen, das heißt es werden Marktzugangsbeschränkungen fallen, der Kapital- und Güterverkehr wird liberalisiert und es wird zu einer Vereinheitlichung der Rechnungslegung und der Besteuerung kommen. Nur so kann die Konkurrenzfähigkeit der europäischen Unternehmen, die keine europäischen mehr sind, sichergestellt werden.

Auf dem Weg zur virtuellen Organisation

Das klassische Industriezeitalter ist zu ende gegangen. Die Vorstellung eines Kernunternehmens in der Gestalt des Eigentümers, der einem Arbeiter- und Angestelltenheer vorsteht, gehört bereits der Vergangenheit an. Dennoch kann man feststellen, daß dieses Bild von Teilen der Wirtschaftspresse, von Parteien und Gewerkschaften immer noch gepflegt wird. Manuelle Tätigkeiten verlieren immer mehr an Bedeutung. In den Unternehmen des klassischen Zuschnitts ergab sich das Wachstum aus fortschreitender Rationalisierung und Optimierung der Investitionen in Fabriken und Maschinen. Bei Unternehmen, die hochqualitative Produkte herstellen und Dienstleistungen anbieten, sind die Fähigkeiten und Erfahrungen von *Schlüssel*mitarbeitern, der Symbolanalytiker, ausschlaggebend. Diese Entwicklung korrigiert die klassische Theorie der sinkenden Erträge, da hochwertige Fertigkeiten von Mitarbeitern die Konkurrenz- und Ertragssituation von Unternehmen verbessern.

Unternehmensnetze

Globale Märkte und global operierende Unternehmen erfordern eine neue Organisationsform. Dies betrifft nicht nur Wirtschaftsunternehmen, sondern auch das Wissenschaftssystem und die öffentliche Verwaltung. Die Auftragsaufnahme wird heute bereits elektronisch abgewickelt und sie muß nicht in Wochen, sondern in Stunden erledigt sein. Unternehmen, welche die Konkurrenzbedingungen auf globalen Märkten erfolgreich bewältigen wollen, sind dazu nur dann in der Lage sein, wenn sie bereit sind:

- ihre Herstellung zu *straffen* und ihre Herstellungszyklen zu verkürzen;
- ihr Produktangebot *erweitern* und den Service verbessern und
- ihre Beschaffung, Fertigung und Verkauf *weltweit* zu rganisieren.

Dies gelingt ihnen nur durch die fortlaufende Umstrukturierung ihrer Unternehmensorganisation.

Das Problem „Organisation"

Von formalen Organisationen sprechen wir dann, wenn bei sozialen Einheiten die Mitgliedschaftbedingungen festgeschrieben ist, die über eine mögliche Zugehörigkeit und damit den Ein- und Austritt entscheiden. Dazu gehört, daß Verfahren ihrerseits die Entscheidung über den Ein- und Austritt regeln. Das Organisationsverhalten ist seinerseits als fortlaufender und unabgeschlossener Entscheidungsprozeß beschreibbar. Das gilt selbstredend auch dann, wenn Mißerfolge eintreten. Das erklärt uns auch, daß „alle" Organisationen weitgehende Sicherungsprogramme und Strategien, die auf Sicherheit abstellen, verfolgen. Sie werden im Normalfall Entscheidungspräferenzen bevorzugen, die mit wenig Risiko belastet sind.

Daraus folgt ein eher vorsichtiges, auf Sicherheit angelegtes Verhalten, bei der ein zu erwartender Mißerfolg gering einzuschätzen ist. Es liegt daher nahe, daß formale Organisationen im Normalfall zur Innovation gerade nicht ermutigen. Zurückhaltung bei risikoreichem Verhalten zu üben, ist für alle Mitglieder rational, da der Zustand eines Organisationssystems nicht einseitig von nur einem Mitglied, einer Abteilung oder einer Gruppe steuerbar und beeinflußbar ist. Das gilt auch für die Führungspositionen und insgesamt für die Leitungslinien. Lehrreich sind dazu die soziologischen Untersuchungen zum „informalen Machtverlauf" von Organisationen. Es können immer wieder Ereignisse eintreten, mit denen man nicht gerechnet hat, seien es auch nur Fälle wie, daß man von der Sekretärin durch plötzliche Krankheit sabotiert wird oder ein Kollege aufgrund eines angeblichen Verkehrsstaus nicht an einer Sitzung teilnehmen konnte und so eine Entscheidung zu vertagen ist.

Zudem können sich Stelleninhaber „hinter ihre Stelle zurückziehen" und so werden sie unangreifbar. Je größer eine Organisation ist, um so mehr „Rückzugsmöglichkeiten" sind programmiert und es gilt der Slogan „Alles ist möglich, aber nichts geht". „Alle" sind in einer fatalen Weise von einander abhängig, ohne daß sie ihre Konflikte in der Weise austragen können, indem sie dem Anderen sozusagen „an den Hals gehen". Selbst wenn man damit im Einzelfall erfolgreich wäre, würde man mit einem Etikett versehen und jeder wüßte, daß der „Kollege" nicht berechenbar ist, das heißt man könnte ihm die Kooperation stillschweigend entziehen, ohne daß man sich selbst oder sogar ihm etwas vorwerfen müßte. Stelleninhaber sind im Rahmen ihrer Position von Rechtfertigungen befreit; darin besteht auch die Leistungsfähigkeit von formalen Organisationen. Zu der Eigenheit von Organisationen gehört ihre unbegrenzt Erweiterbarkeit nach innen, da sie ihre Entscheidungen in Unterentscheidungen zergliedern und damit neue Stellen und Abteilungen für Entscheidung und Entscheidungsfindung einrichten können.

Vernetzungen als Unternehmensform

Globalisierung bedarf einer Organisationsform, die zugleich *erweiterbar* und *beendbar* ist. Dies ist das Erfordernis, das eine sich schrittweise entwickelnde virtuelle Organisation in einem globalen Weltsystem erzwingt. Unternehmen operieren in und verändern sich zu globalen Netzwerken. Damit geht nicht nur ein grundsätzlich anderer Organisationsaufbau einher, sondern die klassische räumliche Konzentration der Herstellung und die Art der Unternehmenszusammenschlüsse ändern sich. Drei Arten von Vernetzungen wurden bisher ausprobiert und haben sich bewährt (Robert B. Reich: 1993).

1. Netzwerke von unabhängigen *Profitcentern,* zum Beispiel war Johnson & Johnson 1990 aus 166 Einzelunternehmungen zusammengesetzt, Hewlett-Packard bestand aus fünfzig Betriebseinheiten. In der Folgezeit machte dieses Modell Schule.

2. Netze von *Ableger-Partnerschaften,* zum Beispiel ein Kernunternehmen finanziert mit Risikokapital neue Ideen für Produktentwicklungen. Sind die neuen Produkte erfolgreich, werden selbständige Unternehmen abgetrennt, an denen das Kernunternehmen Anteile hält. Beispiele dafür sind die Entwicklung von Xerox.

3. Eine andere Vernetzung sind die *Einsteige-Partnerschaften,* der Einkauf von neuen Ideen und Partnerschaften mit anderen Unternehmen und ihre Vermarktung durch eingeführte Markennamen. Dieses Modell wurde in der Computerbranche durch den Aufkauf von Software-Entwicklungsunternehmen erfolgreich angewandt.

Die Entwicklung geht bereits dahin, daß die Netzwerke der *Lizenzvergabe* und der *reinen Vermittlung* eine immer weitere Verbreitung finden:

1. Die *Lizenzvergabe* ist ein Netz, das sich immer mehr verbreitet. Ein Kernunternehmen vergibt Lizenzen an selbständige Unternehmen, die ein Produkt oder eine Produktpalette vertreiben oder eine Technologie anwenden, einschließlich des Marketingkonzepts und der Auflagen für den Service.

2. Die *reine Vermittlung* ist ein Netz, in dem ein Unternehmen oder ein „strategischer Vermittler" unabhängige Unternehmen für die Herstellung eines Produktes oder einer Dienstleistung unter Vertrag nimmt. Bekannt ist die Umstellung der Filmstudios, die nicht mehr alles in eigenem Haus und eigener Regie durchführen, sondern zur Projektorganisation übergegangen sind, das heißt mit Produzenten, Regisseuren, Schauspielern, Drehbuchschreibern usw. werden für einen Film Werkverträge abgeschlossen.

An Unternehmen wird in einem globalen Wettbewerb die Anforderung gestellt, daß sie schnell auf Veränderungen zu reagieren haben. Sie müssen in dieser Situation ihre festen Kosten verringern, also Verwaltungsgebäude, Werke, Maschinenausrüstungen, Kontroll- und Lohnkosten sind fortlaufend zu senken. Erst dann, wenn Risiko und Gewinn im Unternehmensnetz getragen beziehungsweise geteilt werden können und alle Kosten verringert sind, ist es möglich, in einem solchen Netz eine experimentelle und eine nach Problemlösungen suchende Strategie zu verfolgen. Dazu ist es erforderlich eine Teamorganisation einrichten, in der jede Verknotung in dem Unternehmensnetz eine besondere Verbindung von Fähigkeiten zusammenführt. Das führt tendenziell dazu, daß immer weniger Mitarbeiter fest angestellt sind und keine festen Gehälter beziehen. Die Aufbauorganisation solcher Unternehmen wird immer mehr an einer Projektsteuerung und an strategischen Allianzen mit anderen Unternehmen auszurichten sein. Die Vergabe von Lizenzen spielt für solche Unternehmen eine immer größere Rolle.

Auf dem Weg zur virtuellen Organisation

Percy Barnevik gilt als der Prototyp eines Managers für Globalisierung und exemplarischer Konstrukteur von Unternehmensnetzen. Er übernahm 1982 das schwedische Elektrounternehmen „Asea" mit einer Belegschaft von 95 Prozent Schweden. In einem ersten Schritt fusionierte er die Asea mit Brown Boveri & Cie. zu der ABB und verlegte die Zentrale nach Zürich. In weiteren Schritten wurden in Westeuropa und Nordamerika 54 000 Mitarbeiter entlassen und aus Osteuropa und Asien 46 000 neue Mitarbeiter eingestellt. Die Hauptverwaltung verkleinerte er von 4 000 auf 200 Mitarbeiter. Barnevik steuerte 210 000 Mitarbeiter mit einer zentralen Leitungsebene von 150 Personen, 100 Experten und 50 Verwaltungsangestellten. In dem Unternehmen mit 190 000 Mitarbeitern richtete Barnevik nur drei leitende Managementebenen ein. Er kaufte 200 Unternehmen hinzu und verband sie in einem weltweiten Netz von 5 000 selbständigen Profitcentern, die ihrerseits um die Aufträge konkurrierten. Nur 171 Angestellte in der Zentrale steuerten diesen Konzern mit 212 000 Mitarbeitern. Dieses Modell dürfte bis heute nicht überboten worden sein. Ein solches Unternehmen läßt sich nicht in die nationale Pflicht nehmen, es hat keine sentimentalen Bindungen zu einer sozialen Gemeinschaft mehr. Dennoch ist die Strategie von Barnevik einfach: Erfolg am Markt hat nur noch ein Unternehmen, das seine Kunden durch Schnelligkeit, Qualität, Service, Innovation und Kooperation für sich einnimmt.

Entscheidend ist es, daß sich die Größe der Betriebseinheiten drastisch verändert. Sie werden 60 Mitarbeiter nicht mehr übersteigen; vermutlich sind es eher weniger. Damit verändern sich ihre sozialen Beziehungen untereinander; sie sind nicht mehr anonym und können sich so besser steuern. Symbolanalytiker, Mitarbeiter mit hohen Kompetenzen im Hinblick auf Kontakte zu Kunden und Händlern mit einer hohen Verantwortung bei der Steuerung des Budgets arbeiten nicht in großen Gruppen von 100 oder mehr Mitarbeitern zusammen. Mit einer solchen Unternehmensstruktur geht einher, daß *immer mehr Gesellschaft und Kultur in die Unternehmen einwandert.* Als erfolgreicher Führungsstil wird sich dabei bewähren, wenn sich eine Unternehmenskultur entwickelt, in der es zur Selbstverständlichkeit gehört, daß ein offenes Verhalten zum normalen Umgang gehört, Zusagen eingehalten werden, Fairness und Respekt praktiziert sowie Kreativität, Neugier und Problemlösungsverhalten gefördert werden.

Wie sich durch solche globalen Unternehmensnetze das Wirtschaftssystem verändert, zeigt das Netz des amerikanischen Spielzeugunternehmens der Lewis Galoob Toy Company: Ihren Umsatz von 500 Millionen Dollar an Kleinartikeln wurde von selbständigen Erfindern und Geschenkartikelunternehmen erfunden, von selbständigen Ingenieuren konstruiert, von Zulieferfirmen in Hongkong hergestellt und verpackt – sie vergaben ihrerseits Aufträge zu aufwendigen Herstellungsabschnitten nach China und Thailand – und in Amerika wurde das Produkt vermarktet. Die Umstrukturierung der amerikanischen Autoindustrie erfolgte nach ihrem Zusammenbruch zum Beispiel über Auslagerungen. Bereits 1990 stellte Chrysler nur noch 30 Prozent des Einzelstückwertes selbst her; bei Ford waren es etwa noch fünf Prozent und die Hälfte der Konstruktions- und Design-Dienste wurde von General Motors bei 800 Unternehmen eingekauft.

Es gibt heute strategische Allianzen zwischen Toyota sowie Mitsubishi und Daimler Benz, IBM und Siemens. Ein Modell für die deutschen Unternehmen dürfte das der Mercedesfabrik in Tucaloosa (Alabama) in den Vereinigten Staaten sein. 800 Mitarbeiter setzen dort seit Februar 1997 ein neues Geländefahrzeug zusammen. 250 Stück werden dort vom Band gehen. Dies ist nach den Worten von Pkw-Chef Jürgen Hubert ein „Meilenstein in unserer Globalisierungsstrategie". Ziel ist es dort, den besten Weg für die Herstellung eines konkurrenzfähigen Produkts zu finden. Mercedes kaufte nicht, so wie BMW für ihr Werk in South-Carolina ein Honda-Führungsteam ein, sondern nahm 25 Topspezialisten von Chrysler, Ford, General Motors, Honda, Toyota, Nissan und Mitsubishi unter Vertrag. Deutsches Qualitäts- und Sicherheitsdenken, japanische Effizenz und amerikanischer Teamgeist sollten zusammengeführt werden. In dem Unternehmen gibt es keine klassische Arbeitsteilung mehr, auch keine mehr zwischen Hand und Kopf. Der Verwaltungsbereich befindet sich direkt über der Herstellung. Nach dem japanischen Modell der Lean-Production wurden für die Entwicklung des Produkts Entwickler, Designer, Marketing-Experten und Fertigungsingenieure an einen Tisch gesetzt. Im Unterschied zu dem Heimatstandort Sindelfingen, die bei der E-Klasse Teile von etwa 1000 Zulieferern beziehen, sind es bei der M-Klasse nur 60. Rahmen, Verteilergetriebe, Kühler und Tank werden just in time angeliefert. Türen, Motorhauben, Kofferraumdeckel und Kotflügel werden nicht mehr selbst hergestellt. Der neue Typ wird wie ein Fertighaus zusammengesetzt. Damit entfallen die klassischen Fabrikbereichskosten. Im Ergebnis werden nur noch 20 Prozent des Produkts von Mercedes selbst hergestellt.

Die Stellungnahme des Einkaufschefs Bob Birch ist für diese Konzeption erhellend: „Mercedes hat die Kompetenz im Entwickeln und Zusammenbauen von Autos. Wie man ein Verteilergetriebe oder eine Abgasanlage baut, das wissen andere viel besser". Bis jetzt sind dadurch 2 500 Jobs in der ortsansässigen Zuliefererindustrie in Alabama entstanden und es werden mehr hinzukommen. Das neue Produkt braucht den Qualitätsvergleich nicht zu scheuen.

Es sind in der auf uns zukommenden Entwicklung auf dem europäischen Markt große Fusionen nicht auszuschließen, um mit amerikanischen Unternehmen konkurrenzfähig zu sein. Die Daimler-Benz Aerospace (Dasa) unterzeichnete eine Absichtserklärung (1997) für eine Fusion mit der französischen Matra-Lagardere-Gruppe, in der sie ihre gesamte Raumfahrt und die meisten Teile ihres Rüstungsgeschäfts einbringt. Das strategische Ziel ist seine Bewerbung um den vor seiner Privatisierung stehende Thomson-CSF zu unterstützen. Die Sparte Raumfahrt beabsichtigt Dasa mit der Matra Marconi Space einzubringen. Dies ist seinerseits ein Joint-Venture, das Matra-Lagardere mit dem britischen GEC-Konzern geschlossen haben. Das Unternehmensnetz schätzt seinen Umsatz auf fünf Millionen DM und wäre damit hinter den amerikanischen Unternehmen Lockheed Martin und Boeing die Nummer drei in der Raumfahrt. Das Ergebnis wäre, daß Marta durch Thomson und die Dasa, die sich um die Siemens Verteidigungselektronik bemüht, eine globale Konkurrenzfähigkeit gewinnen würde. Die bekannten Probleme der Dasa wären gelöst. Konflikte mit dem französischen

Airbus Partner Aerospatiale sind nicht zu erwarten, obwohl sie Teil einer zweiten Bietergemeinschaft für Thomson um den Alcatel-Konzern ist. Sofern Dasa-Matra mit Thomson fusioniert, würde man Alcatel eine Kooperation anbieten. Die Pläne sollen bis Mitte 1998 umgesetzt werden. An der Kürze des Zeitraums ist eine neue Dynamik ablesbar.

Unternehmen operieren immer mehr in einer sozialen Umwelt, die durch kürzere Produktlebenszyklen, einer Globalisierung der Märkte und des Wettbewerbs, einer schnellen Technologieentwicklung und der sich schnell ändernden Nachfrage ausgezeichnet ist. Das wird zu ihrem *Strukturwandel* führen, das heißt sie fangen an, sich in einem globalen Rahmen durch „Ausgliederung", „Desinvestitionen", „Fusionen" und „strategische Allianzen" sowie „Akquisitionen" zu restrukturieren. Weltumspannende Unternehmensnetze führen ihrerseits zu neuen Formen der Organisation und Koordination von wirtschaftlichem Handeln, das sich durch dynamische Kooperationen auszeichnen wird. Großunternehmen werden sich immer mehr in dezentralisierten und selbständig am Markt operierenden strategischen Geschäftseinheiten organisieren und sich an ihrer Kernkompetenz ausrichten. Dies ist eine Voraussetzung für eine flexible Marktanpassung und die erfolgreiche Kundenorientierung auf globalen Märkten. Exemplarisch dafür ist die Neustrukturierung der Hoechst AG und die Neuorganisation der Metallgesellschaft.

Integriertes Management in Netzwerkorganisationen

Die veränderten Anforderungen an die Unternehmensorganisation in einem globalen Wirtschaftssystem bedeuten, daß Unternehmen in vernetzte, segmentierte Organisationsformen, mit durchlässigen, ständig wechselnden Grenzen zwischen Unternehmen, Lieferanten und Kunden umzustrukturieren sind. Dazu bedarf es eines *integrierten Managements*. Dies erfordert eine erhöhte Qualifizierung der Mitarbeiter und die Fähigkeit, in sich selbst steuernden Teams mitarbeiten zu können. Integriertes Management bedeutet die Umgestaltung von Unternehmen zu lernenden Systemen. Es erfordert

Auf dem Weg zur virtuellen Organisation

einen anderen Führungsstil. Die Entwicklung wird weiter dahingehen, daß Unternehmen schlanker werden und sich die Verwaltung verringert. *In Großorganisationen ist das Vergessen und die Ineffektivität programmiert.* Sie werden den veränderten globalen Konkurrenzbedingungen nicht mehr genügen können. Nur durch ein *integriertes Management* kann das konsequente *Wert*management in allen Unternehmenssegmenten hinsichtlich *Transparenz, Effizienz* und *Entscheidungsautonomie* durchgeführt werden.

Globalisierung erfordert einen radikalen Einstellungswandel aller Mitarbeiter in einem Unternehmensnetz. Dazu gehört, daß Mitarbeiter lernen, *wie* ein Unternehmer zu denken: Das bedeutet einen grundsätzlichen Einstellungswandel. Die moderne Kommunikationstechnologie erfordert nicht mehr die Zusammenarbeit einer Projektgruppe in demselben Raum. Eine organisationelle Abstufung zwischen einem „stellvertretendem Vorstand", dem „Verkauf", der „regionalen Verkaufsleitung", dem „Bereichsverkaufsleiter", den „Vertreter" und den „Kunden" wird es in Zukunft nicht mehr geben, das heißt das Gefälle zwischen „Verkauf" und „Marketing" wird grundsätzlich zu beseitigen sein. Insgesamt gilt bereits seit Anfang der neunziger Jahre: Das alte mittlere Management hat keine Zukunft mehr. Vermutlich werden weitere 60 Prozent der Managementstellen in Großunternehmen streichbar sein. Damit sollte einhergehen, daß die Linienmanager mehr Kompetenz zuerteilt bekommen. Unwirtschaftlichkeit in der Gestaltung des Geschäftsprozesses resultiert aus einem ineffizienten Informationsfluß, Doppelarbeit, bürokratischer Projektabwicklung und der Nacharbeit von unzulänglicher Qualität. Dies bedeutet, daß die Zeitressourcen der Mitarbeiter nicht angemessen genutzt werden.

Die neue Kernkompetenz

Zu einem *integrierten Management* gehört, daß gelernt wird, Bilanz über die eigenen Tätigkeiten aufzustellen, also sich Fragen zu stellen *wie*:

- *Was* ist meine und unsere Aufgabe im Segment und welches Ergebnis habe ich erzielt?

- Habe ich meine Kunden *zufrieden gestellt*, haben sie sich dementsprechend Verhalten und ist dies in meinem Team bekannt? Was denkt der Kunde über „uns", „mich"?
- Kann ich die Anforderungen an *meine* Position erfüllen? Bin ich auf dem *neuesten* Stand der dazu erforderlichen Fähigkeiten? Wie wird in meinem Segment darüber gedacht?
- Verfüge ich über persönliche Kontakte – im Unternehmen oder außerhalb –, die mir gegebenfalls *weiterhelfen können*, zum Beispiel bei einer neuen Programminstallation oder die mich über eine neue Marktentwicklung informieren können? Würde mir ein Mitarbeiter aus einem anderen Segment helfen, den ich noch nicht kenne?
- Was hat sich im letzten Jahr im Unternehmen verändert? Bin ich darüber *informiert* und kann ich die Folgen *abschätzen*? War ich an den Vorbereitungen *beteiligt* und kann ich den Erfolg der Umsetzung *beurteilen*?
- Bin ich bereit, meine Einstellungen zu ändern? Was hindert mich daran? Ändern die *anderen* Mitarbeiter ihre Einstellungen? Teilen sie mir dies mit? Sind sie für mich diesbezüglich *ansprechbar*? *Motivieren* sie mich dazu?

Mitarbeiter sollten in der Lage sein, etwas für das Unternehmen zu verbessern. Wer das nicht kann, ist als Mitarbeiter nicht mehr konkurrenzfähig.

Das ganze Unternehmen und seine Teams sind immer nur so fähig und damit so „gut" wie ihr Netzwerk. Globale Märkte stellen an Unternehmen und Mitarbeiter andere Anforderungen als im Zeitalter der klassischen Arbeitsteilung und der Massenproduktion. Erfolg am Markt hängt immer mehr von der Entwicklung von Netzwerkunternehmen ab, in denen die kompetentesten Mitarbeiter zusammengefaßt sind. Nur diese Unternehmen werden in Zukunft noch eine Chance haben. Netzwerkunternehmen setzen sich aus *festangestellten Mitarbeitern mit Kernkompetenz, Spezialisten und selbständigen Auftragnehmern sowie Teilzeit- und Aushilfsmitarbeitern* zusammen. Der gesamte Geschäfts- und Kommunikationsprozeß ist in einem solchen Unternehmen elektronisch gesteuert. Er zeichnet sich zudem dadurch aus, daß es besondere Ressourcen für bestimmte Zeiträume zusammenlegt, sei es für den Bau einer Autobahn, einer Boeing oder der Verbreitung einer Ladenkette. Dies wird nicht mehr bedeuten, daß man auf Lebenszeit fest angestellt sein wird oder daß diese Ressourcen an einem bestimmten Ort oder in einem bestimmten Unternehmen fixiert sind: Sie können weltweit verteilt sein und sich weltweit zusammenschließen. Dabei wird es sich meistens um kurz- beziehungsweise mittelfristige Zusammenschlüsse handeln. Nach ihrer Auflösung wird es diese Unternehmen in ihrem zeitlich begrenzten Bestand nicht mehr geben und sie werden sich umgruppieren. Spezialisten werden nach Bedarf zusammengestellt und Unternehmen lernen, sich auf ihre Kernkompetenzen zu begrenzen. Damit geht ein weitgehenden Outsourcing einher. Es ist weder zweckmäßig noch kostengünstig, die Buchhaltung im eignen Haus durchzuführen. Aufgrund der weltweit vernetzten Kapitalmärkte und der durchgeführten Deregulierungen ist es kein unlösbares Problem mehr, eine Vielzahl von Dienstleistungen, auch die der Banken, bei einem breiten Angebot von Händlern einzukaufen, die weltweit vernetzt operieren. Es ist nichts besonderes mehr, wenn ein Softwarehaus Aufträge an Subunternehmen vergibt.

Die Kernkompetenz eines Unternehmens wird immer mehr darin bestehen, *Netzwerke* zu managen, zusammenzustellen und sogar mit Konkurrenten zusammenzuarbeiten. Dadurch zeichnet sich zum Beispiel der PC-Markt aus. Das gilt bereits für die Kernfähigkeiten, Aufträge an Spezialisten zu vergeben, um in der Forschung und Entwicklung nicht abzufallen. Über das Überleben entscheidet immer mehr das Netz der Partner, mit denen meistens nur kurzfristige Verträge abgeschlossen werden. Das führt dazu, daß Aufträge in kürzester Zeit erledigt werden können.

Die Anwendung der Konzepte eines integrierten Managements bedeutet eine konsequente Verschlankung und Segmentierung von Unternehmen durch dezentrale Struktureinheiten. Dazu gehört ein geschäftsprozessorientiertes Technologie- und ein kundenorientiertes Qualitätsmanagement. Ziel hat eine wertschöpfungsoptimierende Integration von Zulieferern- und eine Integration der Kunden zu sein. Integriertes Management setzt Kompetenz, Risikobereitschaft, Denken in Regelkreisläufen, Bereitschaft zum Wandel und schnelle Adaptation voraus. Die typischen Fehler, die immer wieder festgestellt werden können, sind:

- Unternehmensteile können nur auf Kosten des übrigen Unternehmens wirtschaftlich und effektiv sein. *In diesen und ähnlichen Fällen empfiehlt sich eine Umorganisation in Profitzentren.*

- Je mehr Abteilungen an der Herstellung eines Produktes oder einer Dienstleistung mitwirken, um so mehr Fehler entstehen, die nicht nur schwer korrigierbar sind, sondern in ihrer Auswirkung unvermeidlich das Produktimage gefährden. *Segmentäre Organisationen steuern dem entgegen, da sie die Anzahl der Abteilungen drastisch vermindern.*

- Verantwortlichkeiten ist bei Großorganisationen schwer zurechenbar. Bekannt ist der Burgenbau von Abteilungsleitern. Die Zurechnung scheitert sogar dann, wenn Fehlentscheidungen zu wirtschaftlichen Verlusten führen. *Das Denken als Unternehmer und eine segmentäre Organisation ist dazu geeignet, dem entgegenzuwirken.*

Mit *integriertem Management* kann jedes Unternehmen sofort anfangen. Es ist unabhängig davon, ob ein Unternehmen groß oder klein, die Konjunktur sich in einer Auf- oder Abschwungphase befindet und sogar davon, ob die Mitarbeiter bereit sind, dabei mitzumachen. Es ist ausschließlich an seinen *Konzepten* orientiert. Erst der darauffolgende zweite Schritt ist die Frage nach dem: Wie mache ich das? Die Orientierung an dem *zweiten* Schritt vor dem ersten führt in der Regel zum Mißerfolg und zu Enttäuschungen.

Lernen: Orientierung am „Konzept"

Worin bestehen die grundlegenden Orientierungen eines integrierten Managements? Leitfaden und Verfahrensweise ergibt sich aus den folgenden Punkten. Jedem Mitarbeiter ist sie als Hausaufgabe aufzugeben.

Auf dem Weg zur virtuellen Organisation 127

1. Entscheidend für ein *integriertes Management ist die Konzept-* und *Geschäftsprozessorientierung* und nicht die Arbeitsteilung beziehungsweise die Zerlegung der Ablauforganisation in einzelne Einheiten. Zu den Konzepten eines integrierten Managements gehören: die Gewichtung von Dezentralisierung und Zentralisierung, die Operationsweise der Netzwerksysteme der Kommunikation, die Art der Kernunternehmen, die Ansätze des Projektmanagements und der Projektsteuerung, die erforderliche Kompetenz (Reputation) sowie die Orientierung an einer fortlaufenden Verbesserung der Arbeitsergebnisse. Die Konzepte sind der harte Kern, aus dem sich eine Corporate Identity entwickelt und fortschreibt. Sie betreffen gleichwohl die Art der Teamsteuerung im Unternehmen.

2. Alle Ressourcen sind den *Konzepten* zuzuordnen. Dies ist nur erfolgreich, wenn in einem Kreislaufverfahren mit Rückkopplung die fortlaufende gegenseitige Abstimmung der Konzepte durch alle relevanten Segmente erreicht wird. Die Geschäftsprozessorientierung ist an diesen Abstimmungsprozeß auszurichten.

3. Es ist falsch, alle Mängel und Probleme *nur* in der formalen Organisation und der Verwaltung zu sehen. Formale Organisation ist erforderlich und wird nicht abschaffbar sein. Das größte Problem ist die funktionale, arbeitsteilige Differenzierung, das heißt die *Fragmentierung* des gesamten Geschäftsprozesses.

4. Der Abbau der Fragmentierung bedeutet, daß ein integriertes Management mehre Funktionen beziehungsweise Positionen *segmentär* bündelt, zum Beispiel Marketing, Konstruktion, Herstellung einschließlich Vertrieb.

5. Alle Geschäftsbestandteile sind daraufhin zu überprüfen, ob sie *dezentral* oder *zentral* zu organisieren sind. Kann in einem Großunternehmen der Einkauf für Büromaterial zentralisiert und damit der Mengenrabatt genutzt werden? Dies gelingt zum Beispiel dann, sofern der Bedarf an Büromaterial der Segmente mit einem Softwaresystem elektronisch erfaßt und statistisch ausgewertet wird.

6. Integriertes Management wird nur dann erfolgreich sein, wenn es bei allen Mitarbeitern einen Einstellungswandel hin zum *konzeptuellen Denken* befördert.

Daraus ergibt sich als Orientierung von Management in allen Segmenten von Unternehmen:

- Konzept- und Prozeßorientierung

  Alle Mitarbeiter, alle Teams, das gesamte Management hat sich daran auszurichten. Die erste Frage hat immer zu sein: Welche Konzepte sind für den Geschäftsprozeß zu entwickeln? Passen die vorhandenen Konzepte noch zu dem sich verändernden Geschäftsprozeß? Es ist dabei davon auszugehen, daß die vorhanden Konzepte zu überprüfen sind, das heißt es ist zu lernen, sie einer Widerlegung zuzuführen.

- Der Konkurrenz überlegen sein bei gleichzeitiger Partnerschaft

  Ohne die fortwährende Bereitschaft am Markt zu überleben und alle Ressourcen dafür zu mobilisieren, wird kein Unternehmen mehr in einer globalen Konkurrenzsituation bestehen können. Gleichzeitig sind globale Unternehmen immer zugleich Knotenpunkte in einem Netz von Partnerschaften. In der Konkurrenz lernen sich die Unternehmen erst kennen, aber auch schätzen. Es ist zu lernen, daß Konkurrenz und Partnerschaft keine sich ausschließenden Dinge sind.

- Niederreißen aller Fragmentierungen

  In einem segmentären Unternehmen gibt es keine klassische Arbeitsteilung mehr. Hier kann von den Japanern am meisten gelernt werden. Fragmentierung war und ist immer noch das Grundübel von Unternehmen, die ein Lernen verhindern. Dies betrifft die Mobilität der Mitarbeiter. Gerade dadurch kann Entlassungen entgegengewirkt werden.

- Totale Vernetzung und elektronische Kommunikation
  Nur auf der Basis der elektronischen Vernetzung und Kommunikation kann ein Unternehmen die globalen Prozesse in seiner Innen-Außen-Differenzierung steuern, die in ihm ablaufen und denen es im Wirtschaftssystem konfrontiert ist. Jedes Unternehmen muß auch seine unternehmensglobalen Innenprozesse bewältigen. Dies betrifft die Schnelligkeit der Informationsverarbeitung in allen Unternehmensbereichen und in den Netzwerken zu seinem Kunden. Dies ist nur noch mit einer elektronischer Steuerung zu gewährleisten.

- Jeder Mitarbeiter hat so wie ein Unternehmer zu denken

  Die Verantwortung aller Mitarbeiter für das Unternehmen ist die Voraussetzung dafür, um einem globalen Wettbewerb gewachsen zu sein. Das heißt nicht, daß gute Leistung zur Beförderung führt. Erforderlich ist dafür die unternehmensorientierte Schulung und Ausbildung der Mitarbeiter. Die erfolgsversprechende Schulung von Mitarbeitern und Managern besteht darin, daß sie in allen Unternehmenssegmenten Erfahrungen sammeln. Dies kann nicht nur über Traineeprogramme gewährleistet werden, sondern Mitarbeiter und Manager sollten alle vier bis fünf Jahre das Segment wechseln. Dadurch lernen sie, das Unternehmensinteresse zur leitenden Orientierung werden zu lassen.

Ein integriertes und segmentäres Management wird dann erfolgreich sein, wenn es gelingt, ein Beziehungsnetz aufzubauen, zu pflegen und zu nutzen. Ein Netz, das in alle Richtungen im Unternehmen und nach außen zu knüpfen ist.

Der Erfolg in der Informationsverarbeitung, der Abstimmung des Geschäftsprozesses in allen Segmenten, der Adaptation an sich schnell verändernde globale Märkte hängt davon ab, wie Wissen, Sozialkompetenz und technische Fertigkeiten die Zielerreichung eines Unternehmen, stützen. Die Netzwerke eines Unternehmens in alle Richtungen erbringen dabei einen entscheidenden Beitrag für den Lenkungsprozeß. In einem modernen Unternehmen wird es keinen Papierkrieg und keine Fax-Infos mehr geben.

Integriertes Management in Netzwerkorganisationen bedeutet einen Bruch mit allen Errungenschaften und Organisationen der klassischen Industrialisierung. Es ist sicherlich nicht übertrieben von einem neuen „Paradigma" im Organisationsaufbau zu sprechen. In einem durch die moderne Kommunikationstechnologie vernetzten Unternehmen können alle Informationen synchron an den Knoten des Netzes zur Verfügung stehen. Es ist nicht mehr auszuschließen, daß ein Generalist die Arbeit eines Experten übernehmen kann. In den Vereinigten Staaten ist zum Beispiel üblich, daß Kundendienstmitarbeiter mit Expertensystemen ausgerüstet sind und so Beratungen vornehmen können. Generell sollte gelten, daß die Teams in den Entscheidungsfindungsprozeß einbezogen sind. Das befördert ihre Motivation, es verringert Fehlentscheidungen und es verhilft dazu, daß sie den Geschäftsprozeß besser verstehen und meistern lernen. Zu befördern ist die Tugend, immer wieder Vorurteile über Bord zu werfen. Dies gelingt nur dann, wenn die Einstellung und Bereitschaft ausgebildet wird, Fehler schnell zu begehen. Dadurch können sich die zur Verfügung stehenden Konzepte und das verfügbare Wissen an der Widerlegung bewähren. Nur so kann gelernt werden.

Unternehmen werden sich heute fortlaufend umstrukturieren müssen. Dazu gibt es für sie in einem globalen Wettbewerb keine Alternative. Erfolgreich werden sie dabei nur sein, wenn sie sich zu lernenden Systemen entwickeln. Der Weg zum Erfolg führt über ein integriertes Management. Es hat Unternehmen in die Lage zu versetzen, schnell auf Marktveränderungen zu reagieren. Entscheidend ist in den veränderten Konkurrenzsituationen der Zeitfaktor. Wie lang braucht ein Unternehmen, um auf Veränderungen zu reagieren?! Dazu gehört nicht zuletzt die Einhaltung von Lieferfristen. Realisiert werden muß dieser Vorgang ohne große Lagerhaltung. Insofern ist die elektronische Vernetzung und Abrechnung mit den Lieferanten eines der wichtigsten Faktoren. Gerade in der Umgestaltung der Lieferantenbeziehungen werden erhebliche Kostenersparnisse anfallen. Die meisten Herstellungsunternehmen sind in diesem Bereich immer noch nicht „wirklich" effektiv genug.

Zu bewältigen sind die Umstrukturierungen durch die Einrichtung von Vollzeit-Projektteams. Entscheidend dabei ist, wie die Mitglieder eines Projekts ausgesucht werden. Zur Unterstützung kann jeder Mitarbeiter grundsätzlich auf Teilzeitbasis in Projekte eintreten. Erforderlich ist hierbei allerding eine entsprechende Methodik. *Alle Umstrukturierungen sind nur dann erfolgreich, wenn sie vom Spitzenmanagement mitgetragen werden.* In Zukunft wird es weniger Manager geben, und weniger „Beförderung in die Unfähigkeit".

Prozeßorientierte Ablauforganisation, Simultanität der Prozesse, segmentäre Gestaltung und dadurch die Integration von Funktionen, klare Kompetenzregelungen und eine einheitliche und transparente Dokumentation sind die Bausteine einer lernfähigen Unternehmensorganisation. Oft fehlt es immer noch an der Bereitschaft und der Fähigkeit zu einer Projektsteuerung und einem Projektmanagement des Geschäftsprozesses. Einfach sind solche Umstrukturierungen nicht. Sie erfordern nicht nur ein konsequentes Management, sondern eine Kooperation in allen Segmenten, dem Einkauf, dem Marketing und Vertrieb, der Entwicklung und Herstellung. Hauptaufgabe muß es sein, den Widerstand gegenüber Veränderungen und Wandel abzubauen. Dabei ist der Formalisierung und der Produktion von Infos entgegenzuwirken. In der Regel genügt es, die Checklisten laufend zu aktualisieren. Das gilt insbesondere für die Herstellungsunternehmen. Es hat sich in diesem Zusammenhang nicht als erfolgsversprechend erwiesen, einen großen Aufwand mit Wettbewerbsvergleichen (competitive benchmarking) zu betreiben, da der Zeitaufwand in der Regel zu groß ist. Wettbewerbsvergleich ist eine Aufgabe der Institute für Wirtschaftsforschung, nicht von Unternehmen. Entscheidend sind die Durchführung von Umstrukturierungsprojekten und nicht die Wirtschaftsforschung. In diesem Fall empfiehlt sich eine klargeschnittene Arbeitsteilung. Lernen muß man im Prozeß von Umstrukturierungen, daß man keine negative Einstellung gegenüber den Verbesserungsvorschlägen der Mitarbeiter hat. Es fehlt oft immer noch die Bereitschaft, ein positives Verhalten zu diesen Vorschlägen zu entwickeln. Die Bewertung ihrer Qualität und ihrer erforderlichen

Korrektur ergibt sich aus dem Gruppenprozeß und in dem Verfahren ihrer Umsetzung. Wer dazu nicht in der Lage ist, sollte aus dem Team ausscheiden.

Die Orientierung am Konzept eines *integrierten* Managements bedeutet einen kontinuierlichen Verbesserungsprozeß in allen Unternehmenssegmenten, die zu einer Steigerung der Lernfähigkeit von Unternehmen und ihrer Wertsteigerung führt. Für seinen Erfolg sowie für seine Akzeptanz sind immer die unternehmens- und segmenttypischen Maßnahmen entscheidend. Es kann nicht mechanisch angewandt werden, sondern bedarf einer entsprechenden Sensibilität, die auf ein Knüpfen von Netzen eingestellt ist. So wird es die Adaptation an die fortlaufenden Veränderungen auf Absatz- und Beschaffungsmärkten in einem globalen Maßstab bewältigen können. (Abbildung 6)

Der Weg zur virtuellen Organisation

An eine neue Organisationsform von Unternehmen wird die Anforderungen zu stellen sein, daß sie es ermöglicht, Informationen schnell zu verarbeiten, Mitarbeiter optimal einzusetzen und Produkte preisgünstig und sicher zu transportieren. Sie wird sich dadurch auszeichnen, daß sie fortlaufend Organisationen neu bildet, reorganisiert und wieder auflöst. Dies wird in Zukunft auch für Verwaltungsorganisationen aller Art gelten. Es ist zu erwarten, daß in den nächsten Jahren schrittweise virtuelle Organisationen entstehen und die vorhandenen räumlich fixierten Organisationseinheiten erweitern und in Zukunft sogar ganz ablösen werden. Damit wird eine Ablösung des Organisationsprozesses und des Organisierens von einem physischen Trägermedium einhergehen und es wird nur noch dasjenige übertragen, was sich auf der Basis eines Bits übermitteln läßt. Für einen Außenstehenden sind virtuelle Organisationen ein konturloses, durchlässiges, ständig wechselndes und sich in seinen Unternehmenseinheiten fortlaufend restrukturierendes Gebilde. Auf sie sind wir noch nicht programmiert und eingestellt. Der Umgang mit ihnen wird einen Einstellungswandel, nicht nur von Mitarbeitern, sondern auch von den Führungsebenen erfordern.

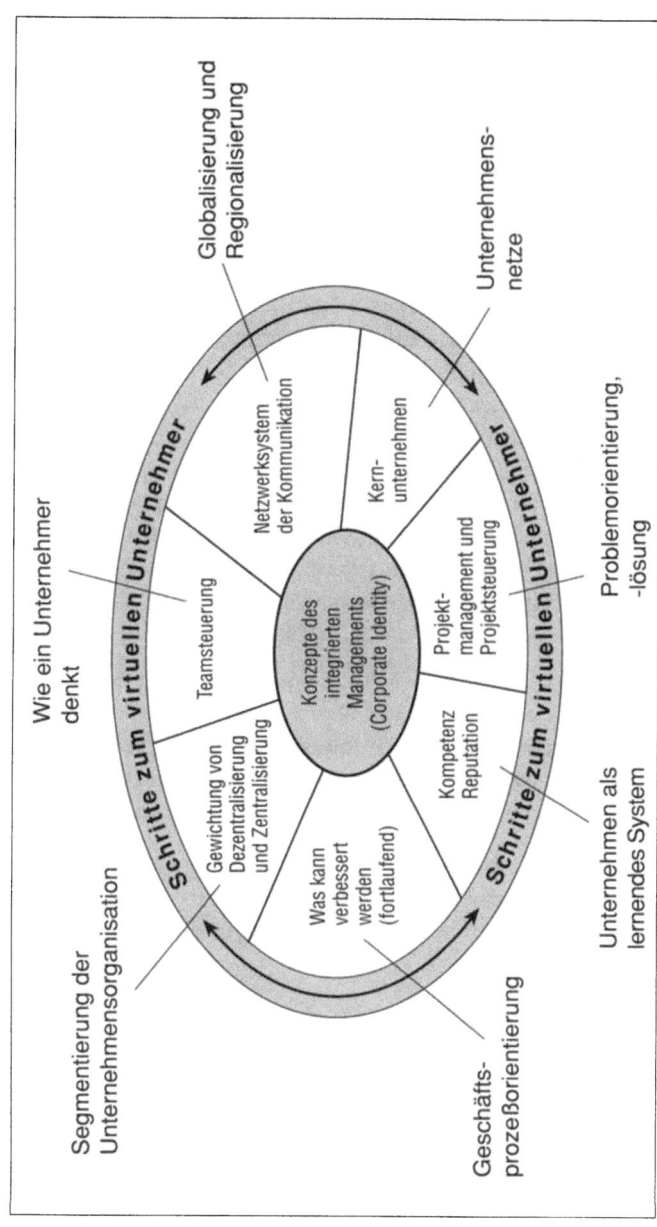

Abbildung 6: Konzepte des *Integrierten Managements*

Wir müssen lernen, Unternehmen als einen Dienstleistungsverbund von Logistik, Konstruktion, Entwicklung und Marketing zu verstehen.

Der Markt für Experten ist kein regionaler mehr, er ist nicht nur ein nationaler, sondern er ist das Weltsystem. Auslöser dieser Entwicklung ist die moderne Kommunikationstechnologie, die eine vernetzte Expertengemeinschaft ermöglicht. Damit verändern sich grundsächlich die Teilnahmebedingungen am Wirtschaftssystem. Mitglied in einem elektronischen Forum zu sein, wird eine Voraussetzung für den beruflichen Erfolg. Auf den neuen wissensbasierten Arbeitsplätzen sind die Problemlösungsprozesse und Kommunikationssysteme auf einer multimedialen Gruppenarbeit, unter Einbeziehung von Expertennetzen, organisiert. Die Erarbeitung von Problemlösungen bedienen sich der Mustererkennung und Simulation, der Projektion von Szenarien sowie der Online-Dokumentation. Es ist ersichtlich, daß diese Arbeitsplätze ein anderes Anforderungsprofil haben und einen anderen Typus von Mitarbeiter erfordern. Er wird nicht nur Spezialist und Generalist sein müssen. Er hat über die methodischen Fertigkeiten zu verfügen, sich selektiv, für die Lösung seiner Aufgabenstellungen, das nötige Wissen beschaffen zu können.

Es ist bereits erkennbar, daß die folgenden Faktoren zu einer Umgestaltung zu *virtuellen* Organisationen beitragen (F. Kiefer: 1993):

- Das Erfordernis der Bildung von zeitlich begrenzten Organisationseinheiten. Dies wird dazu führen, daß Teile von Organisationen in virtuelle Realitäten überführt werden, zum Beispiel elektronischer Abschluß von Verträgen.

- Der virtuelle Vertrieb wird neue Chancen der Kostensenkung eröffnen. Die gilt nicht nur für die Großunternehmen, sondern auch für die kleinen Unternehmen. Es liegen bereits erfolgreiche Projekte vor. Der US-Tonträger-Vertrieb CD Now bietet, mit geringen Personal- und Raumkosten, nur über das Netz, der Reiseveranstalter Öger Tours hat sich ebenfalls erfolgreich im Netz etabliert, um nur zwei Beispiele zu nennen.

Auf dem Weg zur virtuellen Organisation

- Die Zunahme von Telearbeitsplätzen, die zudem durch die Immobilienentwicklung und die Überlastung der Verkehrswege erforderlich wird.

- Für das schnelle Koordinations- und Abstimmungserfordernis im Geschäftsablauf wird es erforderlich sein, möglichst viele Vorgänge zu virtualisieren, zum Beispiel Telekonferenzen, Schulungen, Informationsbeschaffung sowie kooperative Tätigkeiten.

- Der gesamte Bestand und die Zeitdauer des Bestehens von Gebäuden und Organisationen wird schrittweise von einer kybernetischen Steuerung übernommen.

- Es wird eine Vernetzung der privaten Haushalte derart stattfinden, daß elektronische Post, Telebanking, virtuelles Lernen zur Selbstverständlichkeit wird. Dies wird dadurch ermöglicht, daß durch eine Massenproduktion elektronischer Systeme ihre Preise fallen werden.

Im Zuge dieser Entwicklung entsteht eine Vielfalt von virtuellen Organisationen: Global operierende virtuelle Unternehmen, virtuelle Dienstleistungsunternehmen, virtuelle Schulen, virtuelle Verwaltungen, virtuelle Organisationen in Herstellungsunternehmen, virtuelle Universitäten und virtuelle Büros. Der gesamte Verkauf wird sich in Zukunft auf der Basis des Internet reorganisieren und in es überführt. Das hat erhebliche Kosteneinsparungen zur Folge. Aufwendige Kataloge entfallen, Vertreter und PR-Arbeit sind zunehmend ineffektiv und brauchen immer noch riesige Etats, sie wird es in der uns vertrauten Weise in einer absehbaren Zukunft nicht mehr geben. Auf der Basis eines virtuellen Verkaufs läßt sich ein neues Kommunikationssystem mit den Kunden einrichten. Das Serviceangebot eines Online-Vertriebes hat den Vorzug, daß er global, tageszeitunabhängig, sowohl mit einer wünschbaren Transparenz für Verbraucher und Unternehmen erfolgen kann. Gleichzeitig steigt dadurch für den Kunden die Preisübersicht. Datenbanksysteme können innerhalb von Sekunden global die für ihn günstigsten Angebote finden. Es ist nicht mehr auszuschließen, daß sich die Vision von Lance Morrow verwirklicht: „Der Aufstieg der Wissensökonomie bringt in weniger als zwanzig Jahren den Wandel von einem überkonstruierten System großer, langsamer Wirtschaftseinheiten zu einer Vielzahl kleiner und weitverstreuter ökonomischer Zentren, von denen einige nur noch aus dem Chef bestehen" (Times, 1993). Alle diese Prozesse laufen auf eine Delokalisierung der Gesellschaft hinaus, die nicht mehr im Raum fixiert ist und kein Zentrum hat, durch das sie repräsentiert ist.

Unternehmen haben eine Paradoxie zu handhaben: Die Einführung einer flachen Organisation bei gleichzeitiger Expansion, das heißt sie müssen ihr Serviceangebot erweitern.

Damit muß einhergehen, daß nicht nur das Kernpersonal, sondern alle Mitarbeiter in eine Gewinnverbesserung sozusagen „zu treiben" sind. Tragen sie nichts dazu bei, sind ihre Stellen zu streichen. Die Dynamik einer jeden Unternehmensentwicklung, jedes Profitcenters, jeder Gruppe, jedes Projekts muß heißen, sich schnell *wiederlegen* zu lassen, schnell aus Fehlern zu *lernen,* schnell seinen Beitrag zum Unternehmenswert zu *überprüfen.*

Viele Manager scheitern daran, daß sie nicht in Kreislaufprozessen und ihrer Rückkopplung denken. Je kürzer die Zeitstrecke der strukturellen Kopplung zwischen Konzeptimplementierung und Korrektur ist, um so schneller ist der Selektion- und Adaptationsprozeß gegenüber dem Markt und bei der unternehmensinternen fortlaufenden Restrukturierung. Die Stelleninhaber der Leitungslinien sind auf dem Ist-Stand immer noch in einem unilinearen Denken ausgebildet worden und hatten in der Vergangenheit damit Erfolg. Das erschwert oft den Einstellungswandel. Die Produktivität ist nicht nur von Organisation und Führungsstil beeinflußt, sondern es gilt auch das Umgekehrte, Organisationen können auch ihre Konzeptionen hervorbringen, vergleichbar den Handlungen, die Wünsche und Absichten veranlassen. Organisationen bestehen immer aus einem Netzwerk von Beziehungen und der Zugang dazu ist nur durch ein Kreisprozeßdenken und durch Rückkopplungen zu erreichen. Die eintretenden Ereignisse hängen eher mit dem Grad beziehungsweise der Dichte der Beziehungen zusammen als mit einfachen Ursachen-Wirkungsbeziehungen. Hier gilt es, umzudenken. Die Frage nach dem Konzept verhilft dabei zu einer anderen Einstellung. *Integriertes Management* und die *Wertsteigerung* von Unternehmen gehen Hand in Hand. Das Zusammenspiel zwischen beiden Orientierungen in der Entwicklung der Unternehmensstrategie betrifft die Ausrichtung aller Managementebenen am Kapitalmarkt, das heißt *alle* Mitarbeiter haben eine wertorientierte Einstellung auszubilden. Insofern sind Vision und Strategie daran auszurichten, daß die Aktie des Unternehmens für Anleger interessant wird. Für die Unternehmensstrategie folgt daraus, daß das eingesetzte Kapital nur in Geschäfte investiert wird, die eine günstige Verzinsung in Aussicht stellen, das heißt eine konsequente Orientierung an dem Kerngeschäft sowie einem Abbau von Produktionstiefe. Der Interessenausgleich zwischen Aktionären, Management und Mitarbeitern ist in diesem Rahmen am erfolgversprechensten durch eine Ankopplung der Einkommen an die Wertentwicklung des Unternehmens zu erreichen. Erfolg hat integriertes und wertorientiertes Management nur dann, wenn es eine entsprechende Informationspolitik betreibt, das heißt strategische Orientierungen und Geschäftsentwicklung müssen *offen* und umfassend für die Interessenten nachvollziehbar sein. Dies wird durch die Bilanzierung nach international anerkannten Standards begünstigt, zum Beispiel den „International Accounting Standards (IAS)" oder den „Generally Accepted Accounting Principles (GAAP)". Dazu gehört als wesentlicher Bestandteil eine Veröffentlichung von Quartals- und Spartenergebnissen und eine Angabe der stillen Reserven. Herauszustellen ist allerdings, daß sich dieses Management in Zukunft nicht von Kosten- und Qualitätsmanagement, Kundenorientierung und Mitarbeitermotivation entfernt, sondern eben diese Orientierung voraussetzt.

Wir befinden uns in einem Entwicklungsprozeß, in dem Unternehmensnetze, Netzwerkorganistionen, integriertes Management und wertorientierte Unternehmensführung einen Restrukturierungsprozess von Unternehmen einleiten, der die Mitgliedschaftsbedingungen in Unternehmen aber auch im Wirtschaftssystem neu festlegt:

- Nur noch Segmente und damit Mitarbeiter, die konsequent zur Unternehmenswertsteigerung beitragen, werden eine Chance auf dem Arbeitsmarkt haben; nur noch Unternehmen, die ihre Wettbewerbsposition fortlaufend verbessern, haben in einem globalen Wirtschaftssystem weiter Erfolg.

Damit sind wir aber einer Situation konfrontiert, die das Ende des klassischen Arbeitsmarktes bedeutet.

Das Ende des klassischen Arbeitsmarktes

Wir müssen davon ausgehen, daß die Wirtschaftsepoche der Forderung nach kontinuierlich steigenden Löhnen für alle Beschäftigte zu ende geht.

Bis heute ist die öffentliche Diskussion über Arbeitslosigkeit daran orientiert, daß Arbeitsplätze in den klassischen Industrieunternehmen und den großen Dienstleistungsbranchen zu schaffen seien. Diese Meinung und die Forderungen nach der Einrichtung von neuen Arbeitsplätzen basiert immer mehr auf einer Fiktion. In den Vereinigten Staaten fiel der Anteil der traditionellen Fabrikarbeiter an den Erwerbstätigen in den letzten 30 Jahren von 33 Prozent auf unter 17 Prozent; gleichzeitig steigerte sich die Industrieproduktion. Die Erwartungen gehen dahin, daß dort in zehn Jahren weniger als zwölf Prozent der arbeitenden Bevölkerung in Fabriken beschäftigt sein werden; im Jahre 2020 sollen es weniger als zwei Prozent der Weltbevölkerung sein. Fabrikarbeiter, Sekretärinnen, Empfangsdamen, Sachbearbeiter, Verkaufspersonal, Bankkassierer, Telephonvermittler, Bibliothekare, Großhändler und das mittlere Management sind vom aussterben betroffen. Die Erwartungen von Wirtschaftswissenschaftlern und Politikern, daß die Arbeitslosigkeit durch Stellen in den klassischen Dienstleistungsbranchen zurückgedrängt wird, hat sich als nicht zutreffend erwiesen. Bei Banken und Versicherungen, im Groß- und Einzelhandel wird genauso wie in den Industrieunternehmen umstrukturiert. Dieser Prozeß wird weiter anhalten. Schritt für Schritt werden Management und die organisationelle Infrastruktur der Unternehmen abgetragen. An die

Stelle der großen Massen von Arbeiter und Angestellten treten hochqualifizierte Teams, die mit der neusten Software und den Telekommunikationstechnologien den Geschäftsprozeß gestalten.

Die neuen Arbeitsplätze

Durch Globalisierung hat sich die Ausgangssituation in der Konkurrenz um Arbeitsplätze grundlegend verändert: Die Grenzen im Kampf um Arbeitsplätze sind keine Staatsgrenzen mehr. Wer über den Stellenmarkt des Internet einen Arbeitsplatz sucht, hat bereits bessere Chancen als über den Stellenmarkt der Wochendausgaben der großen Tageszeitungen. Dies läßt Zweifel darüber aufkommen, inwieweit die Profile für die Erhebung der offiziellen Arbeitsplatzdaten überhaupt noch zweckmäßig und informativ sind. Vermutlich sind dafür neue Kategorien festzulegen. Dabei sollte davon ausgegangen werden, daß der enge traditionelle Zusammenhang zwischen Produkt- und Arbeitsplatzstandardisierung immer weniger bestehen wird. Wie man auch immer die Arbeitsplätze kategorisiert, in einer globalen Wirtschaft wird ihre Bewertung immer mehr von ihrer Funktion abhängig werden. Damit geht einher, daß die „Routinearbeiter" in allen Branchen immer weniger Chancen am Arbeitsmarkt haben und sie befinden sich bereits heute in einem globalen Konkurrenzkampf. Ein Unternehmen kann sich im Wettbewerb besser positionieren, wenn es seine Herstellung nach Singapur verlagert und dort sein Produkt durch Routinearbeiter kostengünstiger montieren läßt. Deutsche Textilunternehmen stellen mittlerweile in Tunesien mit einem hohen Standard kostengünstig her und können dadurch erst wieder am Markt bestehen. An dieser Option, ihren kostengünstigsten Standort zu wählen, werden Unternehmen in Zukunft von niemanden mehr gehindert werden können. An den komperativen Kostenvorteilen, die durch Globalisierung herbeigeführt werden, haben sich die Unternehmensstrategien immer mehr auszurichten, da sie ihre Konkurrenzfähigkeit nicht nur erhalten, sondern fortlaufend verbessern müssen. Die Orientierung an dieser Grundsituation wird sich in Zukunft immer mehr für alle strategischen Unternehmensentscheidungen durchsetzen.

Die Unternehmen wie Mercedes Benz, BMW, Hoechst, General Electric, IBM oder Ford mögen in einer naiven Darstellung noch nationale Unternehmen symbolisieren und ihre Hauptverwaltungen mögen noch in Deutschland oder in den Vereinigten Staaten ihren Sitz haben. Es handelt sich aber um global operierende, dezentralisierte Unternehmen und Unternehmensnetze, die zunehmend segmentär organisiert sind und ein globales Geschäft betreiben. Die Dienstleistungsunternehmen sind gleichermaßen von dieser Restrukturierung betroffen. Das bekannteste deutsche Beispiel hierfür ist die Telecom, die mittlerweile eine weltweite Unternehmensstrategie entwickelt hat. In den neuen Qualitätsunternehmen entstehen die Gewinne nicht mehr durch Volumen, also Größe und Menge, sondern durch ein fortlaufendes Feedback zwischen technologischen Innovationen und Nachfrage. Vorreiter war und charakteristisch dafür ist die Entwicklung in der PC-Branche. 1984 belief sich der Anteil der Hardware an den Kosten auf etwa 80 Prozent und der Software auf etwa 20 Prozent. Ende der achtziger Jahre war das Verhältnis bereits umgekehrt. Nach dem Zusammenbruch der PC-Branche in der zweiten Hälfte der achtziger Jahre, konnten Gewinne nicht mehr durch Einzelstückverkauf erzielt werden, sondern nur noch durch die Entwicklung von Software und des Projektgeschäftes.

Alle Geschäftsprozesse werden schlanker und zugleich globaler. Sie werden dadurch *auch* extensiver und intensiver. Die New Yorker Börse hat bereits einen 24-Stundentakt und kann so dauernd operieren. Im klassischen Industriezeitalter war die internationale Wirtschaft eine des Handels auf der Basis einer national ansässiger Produktion. Ihre zentrale Ressourcen waren Bodenschätze und das technische Know-how der industriellen Fertigung. Im Unterschied dazu wird heute die Herstellung globalisiert und weltweit vernetzt. Mit der Mobilität der Fabriken geht einher, daß sich hohe Lohnunterschiede von Land zu Land nicht mehr durchsetzen lassen. Die Entwicklung wird dahingehen, daß ein Arbeiter nicht mehr einen höheren Lohn hat, weil er in Europa lebt.

Die traditionalen Handelsschranken fallen. Der durchschnittliche Zollsatz ist heute fünf Prozent, vor 50 Jahren waren er 40 Prozent. Die multinationalen Unternehmen sind im Kauf von Produktionsstätten entscheidungsfreudiger und fusionieren im Weltmaßstab oder bilden strategische Allianzen, zum Beispiel in der Telekommunikation, in der Luftfahrt und bei den Finanzdienstleistern. Es werden die besten Techniker, die preisgünstigsten Mitarbeiter und die zuverlässigsten Lieferanten gesucht, ob sie aus Sachsen, New York oder Tokio kommen. Sentimentale Bindungen und Solidargemeinschaften sind dabei nicht vorgesehen. Dies wird zu einem tiefgehenden Wandel der Sozialbeziehungen führen, da sich die Lokalität des Sozialen immer mehr auflöst und in ein weitverzweigtes Netzwerk von Austauschbeziehungen überführt wird.

Das neue Vorbild: Standortunabhängigkeit

Die Standortunabhängigkeit von Unternehmen wird sich in Zukunft immer mehr durchsetzen. Wir stehen diesbezüglich erst am Anfang einer Entwicklung, die nicht mehr umkehrbar ist. Der Computerhersteller Hewlett-Packard hat seinen Hauptsitz in Kalifornien, sein weltweit operierendes Zentrum für medizinische Einrichtungen liegt an der amerikanischen Ostküste, sein Zentrum für Personalcomputer ist in der Schweiz, sein Zentrum für Fiberglasoptik ist in Deutschland und sein Zentrum für Laserdrucker ist in Singapur. Fiat stellt sein neustes Modell „Palio" in 13 Ländern her, in Ecuador, in Algerien, Indien oder Venezuela. Ein Rechner in Turin, in dem via Satellit die Herstellung zusammenläuft, steuert die Montage. Der Unternehmenschef von Mercedes Benz, Helmut Werner, kommt in seiner Analyse zu dem Ergebnis, daß der ausschließliche Standort Deutschland für Mercedes Benz keine Zukunft mehr hat. In Tuscaloosa in den Vereinigten Staaten wird der neue Geländewagen hergestellt; weitere Montagewerke sind für Südostasien und Lateinamerika geplant. BMW und Audi verfolgen die gleichen Strategien. Audi stellt bereits Motoren in einem Werk in Ungarn her. Für diese Entscheidung sprechen nicht ausschließlich die Höhe der Lohnkosten, sondern die Abhängigkeit von den Schwankungen des Dollarkurs und die Marktstrategie: Von Deutschland aus kann nicht global verkauft werden.

In Java finden deutsche Hersteller einen Wachstumsmarkt, der nicht durch die Armut der Bevölkerung behindert wird. Es gibt genügend wohlhabende und Aussteiger, Erben und Manager als Kunden. Der koreanische Konzern LG Electronics plant mit einer Investition von 4,7 Milliarden DM eine Fabrik in Wales zu errichten; Siemens investierte 2,5 Millarden DM in eine Chipfabrik in Newcastle, aber nicht in Deutschland. Renault bekommt in Curitiba nicht nur Boden geschenkt und Steuern erlassen, seine Investition von 700 Milliarden wird mit 300 Milliarden Dollar von dem Bundesstaat Paraná subventioniert. Damit entstehen 2 000 Arbeitsplätze und 8000 weitere Jobs. Volkswagen plant, den Euro-Golf in Brasilien zu bauen und beabsichtigt etwa 1 Milliarde Dollar zu investieren. Der Gouverneur von Rio de Janeiro erklärte sich bereit, VW günstige Kredite aus dem staatlichen Entwicklungsfonds anzubieten. Es ist nicht auszuschließen, daß Audi nachziehen wird. Selbst Porsche, ein Kleinhersteller, montiert in Zusammenarbeit mit BMW, ein Modell in Mexiko. Die deutsche Automobilindustrie hat nach ihrer Talfahrt seit Anfang der neunziger Jahre erfolgreich umstrukturiert. In den Vorstandsetagen von Mercedes Benz wurden die „bewährten" Grundsätze im Hinblick auf Modellpolitik, Herstellung und Entwicklung umgedacht. Audi, BMW, Porsche und VW sind auf demselben Weg. Mittlerweile werden wieder deutsche Automobile vermehrt nachgefragt. Die deutsche Automobilindustrie ist auf dem Stand 1998 wieder an der Weltspitze. Insofern widerlegt die Automobilindustrie die bekannten Klischees über das deutsche Management. In diesem Umstrukturierungsprozeß stellten sich zudem eine erfolgreiche Kooperation zwischen Belegschaft und Management ein. Diese Beispiele wird sich im Fortgang bewähren. Hier zeigt sich, ähnlich wie in der Chemieindustrie, daß Globalisierung Arbeitsplätze sichert und schafft.

Die erwähnten Unternehmensstrategien und Modelle könnten Vorbildcharakter haben. Politisch sind die Investoren mittlerweile in diesen Ländern willkommen, sowohl von den Regierungen als auch von der Bevölkerung. Unter globalen Konkurrenzbedingungen sind die Unternehmen gezwungen, immer mehr Montagewerke in Thailand und Malaysia oder auf den Philippinen und in Vietnam zu errichten. Hinzu kommt, daß die Automobilmärkte in den Vereinigten Staaten, in Japan und Europa keine großen Wachstumsmärkte mehr sind. Auf diesen Märkten rechnet man in den nächsten zehn Jahren mit einem Wachstum von zwei Prozent, während man in Südamerika und Südostasien mit Zuwachsraten von sechs Prozent rechnet. In Bezug auf Indien zum Beispiel geht die Erwartung dahin, daß der Absatz an Autos von 400 000 im Jahre 1996 auf 750 000 Stück in den nächsten drei Jahren steigen wird.

Wir kommen nicht umhin, die schlichte Tatsache zu konstatieren, daß das Modell „Deutschland" und sein Sozialstaat kein Vorbild mehr ist. Rekordarbeitslosigkeit, überhöhte Sozialkosten und Staatsverschuldung regen nicht zur Nachahmung an. Dem könnte durch die Stabilitätspolitik im Rahmen einer einheitlichen europäischen Währung entgegengewirkt werden. Vorbild sind die Vereinigten Staaten, Großbritannien und die Niederlande, mittlerweile sogar die klassischen Sozialstaatsländer Dänemark und Schweden. Diese Staaten haben ihr Steuer- und soziales Sicherungssystem auf die veränderten Wettbewerbsbedingungen eingestellt. Die Erfolge sind nicht ausgeblieben. In Silicon Alley (New York) entstanden zwischen 1994–1996 etwa 18 000 Arbeitsplätze. Die Vereinigten Staaten beabsichtigen, im Jahre 2 000 die Arbeitslosigkeit auf vier Prozent zu senken.

Das Ende der Tarifpolitik

Der Arbeitsmarkt bedarf in Europa, speziell in Deutschland, weitgehenden Deregulierungen. Er ist „bei uns" immer noch von den Modellen des 19. Jahrhunderts dominiert. Das mag verständlich sein, ein Vorbild ist er deshalb nicht mehr. Zu bewältigen ist die Entwicklung, die dahingeht, daß sich befristete Arbeitsverträge immer mehr durchsetzen werden und so zu einer Flexibilität beitragen. In der Tarifpolitik ist der Flächentarifvertrag überholt. Es ist bezeichnend, daß sich die Gewerkschaften in den neu entstehenden Branchen keine Mitglieder mehr finden, wie bisher in der Stahl- und Autoindustrie. Diese Branchen lösen sich immer mehr von einer Lokalisierung in einem Betrieb. Die neuen Unternehmen befördern durch ihre Struktur ein gewerkschaftliches Desengagement von Mitarbeitern. Darauf gibt es keine gewerkschaftliche Antwort. Wie wollen die Gewerkschaften die Telebeschäftigten für sich gewinnen!? Das Modell der Tarifverträge ist an bestimmte Arbeitszeiten gebunden, das heißt es beruht auf Bezahlung bei Anwesenheit. Bei den neuen Arbeitsformen ist dieses Modell nicht mehr anwendbar. Das ganze Ausbildungsssystem ist in Deutschland den neuen Arbeitsplätzen nicht mehr angemessen. Die Menge der unübersichtlichen Ausbildungsordnungen und Diplome, der geschützten Berufsbezeichnungen, der unbeweglichen Lehrpläne sind ungeeignet, um für wissensbasierte Arbeitsplätze zu qualifizieren. Die Vorreiter des neuen Typs von Mitarbeiter beschaffen sich ihr Wissen über das Internet und vervollständigen individuell ihre Qualifikation. Als Alternative zu dem Modell und der Regelungen der Tarifverträge bedarf es hier einer flexiblen Gestaltung, die den unterschiedlichen Branchen, der wirtschaftlichen Situation der Unternehmen als auch den unterschiedlichen regionalen Entwicklungen gerecht wird.

Vom Standpunkt der Gesamtwirtschaft ist die Forderung nach einem Modell der Verkürzung der Arbeitszeit nicht dazu geeignet, die Kostenkrise zu bewältigen. Arbeitszeitverkürzungen sind insbesondere für die Unternehmen mittlerer Größenordnung keine praktizierbare Lösung. Es bedarf nicht nur einer zurückhaltenden Lohnpolitik, sondern die Unternehmen bedürfen, gerade im Interesse ihrer Mitarbeiter, der Option, die Lohnentwicklung mit ihrer betriebswirtschaftlichen Leistung abstimmen zu können. Demgegenüber fehlt es in Deutschland, vielleicht weniger an Einsicht, sondern am Mut zu handeln.

Das soziale Sicherungssystem basiert heute auf einer Fiktion, da es das Wirtschaftssystem, das es voraussetzt, nicht mehr gibt. Es gibt nicht mehr die Einkommen, die dieses Sicherungssystem finanzieren. Mit dem Verschwinden des klassischen Industriearbeiters werden die Gewerkschaften ihre Mitgliederbasis verlieren und sich überleben. Die Modelle des sozialen Kompromisses, der Mitbestimmung und das der politischen Partizipation, werden durch Globalisierung zu geschichtlichen Modellen, die ihre Gültigkeit verloren haben. Wie soll Mitbestimmung in einem virtuellen Unternehmen, das Mitarbeiter in Tokio, New York, Hongkong und Frankfurt am Main beschäftigt, praktiziert werden. Die Entscheidungsfindung ist in Unternehmen, die global operieren, nicht mehr von einer Zentrale gesteuert und die Geltungsbereiche von Unternehmensentscheidungen sind nicht kollektiv für alle Einheiten verbindlich. Insofern erweist sich eine Verständigung über die kollektiven Ziele, den Arbeitsschutz und die Mitbestimmung als nicht durchführbar. Der Betrieb ist nicht mehr die Einheit, der als räumlich gebundenes Kollektiv ein Unternehmen *definiert*. Damit wird aber auch im Fortgang das vorhandene Arbeits- und Betriebsverfassungsgesetz illusorisch.

Globalisierung verändert die Chancen am Arbeitsmarkt und erfordert einen Einstellungswandel, der die gesamte Lebensführung und somit unsere überkommenen sozialstaatlichen Erwartungen betrifft. In einem globalen Wirtschaftssystem bestimmt die Schnelligkeit der Entwicklungen die Nachfrage nach flexiblen Mitarbeitern ohne Folgekosten. Gehen wir von dem Arbeitsmarkt in Europa aus, so wird das Einkommen nicht mehr von den nationalen Gegebenheiten abhängig sein. Qualifizierte und umzugswillige Berufsanfänger werden in den Metropolen Paris, München und Amsterdam, Berlin, London ihren gutbezahlten Arbeitsplatz wählen können, während die „Bodenständigen" gleichzeitig zurückfallen. Nur vollständige Mobilität führt zwischen den unterschiedlichen entwickelten Regionen zu einer Angleichung von Einkommen. Eine europäische Währungsunion wird für die Lohnpolitik neue Voraussetzungen schaffen. Einerseits müssen die Gehälter sinken, andererseits wird sich keine schnell fallenden Einkommenentwicklung einstellen. Es zeichnet sich zudem ab, daß der Wettbewerb der Standorte auch ein Wettbewerb der Solidarsysteme sein wird, somit der Krankenkassen, der Rentenversicherung und der Sozialhilfe.

Neue Shops

In Deutschland wird nicht in Zukunftstechnologien investiert, zum Beispiel nicht in die „Cognitive Sciences", sondern die Forschungsgelder werden gekürzt. Statt dessen fließen Milliarden in den

Kohlebergbau, Werften und die Landwirtschaft. Die Situation hat sich dahingehend entwickelt, daß sie immer schwerer nachvollziehbar ist. Vielen Politikern fehlt es an Mut, die Subventionen der Ruhrkohle zu beenden. Das Ergebnis des Reformkurses von Margaret Thatcher, ihre Entmachtung der Gewerkschaften, hat sich als Erfolgsstrategie erwiesen. Viele Branchen sind nicht mehr gewerkschaftlich organisiert und die Unternehmen handeln die Arbeitsverträge mit den Mitarbeitern selbst aus. Die Jobvermehrungen haben ihren Preis, die Arbeitslosigkeit ging aber schlagartig zurück. In Großbritannien entstanden durch die Deregulierungsmaßnahmen wettbewerbsfähige Unternehmen. Ähnlich erfolgreich waren die Vereinigten Staaten und mit weniger Rigorismus die Niederlande. Eines der Erfolgskonzepte der Niederländer war die Flexibilisierung der Arbeitszeit. In den Niederlanden stieg der Anteil der Teilzeitarbeit an der Gesamtbeschäftigung seit 1979 von 16,6 Prozent auf 37,4 Prozent. In demselben Zeitraum stieg er in Großbritannien von 16,4 Prozent auf 24,1 Prozent, in den Vereinigten Staaten von 16,4 Prozent auf 18,6 Prozent und in Deutschland von 11,4 Prozent auf 16,3 Prozent. In Deutschland ist der Markt für Teilzeitbeschäftigungen immer noch kein Wachstumsmarkt.

Überboten werden die Niederlande in der Jobbeschaffung von den Vereinigten Staaten. Noch Anfang der achtziger Jahre war die amerikanische Wirtschaft rückständig und die Unternehmen galten als unproduktiv. In den neunziger Jahren ist sie dagegen ist in High-Tech-Service-Unternehmen führend. Die Computerbranche überholte die Autoindustrie. Seit 1990 entstanden in den Vereinigten Staaten acht Millionen Jobs. Diese Entwicklung war zwar nicht ohne Billigjobs möglich, dennoch betraf zum Beispiel 1995 der Anteil der überdurchschnittlichen Einkommen etwa 45 Prozent. Im Mai 1997 ist die Arbeitslosenrate von 4,8 Prozent die niedrigste seit 24 Jahren. Die Einschätzungen gehen dahin, daß die amerikanische Wirtschaft noch keinen erfolgreicheren Wirtschaftsaufschwung erlebte, von dem alle Regionen und Wirtschaftsbranchen profitieren. Durch Investitionen in den Technologiesektor, in die Telekommunikation und die Biotechnologie entstanden neue Arbeitsplätze. Eine Rezession wird in den nächsten Jahren nicht erwartet. Die Computerindustrie, die Genforschung und die Biotechnik verzeichnete in den Vereinigten Staaten einen Boom. Es ist nicht selten, daß die Chefs der Kleinunternehmen der Computerbranche nicht viel älter als 20 Jahre sind. Die Idole sind Bill Gates, Marc Adreessen, der Mitbegründer von Netscape oder Joe Liemandt, ein Programmierungskünstler. Das Leitbild der Gewerkschaften ist in Deutschland im Unterschied dazu immer noch der vollbeschäftigte Industriearbeiter. Es wundert deshalb nicht, daß die Gewerkschaften den Entwicklungen „hilflos" gegenüberstehen.

Es ist vor dem Hintergrund der nordamerikanischen Kultur nicht zufällig, daß 62 Prozent der jungen Amerikaner den Traum haben, ihr eigener Chef zu sein: Viele verwirklichen diese Vision. Unternehmerische Einstellungen und Orientierungen werden dort bereits an der Universität gefördert und trainiert. In den Vereinigten Staaten gibt es, wie nirgends sonst, eine große Bereitschaft für Risikoinvestitionen. In Deutschland dagegen haben begabte Jungunternehmen nicht die Chance, Millionen für ihre Projekte bereitgestellt zu bekommen. Es gibt keinen Markt für Risikokapital.

Die Konsensgesellschaft der Deutschen scheut den Schritt zur Konfliktgesellschaft. Konsensorientierung ist an allgemeinen Lösungen orientiert, nicht an dynamischen und flexiblen Teillösungen. Die Gewerkschaften fordern eine Verkürzung der Arbeitszeit und die Unternehmen eine weitere Steuerentlastung. Zur gleichen Zeit wächst der Produktivitätsabstand zu den Vereinigten Staaten ständig. Das konsensorientierte föderale politische System erlaubt keine radikalen Lösungen und die Tarifpartnerschaft zwischen Unternehmen und Gewerkschaften sind auf Kompromiß und Verständigung ausgelegt. Beides trägt dann zur Stagnation bei, wenn die erforderliche wirtschaftliche Dynamik fehlt.

In dem europäischen Wirtschaftssystem werden – in nichtabsehbarer Zeit – Arbeitszeit, Urlaub und andere Sozialleistungen nicht vereinheitlicht werden. Es ist zu vermuten, daß der globale Wettbewerb einer sehr engen Zusammenarbeit der Gewerkschaften eher entgegenwirken wird. Die Lohnpolitik wird sich immer mehr an den einzelnen Betrieben orientieren und die Preis- und Lohnflexibilität wird zunehmen. Der gewerkschaftliche Versuch, allgemein verbindliche Richtwerte für die Kranken-, Arbeitslosen- oder Rentenversicherung für die europäische Sozialpolitik festzulegen, wird an den einzelnen Staaten scheitern, da dadurch die Unternehmen ihre Wettbewerbsfähigkeit nicht nur gefährden, sondern verlieren würden. Insofern ist eine allgemeine Sozialpolitik nicht zu erwarten.

Nur ein dynamischer und flexibler Arbeitsmarkt kann in einem globalen Wirtschaftssystem Arbeitsplätze schaffen, das belegen Großbritannien, die Vereinigten Staaten und die Niederlande. Daran wird der konjunkturelle Aufschwung 1997 in Deutschland nichts ändern, der ohne diese Maßnahmen schwer zu stabilisieren sein wird. In jedem Fall bleiben Investitionen die Voraussetzung für die Schaffung von neuen Arbeitsplätzen. In den letzten 20 Jahren sind die Investitionen in den Vereinigten Staaten um 84 Prozent und die Zahl der Erwerbstätigen sind um 45 Prozent gestiegen; in den Staaten der europäischen Gemeinschaft sind dagegen die Investitionen nur um 30 Prozent und die Zahl der Erwerbstätigen sind um 3,5 Prozent gestiegen.

Modelle der Zukunftsvorsorge

Die Lohn- und Sozialpolitik wird auf die weitere Entwicklung der europäischen Wirtschaft nicht ohne Einfluß bleiben. Die europäischen Wirtschaften unterscheiden sich nicht nur in ihrem Entwicklungsstand und der Qualifikation der Bevölkerung für die neuen Arbeitsplätze, sondern auch in der Produktivität der Unternehmen und ihrer pro Kopf Wertschöpfung. Der nach dem zweiten Weltkrieg aufgebaute und seit den siebziger Jahren fortentwickelte Wohlfahrtsstaat ist aufgrund der Arbeitsmärkte und der demographischen Entwicklung nicht mehr finanzierbar und er bedarf eines Umbaus. Ziel sollte es sein, eine langfristige Grundversorgung im Falle von Arbeitslosigkeit und Krankheit und bei der Rente zu bewahren. Um dies zu erreichen, müssen die Regelungen effizienter gestaltet werden. Dazu wird es gehören, daß eine allgemeine Steuerung durch Preise mit Hilfe einer größeren Selbstbeteiligung an den Kosten durch die potentiell Betroffenen eingerichtet wird.

Warum läßt sich die Sicherung der Renten nicht durch Rentenfonds, wie in den Vereinigten Staaten, gewährleisten? Die Herausforderung Globalisierung kann in Deutschland nur durch veränderte Arbeitsbedingungen, eine Reform des Steuersystems und der Lohnnebenkosten bewältig werden. Die scheinbare Sicherheit, gestützt auf die Erfolge des wirtschaftlichen Aufbaus der 50er Jahre, die das Selbstbewußtsein der deutschen Unternehmen und der politischen Elite geprägt hat, kann nur ins Abseits führen. Wir müssen davon ausgehen, daß sich in den kommenden 40 Jahren weitgehende demographische Veränderungen zu erwarten sind. Die Politiker haben bis heute diese sich abzeichnenden Umbrüche verschleiert und die Erschütterung des Vertrauens in den Generationsvertrag heruntergespielt. Auf dem Ist-Stand 1997 fallen auf eine Rente je drei Beitragszahler; im Jahre 2036 wird sich der Anteil der Rentner jedoch verdoppelt haben. Die Schätzungen gehen dahin, daß im Jahre 2035 der Rentenversicherungsanteil, einschließlich Kranken- und Pflegeversicherung, 56 Prozent betragen wird. Dazu wären noch die Steuern hinzuzurechnen. Es ist sicherlich unstrittig, daß eine solche Belastung nicht tragbar wäre. Eine Alternative dazu, die das Rentenniveau sichert und gleichzeitig die Belastungen an Sozialversicherung in einer vertretbaren Größenordnung hält, kann nur das langfristige Aktiensparen und die Einrichtung von Rentenfonds sein. Damit entsteht ein neues Modell der Zukunftsvorsorge, aber auch ein Modell für die Fortschreibung und Veränderung von sozialen Marktwirtschaft. Statt die Spirale der Lohnerhöhungen weiter zu drehen, können die Unternehmen dazu übergehen, die Mitarbeiter durch Aktienanteile an Unternehmen zu beteiligen. Die Daimler Benz AG ist bereits Vorreiter in dieser Umorientierung und entwickelt ein Modell für die Beteiligung von allen Mitarbeitern am Unternehmenserfolg. Es ist nicht zufällig, daß sich die Gewerkschaften in Deutschland nach der Wiedervereinigung geweigert haben, dem Modell zuzustimmen, zur Sanierung und Finanzierung des Aufbaus von Unternehmen in den neuen Bundesländern, statt höhere Löhne zu zahlen, mit Ansprüchen auf Aktienanteile niedrigere Löhne auszugleichen. Die Modelle „Rentenfonds" und „Lohnausgleich durch Aktienbeteiligung" würden nicht nur zur sozialen Integration und zum sozialem Ausgleich, sondern auch zu einer erhöhten wirtschaftlichen Stabilität in einem globalen Rahmen beitragen. Gewinner wären nicht die Spekulanten, sondern die Mitarbeiter, da die Alterseinkünfte gesichert wären, die Sozialabgaben verringert würden und konkurrenzfähige Unternehmen sicher Arbeitsplätze einrichten könnten. Es wird grundsätzlich das Dilemma zu handhaben sein, daß einer Erweiterung des Arbeitsmarktes eine strukturelle Unterbeschäftigung gegenübersteht.

In diesem Zusammenhang ist insgesamt an die Einsicht eines Altmeisters der Wirtschaftstheorie, Adolf Weber, zu erinnern: „Das eigentliche dynamische Element in der Volkswirtschaft ist die fortlaufende Neubildung von Kapitaldisposition, insbesondere auch von Risikokapital. Daß dieses Zentralproblem nicht nur eine güterwirtschaftliche, sondern auch eine geldwirtschaftliche Seite hat, sollte eigentlich seit Wicksell nicht mehr Gegenstand von Meinungsverschiedenheiten sein." Es bedarf eines grundsätzlichen Einstellungs- und Organisationswandels.

Eine neue Wirtschaftspolitik

In einem globalen Wirtschaftssystem haben sich die Voraussetzungen von Wirtschaftspolitik grundsätzlich verändert. Die gängigen Wirtschaftspolitiken sind immer noch nationalstaatlich und an einer Vollbeschäftigung orientiert. Darin folgen sie, ob absichtlich oder nicht, J.M. Keynes *Allgemeine Theorie der Beschäftigung, des Zinses und des Geldes* (1932). Das Programm einer neuen Wirtschaftslehre (Keynes) und der Wohlfahrtsökonomie von A.C. Pigou wurde in den Programmen des Wohlfahrtsstaates nach dem zweiten Weltkrieg umgesetzt und damit vorübergehend ein sozialer Kompromiß erzielt – zu Keynes das leider zu wenig rezipierte und immer noch lesenswerte Buch von Albrecht Forstmann: *Neue Wirtschaftslehren*, Berlin 1954.

Die Modelle des Wohlfahrtsstaates haben eine signifikante Auswirkung im Hinblick auf die Mobilität und Dynamik der wirtschaftlichen Entwicklung. Es können vereinfacht drei Modelle unterschieden werden, die ihrerseits mit sozio-strukturellen sowie mit kulturellen Faktoren zusammenhängen (J. Allmendinger, T. Hinz: 1997).

Eine neue Wirtschaftspolitik 151

1. Der *liberale* Wohlfahrtsstaat: Er ist dadurch charakterisiert, daß der Arbeitsmarkt nicht stark von staatlicher Seite geregelt und in ihn eingegriffen wird.
2. Der *konservative* Wohlfahrtsstaat: In diesem Modell liegt eine Segmentierung von Arbeitsmarkt und Sozialversicherung nach einer beruflichen Standesorganisation und eine korporatische Lösung sozialer und politischer Probleme vor. Eine Wanderung zwischen den Berufsgruppen ist bei diesem Modell kaum möglich.
3. Der *sozialdemokratische* Wohlfahrtsstaat: Er zeichnet sich durch eine aktive Arbeitsmarktpolitik aus und geringen Korporatismus. Das Modell ist an einer sozialen Absicherungen orientiert und wird über eine „hohe Steuerlast" finanziert. (Abbildung 7)

	Nordischer Korporatismus	Sozialpartnerschaft (Zentrum)	Angelsächsischer Pluralismus	Romanische Polarisierung
Wirtschaftssystem	„mixed economy"	„soziale Marktwirtschaft"	freie Marktwirtschaft	etatistische Marktwirtschaft
Demokratieform	Konsensdemokratie	Konkordanzdemokratie	Mehrheitsdemokratie	Polarisierter Pluralismus
Wohlfahrtstaat	universalistisch	segmentiert	residual	rudimentär
Verbandssystem	kohäsiv	segmentiert	fragmentiert	polarisiert
Machtbalance	pro-Arbeitnehmer ausgewogen	ausgewogen/ pro-Arbeitgeber	alternierend	Staatsintervention
Verhandlungsebene	Branche	Branche	Betrieb	uneinheitlich
Verhandlungsstil	integrativ	integrativ	gegnerisch	konfliktorientiert
Koordination	Gewerkschaften	Sozialpartner/ Arbeitgeber	fehlt	wechselnd
Staatliche Rolle	Mediator	„Tarifautonomie"	Nichteinmischung	Staatsdirigismus
Arbeitsrecht	Kollektivrechte und Selbstregulation	Individual- und Kollektivrechte	Vertragsfreiheit	Individual- und Kollektivrechte
Arbeitskonflikte	zunehmend	selten	abnehmend	häufig
Realtypen	Schweden Finnland Dänemark Norwegen	Österreich Deutschland Schweiz Belgien Niederlande (Irland)	Großbritannien Irland (Schweiz)	Frankreich Italien Spanien Portugal Griechenland (Belgien) (Irland)

Abbildung 7: Modelle der Arbeitsbezeichnungen in Westeuropa, entnommen aus B. Ebbinghaus/J. Visser (1997)

Globalisierung hat dazu geführt und eindringlich gemacht, daß die Kosten des Wohlfahrtsstaates offengelegt wurden. Sie verändert grundsätzlich die Einkommensverteilung dahingehend, daß hochqualifizierte und mobile Arbeitskräfte eine größere Einkommenschance haben. Die Mängel des deutschen Standorts haben sich mittlerweile dahingehend ausgewirkt, daß den verringerten Staatseinnahmen, zum Beispiel Steuerausfälle durch Verlagerung von Wertschöpfungsketten, eine Erhöhung der Staatsausgaben durch höhere Sozialaufgaben gegenübersteht, etwa durch höhere Arbeitslosigkeit. Die Herausforderung eines globalen Wirtschaftssystems für die Wirtschaftspolitik besteht darin, daß die Sicherung von Beschäftigung nur noch durch globale Arbeitsteilung und Kooperation möglich ist. Damit geht einher, daß die Unternehmen von einer nationalen Nachfrage immer mehr unabhängig werden. Darauf muß sich jede Wirtschafts- und Sozialpolitik einstellen.

Zur Bewältigung des Innovationswettbewerbs

Die Förderung der Konkurrenzfähigkeit von Unternehmen in einem globalen Wirtschaftssystem erfordert eine andere Wirtschaftspolitik. Die Vereinigten Staaten, Großbritannien und die Niederlande haben hierin eine Vorreiterrolle übernommen. Wirtschaftspolitik hat sich an einer veränderten Grundsituation einer globalen Wirtschaft zu orientieren. Diese Grundsituation ist dadurch ausgezeichnet, daß in einer globalen Wirtschaft mit einem größeren Wachstum zu rechnen ist, in einem globalen Maßstab die Ströme der Direktinvestitionen zunehmen und die Entwicklungs- und Schwellenländer in der Volkseinkommensentwicklung aufholen. Es findet ein Innovationswettbewerb zwischen den Unternehmen statt, der dazu führt, daß sich der internationale Technologietransfer weiter ausweitet und vermehrt. Dies bedarf eines verbesserten technisch-wissenschaftlichen Managements und im Fortgang einer Angleichung der Standards der Informationsverarbeitung sowie der internationalen Normierung von Techniken. Insgesamt wird die Effizienzsteigerung bei Transport und Verkehr ein höheres Niveau erreichen. Wir müssen uns auf eine Verlagerung von Wachstumsmärkten, eine dynamische Entwicklung neuer Märkte, auf

Stagnation der traditionalen Märkte und eine Beschleunigung sowie der weltweiten Verbreitung technisch-wissenschaftlichen Wissens einstellen.

In einem globalen Finanzmarkt wird das Volumen der Finanzmarkttransaktionen steigen und der Einfluß der Zentralbanken vermutlich eher *rückläufig* sein. Der Einfluß anderer Finanzmarktakteure wird sich dagegen voraussichtlich vergrößern, Fonds, Investmentbanken etc. Eine größere Bedeutung von Wechselkursschwankungen wird dabei zu einer Verstärkung der Absicherung der Wechselkurse zwingen. Als Maßstab der Bewertung wirtschaftlicher Leistung gewinnt voraussichtlich der Shareholder Value immer mehr an Bedeutung. In dieser Grundsituation einer globalen Wirtschaft verstärkt sich zunehmend der Wettbewerb der Einzelstaaten um mobile Faktoren, um Kapital und Wissen, und es ist zu erwarten, daß eine schnelle Verschiebung von komparativer Kostenvorteilen von Volkswirtschaften eintritt. Globalisierung trägt den Wettbewerb auch in die Sektoren, die für den regionalen Bedarf produzieren. Sie erhöht dadurch den Druck auf die Qualitätsverbesserungen und Kostensenkungen zum Vorteil der Verbraucher. Auf diese Grundsituation eines globalen Wirtschaftssystems hat sich eine neue Wirtschaftspolitik einzustellen.

An *erster* Stelle einer neuen Wirtschaftspolitik hat sowohl eine weitere Fortführung der Liberalisierung des Welthandels, eine weltweite Anerkennung von Produktzulassungen als auch eine Beseitigung von anderen nichttarifären Handelshemmnissen und Zöllen zu stehen. Dazu gehört ein weiterer Abbau der noch bestehenden Hemmnisse im Kapitalverkehr. In einem globalen Wirtschaftssystem ist es unumgänglich, daß für die grenzüberschreitenden Investitionen und Technologien eine Rahmenordnung geschaffen wird, die geistiges und materielles Eigentum vor Mißbrauch schützt, zum Beispiel Patentrecht. Durch diesen Mißbrauch entstehen den westlichen Unternehmen märchenhafte Verluste. Die wirtschaftspolitischen Anforderungen bestehen auch in einer Anpassung der Sozialversicherungssysteme. Diesbezüglich wird vermutlich nur langfristig eine Angleichung zu erreichen sein.

Handlungsbedarf besteht vorrangig bei einer Reform der Unternehmenssteuern unter besonderer Berücksichtigung des Wettbewerbs der Steuersysteme. Die Wirtschaftspolitik sollte eine markt- und unternehmensspezifische Förderung aufgeben und sich an den Investitionen in gemeinsame Rahmenbedingungen orientieren, das heißt der Förderung des Strukturwandels, einer Schaffung günstiger Forschungsbedingungen, der Gewährleistung eines qualifizierten Bildungssystems, dem Abbau von Mobilitätshemmnissen für Arbeit und Kapital und der Erleichterung von Existenzgründungen. Insgesamt ist eine neue Wirtschaftspolitik daran auszurichten, daß sie den Wettbewerb *fördert* und *sichert* und gleichzeitig den staatlichen Einfluß auf die Unternehmen *begrenzt*.

Ziel einer Wirtschaftspolitik muß es sein, gerade durch Globalisierung ein höheres Sozialprodukt zu erwirtschaften. Die Dynamik eines globalen Wirtschaftssystem führt dazu, daß sich die Konstellation der wirtschaftlichen Einigung in Europa verändert hat, die Europäer müssen sich im Zeitalter der Globalisierung neu orientieren.

Die auf dem europäischen Binnenmarkt seit 1992 geforderte Deregulierung und Flexibilisierung geht auf unterschiedliche Faktoren zurück. Sie betrifft vorrangig die zeitlich aufwändigen und langen Verwaltungsentscheidungen und die staatliche Übersteuerungen des Wirtschaftssystem, die sich seit den fünfziger Jahren entwickelt haben. Deregulierung ist in einem globalen Wirtschaftssystem die Voraussetzung für Wettbewerbsfähigkeit. Die Aufgabe der Wirtschaftspolitik der europäischen Staaten im Zeitalter der Globalisierung muß es sein, den Wert ihrer Unternehmen zu erhöhen, die in der globalen Konkurrenz überlebensfähig sind: Nur so werden sie zu dem Wohlstand ihrer Bürger beitragen.

Kapitel 3

Europa im Zeitalter der Globalisierung

In einer globalen Wirtschaft werden nur die Wirtschaftskulturen überleben, die weitgehende Deregulierungen vornehmen. Die Ausgangssituation einer politischen Integration der europäischen Nationen hat sich durch das transnationtionale Wirtschaftssystem grundsätzlich verändert. Globalisierung wird nicht dazu führen, daß die unterschiedlichen europäischen Kulturen verschwinden werden. Im Gegenteil: Eine Partikularisierung von Kulturen, verschärfte Kulturkonflikte und Globalisierung schließen sich nicht aus. Das Verständnis der italienischen, französischen, britischen und deutschen nationalen Kultur, Gesellschaft und Wirtschaft trägt dazu bei, die Spannungen und die Antworten der Mitglieder des europäischen Wirtschaftssystems auf eine globale Wirtschaft besser zu verstehen.

Zur Ausgangssituation im Zentralwettbewerb

Der Schritt zu einer europäischen Wirtschaftsgemeinschaft und die daran anschließende Zielsetzung der politischen Integration der europäischen Nationen in einer Europäischen Union sind auf den Weg gebracht worden, um die Ergebnisse des Wettbewerbs in der Triade zwischen den Vereinigten Staaten, Japan und den Europäer zu verbessern. Im Zuge der Globalisierung der nationalen Wirtschaftssysteme zu einem transnationalen System, das heißt zu einem globalen Weltsystem, werden die Karten noch einmal neu gemischt und verteilt. Die Ausgangssituation hat sich durch die wirtschaftliche Globalisierung mittlerweile grundsätzlich verändert. Die europäische Einigung wird selbst eine Antwort auf diese neue Situation finden müssen. Darin besteht die Herausforderung der Globalisierung für Europa.

Erwartungen und Enttäuschungen

An die europäische Gemeinschaft werden in der öffentlichen Meinung und Debatte immer wieder weitgehende Erwartungen gestellt. Diese Erwartungen sind nicht nur wirtschaftlicher Art, sondern betreffen den Weg zu einer „Europäischen Union" mit entsprechenden institutionellen politischen Einrichtungen und Regelungen. Bevölkerungen in den ärmeren Industriestaaten der EG hoffen auf sozialpolitische Verbesserungen, die naheliegenderweise auf eine Orientierung und Anpassung an das deutsche Modell hinauslaufen. Junge Menschen, auch politisch Interessierte aller parteipolitischen Schattierungen in der Bundesrepublik Deutschland, erhoffen sich von dem Zusammenwachsen Europas eine neue positive Identität, um die Belastungen der deutschen Geschichte überwinden zu können. Eines kann man bereits heute feststellen: Die von der Politik entfachte Europabegeisterung hat in den Jahren, seit die „Einheitliche Europäische Akte" 1985 ins Leben gerufen wurde, einen ungeahnten Aufschwung genommen, der durch den Zusammenbruch der kommunistischen Parteien in Osteuropa noch zusätzlich stimuliert wurde. Es zeichnet sich ab, daß das ins Visier genommene Ziel einer weitergehenden wirtschaftlichen Vereinheitlichung, Rationalisierung und Konzentration weitgehend bewerkstelligt werden wird. Ob mit der Umsetzung der wirtschaftlichen Modernisierungsmaßnahmen freilich die sozialpolitischen und kulturellen Hoffnungen von großen Teilen der Bevölkerung Europas in Erfüllung gehen werden, kann bezweifelt werden.

Die Notwendigkeit zur Modernisierung wurde Mitte der 80er Jahre aufgrund der amerikanischen und japanischen Konkurrenz für die EG überdeutlich. Eine Bilanzierung ergab, daß über 300 ökonomische Problembereiche im Rahmen der EG zu modernisieren und zu vereinheitlichen waren, um die Voraussetzungen für erhöhte Leistungsfähigkeit diverser europäischer Industrie- und Handelsbranchen zu schaffen. Während es in Europa rund 15 große Automobilhersteller gibt, wird der japanisch geprägte Weltmarkt von vier Automobilgiganten gesteuert. Die Entwicklung der europäische Kommunikationstechnologie kann sich immer weniger mit der Marktstellung amerikanischer und japanischer Hersteller messen. Die amerikanische und japanische Konkurrenz war der Anstoß für den erweiterten europäischen Zusammenschluß. Ob die ins Auge gefaßten Reformen jedoch den erwarteten ökonomischen Nutzen für alle Teilnehmer abwerfen werden, ist letztlich eine offene Frage, die erst die Zukunft beantworten wird. Sollten die Maßnahmen erfolgreich sein, so bleibt es weiter offen, ob aus dem ökonomischen Erfolg ein sozialpolitischer und kultureller Erfolg wird. Die Verwaltung in Brüssel und die nationalen Politiker haben unter Umständen Erwartungen und Hoffnungen – zwecks Engagement für wirtschaftliche Erfordernisse – geweckt, die sich so nicht einlösen lassen. Das kann zu Enttäuschungen führen, deren Dimensionen jetzt noch nicht absehbar sind. Angesprochen ist damit eine nicht übersehbare Kluft zwischen der einer marktoffenen Orientierung und den gestalterischen Zwängen der europäischen Einigung, zum Beispiel Finanzierung, rechtliche Normierung, Zollpolitik gegenüber Japan und den Vereinigten Staaten, berufliche Qualifikation u.a.m.

Die Verlagerung und Neuentstehung von wirtschaftlichen Zentren, in Asien, verändert die Voraussetzungen unter denen der europäische Einigungsprozeß initiiert wurde. Die dadurch entstehenden

Risiken betreffen eine Neubewertung des europäischen Gedankens hinsichtlich gemeinsamer und nationaler Interessen. Der Zusammenhang dieser nationalen und gemeinsamen Interessen wird für die entstehende europäische Zusammenspiel, insbesondere für das Interaktionsverhalten und die Ausprägung der ökonomischen und politischen Organisationen, von zentraler Bedeutung sein. Hierbei ist von Interesse, ob sich so etwas wie eine „kollektive Identität" der Europäer wirklich ausbilden wird. Diese „Identität" betrifft nicht nur die politische Selbstidentifikation, sondern die Wertorientierungen der in den Nachkriegsgesellschaften ausgebildeten „Kulturmuster", zum Beispiel Einstellungen gegenüber Ökologie, Gesundheit, Arbeitsplatz, Freizeit, Drogen u.a. Es gibt keine Strategie der Europäer, auf die Entwicklungen in einem globalen Wirtschaftssystem mit einer gesamteuropäischen kulturellen Identität zu antworten. Die Antworten – und das betrifft nicht nur die Handhabbarkeit – werden uns in der kulturellen Dimension durch die nationalen Kulturen vorgegeben, die voraussichtlich nicht verschwinden werden. Anders verhält es sich mit einer europäischen Währungsunion. Sie erfordert jedoch keine übergreifende kulturelle Identität, sondern eine Reputation in der geldpolitischen Stabilitätspolitik. Wir werden nicht umhinkommen, mit anderen Gesellschaftsmodellen zu rechnen, die nicht mehr an den Problemlösungsstrategien der westlichen Nachkriegsgesellschaft orientiert sein werden.

Vor welchen Schwierigkeiten eine Europäische Union jedoch steht, haben die Maastricher Konferenz vom Dezember 1991 und der Jugoslawienkrieg schlagartig verdeutlicht: Ein gemeinsames Europa beseitigt nicht die politischen Interessen und Traditionen der europäischen Nationalstaaten. Die kulturellen Muster der einzelnen Nationen Europas sind aus unterschiedlichen Faktoren, zum Beispiel Größe, geographische Lage, Religion, politische Institutionen, Kommunikation zwischen den Eliten und Bevölkerung erwachsen. Untersucht man diese Faktoren des politischen und ökonomischen Handelns der wichtigsten Akteure in Europa, dann wird deutlich, daß die Versuche, eine gemeinsame europäische Kultur zu schaffen, nur sehr begrenzten Erfolg haben wird. Auf jeden Fall ist weiterhin mit einer Vielzahl unterschiedlicher und entgegengesetzter nationaler Kulturen und Stile zu rechnen. Dies hat Folgen für die politische Integration der europäischen Staaten. Es betrifft dies vorrangig die unterschiedlichen außenpolitischen Interessen, auch zwischen Deutschland und Frankreich, im Hinblick auf Afrika und den Balkan, die sich so schnell nicht vereinheitlichen lassen.

Im folgenden werden unterschiedliche kulturelle und nationale Eigenheiten der italienischen, französischen, britischen und deutschen nationalen Kultur, Gesellschaft und Wirtschaft skizziert, um die Spannungen und Differenzen im europäischen Gesamtgefüge im Zeitalter der Globalisierung besser verstehen zu können. Sie erklären teilweise die Art der Antworten dieser europäischen Staaten auf den zu bewältigenden Strukturwandel ihrer Wirtschaftssysteme. Wie sich das europäische Wirtschaftssystem entwickelt, wird wesentlich von der Wiedergewinnung des Standorts Deutschland abhängig sein, dem insgesamt eine integrierende Funktion in einem europäischen Wirtschaftssystem zukommen wird. Was die Rolle Großbritanniens betrifft, so sollte man nicht vergessen, daß der europäische Markt für die englische Wirtschaft der entscheidende Exportmarkt ist und bleiben wird. Insofern ist damit zu rechnen, daß es letztlich nicht umhinkommt, sich einem einheitlichen europäischen Währungssystem anzuschließen.

Frankreichs Zentralismus: Grenzen der Marktwirtschaft

Die politische Tradition Frankreichs ist in ihrem Selbstverständnis durch die alles überragende Bedeutung des französischen Zentralstaates seit dem Absolutismus und der Regentschaft Ludwig des XIV. geprägt und Frankreich gehörte, neben den Habsburgern, zu den kontinentalen europäischen Hegemonialmächten. Mit der Entstehung des Zentralstaates ging die Entwicklung einer rational strukturierten Hochsprache einher. Das französische Denken der Aufklärung ist einem *Rationalismus* und *Instrumentalismus* verpflichtet, der mit Hilfe weniger Ausgangsprämissen „alle" Erscheinungen der Realität zu erklären beansprucht. Der Name „Descartes" symbolisiert bis heute dieses zentrale Muster französischen Geistes. Die Konstellation von *Absolutismus* und *Rationalismus* hat einem hierarchischen, intellektualistischen und zentralstaatlichen Denken Raum gegeben, das bis heute für ein zentralisiertes, politisches System und eine merkantilistische Wirtschaftsauffassung mitverantwortlich ist. Für die französische Gesellschaft ist eine „geschichtete Gemeinschaft", eine Hierarchie der Stände, Klassen und Schichten, eine staatlich-patronale Wirtschaftsordnung – bis heute – und ein präsidialdemokratischer Zentralismus charakteristisch. Dies hat den kommunikativen Stil der Franzosen geprägt und beeinflußt ihre Antwort auf die Auswirkungen eines globalen Wirtschaftssystems.

Modernisierung und Einschnürung

Erst nach dem zweiten Weltkrieg entwickelte sich Frankreich neben den Vereinigten Staaten, Deutschland und Japan zu einer der vier einflußreichen Industriestaaten. Die Weichenstellung wurde mit der Gründung der Verwaltungshochschule Ecole Nationale d'Administration (ENA) vorgenommen. Das Wirtschaftssystem wurde mit stark steuernden Strukturen versehen, der staatlichen Planifikation. Auf dieser Basis entstand eine die französische Wirtschaft dominierende Staatsindustrie. Gleichzeitig wurde die allgemeine Sozial- und Krankenversicherung erneuert und ausgebaut. De Gaulle leitete seit 1958 die technischen Innovationen ein, die Frankreich den Anschluß an die internationale Entwicklung sicherte. Dazu gehörten die ersten Atomkraftwerke und die Vorläufer der Ariane-Rakete. Ziel war es, Frankreich eine internationale Unabhängigkeit und den Status einer Großmacht, in Abgrenzung von und in Konkurrenz mit den Vereinigten Staaten, zu sichern. In Folge dieser Innovationen entwickelte sich seit den sechziger Jahren eine im Vergleich zu Deutschland konkurrenzfähige Marktwirtschaft, die mit dem Zentrum Lyon ein eigenständiges Selbstbewußtsein gewinnen konnte.

Nach wie vor gestaltet aber die Pariser Zentrale die makro-ökonomische Ausrichtung und die regionale Wirtschaftsplanung. Die frühere zentralstaatliche Ordnung, die auf der administrativen Gliederung in 95 Departements aufbaute, wurde durch die Schaffung von neun Regionen nicht überwunden. Während die Präfekten in den Departements die Macht der konservativen Staatsverwaltung darstellen, werden die neuen Regionen durch das politische Personal der Sozialisten beherrscht. Auf beiden Ebenen dominiert die Pariser Zentrale. Diese entscheidet, welche Regionen in welcher Weise wirtschaftlich gefördert werden und verursacht damit zum Teil folgenreiche ökonomische Verzerrungen. So kann eine Industrieentwicklung im Süden Frankreichs gefördert werden, ohne daß dabei berücksichtigt wird, daß dadurch gut auf dem Markt bestehende Unternehmen in anderen Regionen die Existenzgrundlage genommen wurde, zum Beispiel im Elsaß.

Die merkantilistische französische Wirtschaft wird immer noch durch eine Überbetonung der technischen Qualität von Produkten und der geringen Berücksichtigung ihrer wirtschaftlichen Absatzfähigkeit geprägt. Ist das Ingenieurwissen in den großen staatlichen und privatwirtschaftlichen Unternehmen überragend vertreten, so litt darunter die Facharbeiterqualifikation und die anwendungsbezogene Fertigung. Dieser Mangel wurde erst schrittweise in der Automobilindustrie, durch Kooperationen mit anderen Herstellern, beseitigt.

Die ökonomische Krise der achtziger Jahre zeigte, daß französische Produkte mit der Qualität der deutschen nicht mehr konkurrieren konnten. In Krisen erzielen solche Branchen Einbrüche, die mit technologisch fortgeschrittenen Ländern Handel treiben. Lediglich die Abnehmer aus der dritten Welt, die preisbewußt sein müssen und unter Umständen von französischen Krediten abhängig sind, bleiben in dieser Situation den französischen Produkten treu.

Das chronische Unbehagen der Franzosen

Der französische Parlamentarismus und damit die vielgerühmte französische Demokratie sind ebenso den zentralstaatlichen Imperativen untergeordnet. Das Parlament und die Verbände haben in diesem System keine entscheidende gestaltende Rolle. Man spricht von einem „rationalisierten Parlamentarismus", der es seit der Verfassung der V. Republik einer Regierung erlaubt, auch ohne eine parlamentarische Mehrheit im Amt und regierungsfähig zu bleiben. Daraus resultiert eine relativ hohe Politikverdrossenheit in Frankreich, die mit einer Abwendung von der Politik und einer lethargischen Hinnahme dessen gepaart ist, was die Zentrale beschließt. Den Gesetzen fehlt in der Regel die sie stützende Umsetzung der gesellschaftlichen Prestigegruppen. Eruptive Ausbrüche, Streiks, und die Hinnahme und Umgehung von Gesetzen der Bürger passen dabei in das Gesamtbild. Im Vergleich zu den parlamentarischen Demokratien in Deutschland, Niederlanden, Schweiz und Großbritannien weist das politische System Frankreichs eine fortdauernde autoritative Struktur auf. Diese Struktur hat sich einerseits aus der erwähnten Form des französischen Zentralismus ergeben; sie wurde andererseits, aufgrund der wirtschaftlichen und militärischen Schwäche gegenüber dem Nachbarn im Osten, seit dem deutsch-französischen Krieg 1970/71, ausgebildet.

Bis heute ist es eine der entscheidenden Fragen in Frankreich, welchen Rang die französische Nation in ihrer Beziehung zu anderen Nationen einnimmt. Dies erklärt das Programm französischer Spitzenpolitiker, das sich folgendermaßen zusammenfassen läßt: Deutschland gegenüber gleichwertig und konkurrenzfähig zu sein. Diese Ausrichtung wird durch globale Märkte noch weiter verstärkt. Die Gleichwertigkeit bezieht sich auf eine herzustellende wirtschaftliche Effizienz. In politischer und kultureller Hinsicht könnte Frankreich dann zusätzlich seine Autorität in die Waagschale legen, um dadurch eine neue und sei es auch nur kulturelle, Hegemonialmacht zu werden. Dies belegt ihr Interesse daran, die Anglizismen in der französischen Sprache zurückzudrängen sowie den Anteil der Einfuhr von amerikanischen Spielfilmen zu begrenzen. Dabei können sich die heutigen Politiker Frankreichs durchaus auf die universalistische Wirkung der „Civilisation francais" verlassen, wie sie von De Gaulle reformuliert wurde: „Frankreich ... erscheint in der Welt wieder ... als eine Nation. Es spricht auch wieder, wie schon immer, im Namen der Menschheit, im Namen des Wohls aller Menschen ... und seine Stimme erhebt sich heute in diesem Sinne." Im Unterschied zu Deutschland in seiner Entwicklung bis zum ersten Weltkrieg hat sich Frankreich nicht als eine Kulturgemeinschaft verstanden, sondern *La France* ist der französische Staat, mit dem sich jeder Franzose identifiziert. Entgegen der europäischen Rhetorik der französischen Politik, aber durchaus nicht inkonsistent mit ihrer Orientierung, verbleiben die meisten französischen Bürger und Schüler nationalstaatlich eingestellt. In Frankreich wird nicht von der EG, sonder von der Europäischen Wirtschaftsgemeinschaft EWG gesprochen. An Europa sind die Leistungen interessant, die Frankreichs vorrangige Bedeutung demonstrieren, damit seine Rolle als eine politikbewußte Wirtschaftsmacht. Daran hat sich bis heute wenig geändert.

Die „Europäische Union" ist auch eine französische Strategie zur Eindämmung des östlichen Nachbarn. Die Leistungen, die Frankreich für das geeinte Europa übernehmen möchte, bestehen in einer Ausbreitung der französischen Kulturnation über den nationalen Rahmen hinaus. Dazu gehört eine Abwehr des japanischen und amerikanischen globalen wirtschaftlichen Anspruchs. Neben dieser Abwehr tritt eine kritische Sicht gegenüber der moslemischen Einwanderung in die europäische Gemeinschaft, gemischt mit einem Anspruch auf eine europäisch-französische Mission, die eine Distanz zu den außereuropäischen Kulturen aufbaut. Dies gilt insbesondere für die traditionell staatstragenden Eliten. Die in dieser Kulturperspektive zutage tretende Idee „Europa" enthält einen französischen Führungsanspruch, den Frankreich nicht ablegen könnte, selbst wenn es dies wollte. Zu stark sind die Traditionsgehalte der französischen Kultur und die prägende Wirkung von Sprach- und Denkstilen, als daß ein wirklicher Pluralismus im französischen Denken Platz finden könnte. Vielmehr sucht, wie Rovan meint, Frankreich nach einem Europa, „das sich nach französischen Vorstellungen und unter französischer Führung aufbaut, in dem die übrigen Europäer sich selbst französisieren, sich zu Wahlfranzosen machen, ein Europa, das sich ... als ein Großfrankreich konstituiert, freiwillig und nicht gezwungen, wie zu Napoleons Zeiten" (K. Schubert: 1989). Die Konfrontation mit diesem Anspruch bleibt eine dauerhafte Irritation der kleineren Staaten Europas.

Frankreichs Antwort auf die Globalisierung

Das Grundproblem der Antwort auf ein globales Wirtschaftssystem betrifft in Frankreich die paternale Organisation der Wirtschaft und die spezifische Art der Elitenselektion. Frankreich fällt strukturell die Adaptation an dynamische Prozesse schwer. Dazu trägt die Dominanz der französischen Kultur im Hinblick auf die Pflege der Sprache, Bildung und Rhetorik bei, an der die Eliten orientiert sind und die sich wieder neu formiert hat. Die französische Gesellschaft bleibt im Unterschied zur deutschen, britischen und italienischen vergleichsweise undurchlässig. Der „diskrete Charme der Bourgoisie" ist dort nach wie vor eine soziale Realität. Zwar fand nach dem zweiten Weltkrieg eine Öffnung des Bildungssystems statt, sie führte im Fortgang aber, im Unterschied zu Deutschland, zu keiner Beseitigung der traditionellen Privilegien. Andererseits entstehen zunehmend Spannungen zwischen den traditionell staatsnahen Eliten, denen im französischen Zentralstaat eine Richtlinienkompetenz zukommt und den neuen Wirtschaftseliten, die sich von den politischen Eliten nicht mehr bevormunden lassen und ihnen ihre Achtung entziehen.

Von der Anlage her neigt die französische Gesellschaft zu Problemansammlungen, die dann eruptiv ausbrechen und keiner dynamischen Lösung zugeführt werden. Die Problemlösungsstrategien bestehen in der Ausbildung von professionellen Orientierungen und der Weitergabe der zu lösenden Aufgaben an die zentralistischen Verwaltungsorganisationen. Für diese Strategie ist zum Beispiel die Neugründung eines koordinierenden Wirtschaftministerium charakteristisch. Typisch ist der Streik der Mitarbeiter der öffentlichen Dienste im Herbst 1995, in dem sie ihre Besitzstände verteidigten. Die Freiheit des wirtschaftlichen Wettbewerbs hat in Frankreich kaum Anhänger gefunden. Insofern wird zu erwarten sein, daß Frankreich technokratisch und mit Elitebildung und nicht adaptiv und pragmatisch auf die Herausforderungen einer globalen Wirtschaft antworten wird. Das belegt die Karriere und Auswahl der französischen Politiker in Brüssel. Entscheidend werden die Entwicklungen sein, die in der Beziehung zwischen den neuen Wirtschaftseliten und den Traditionseliten eintreten. Es ist nicht auszuschließen, daß die neuen Eliten mit den deutschen, aber auch britischen kooperieren und dadurch in Frankreich den Interessenverbänden ein größeres Gewicht zukommen wird. Damit könnte langfristig auch der französische Zentralismus und die Planifikation des Staates unterhöhlt werden. In diese Richtung verweisen auch die wirtschaftlichen und technologischen Kooperationen mit den übrigen Europäern. Informativ ist in diesem Zusammenhang, daß im Europavergleich bei Franzosen ein hoher Permissivitätswert erhoben wird, die Bereitschaft, Gesetze nicht einzuhalten ist durchgängig weit verbreitet. Dies könnte eine solche Entwicklung stützten. Insgesamt wird man festhalten müssen, daß auch Frankreich, vergleichbar Deutschlands, in Zukunft um eine Deregulierungspolitik nicht umhinkommen wird. Mit keynesianischen Beschäftigungsprogrammen wird kein „Staat mehr zu machen sein".

Das Überlebenssystem Italien

Ein stabiler Nationalstaat, wie der italienische, wird nicht darauf verzichten, bei dem sich entwickelnden gemeinsamen Europa seine Interessen ins Spiel zu bringen. Für Italien ist der Einstieg in das europäische Wirtschaftssystem die Antwort auf Globalisierung. Dies gilt in einem erhöhten Maß in einer globalisierten Weltwirtschaft, da Europa für Italien die Chance bietet, seine wirtschaftlichen Defizite zu beseitigen. Der Schritt wird nicht ohne Opfer und sich verschärfende soziale Konflikte möglich sein. Aus der Perspektive der kulturellen Orientierungen der Italiener, sollten wir demgegenüber von einer anderen Situation ausgehen. Insbesondere die für Italiener typische Einstellung eines offenen lebensweltlichen Stils, einer starken Betonung des Familiären, sowie der demonstrativen Zuschaustellung südländischen Lebensgefühls sind unverwechselbare Kulturmuster, die sich keinem gesamteuropäischen Stil unterordnen werden. Im Unterschied dazu wird die stark visuell geprägte Kultur Italiens nicht durch eine politische Kultur repräsentiert, die ähnlich überzeugend wirkt.

Italiens Weg in die Moderne

Obwohl der italienische Nationalstaat durch eine unverwechselbare Einheit oberhalb der italienischen Vielfalt etabliert ist, haften der Staatsorganisation konfliktreiche und defizitäre Züge an, die einerseits nicht leicht zu verstehen sind, andererseits sich nicht als Vorbilder in gesamteuropäische Handlungszusammenhänge übertragen lassen. Der italienische Nationalstaat ist genauso spät wie der deutsche – in den sechziger Jahren des vergangen Jahrhunderts – entstanden. Die Schwierigkeiten der internen Integration dürften noch wesentlich größer gewesen sein als in Deutschland nach 1871. Waren in Deutschland unterschiedliche Stämme und Dynastien zu integrieren, so hatten in Italien bis zur Gründung des Staates 1860, ausländische Dynastien die Vorherrschaft. Die Lombardei wurde von Österreich beherrscht, Süditalien von den Bourbonen und spanische Dynastien verfügten über einen erheblichen Einfluß. Der Kirchenstaat wurde zudem im Prozeß der Gründung eines säkularisierten Gemeinwesens zum Feind der italienischen Einigung. Erst mit der Niederlage Napoleon III. gegen die verbündeten preussischen und süddeutschen Streitkräfte wird der Papst so geschwächt, daß es König Viktor Emanuel wagte, den Kirchenstaat zu besetzen. Dieser Schritt hatte weitgehende Auswirkungen auf die italienische Politik, denn der Papst verdammte die Moderne und verbot den Katholiken die Teilhabe an den demokratischen politischen Institutionen. Dadurch wird das liberale Parlament, das nach dem Zensuswahlrecht zusammengesetzt war – es repräsentierte 1,9 Prozent der Bevölkerung – von Anfang an gezwungen, sich insgeheim und indirekt der katholischen Unterstützung zu versichern. Innerhalb des italienischen Liberalismus bilden sich recht bald zwei Koalitionsblöcke heraus, die „Destra" und die „Sinistra", die mit wechselnder Unterstützung katholischer Kräfte regierten und Italien bis zum ersten Weltkrieg führten. Die Entwicklung einer einheitlichen Sprache und die Modernisierung Italiens, insbesondere mit Unterstützung von deutschen Banken, erfolgte in einem beachtlichen Tempo.

Dennoch entsteht frühzeitig die regionale Dreiteilung Italiens, die bis heute weiter besteht: der industrialisierte Norden, der handwerklich bestimmte und auf bürgerlichem Besitz basierende mittlere Teil, die Toskana und die Emilia Romana, sowie der durch Großgrundbesitz und von stagnierenden Entwicklungen charakterisierte Süden. Die sich vor und während des ersten Weltkrieges entwickelnde Arbeiterbewegung ist ursprünglich anarchistisch, später sozialistisch und in ihrer Ablehnung des italienischen Staates durch eine langanhaltende Feindschaft gegenüber dem Vatikan geprägt. Dieser verfügte in Mittelitalien über die Oberhoheit und wurde vom Bürgertum und der Arbeiterschaft als eine verhaßte Herrschaft erlebt. Während die Arbeiterpartei bis in unsere Zeit hinein nicht mit dem italienischen Staat versöhnt war, gründeten die Katholiken erst 1919 ihre erste politische Partei. Zu diesem Zeitpunkt war es für einen funktionierenden Parlamentarismus in Italien bereits zu spät. Das machiavellistische Spiel der jeweiligen Parlamentsmehrheit, sich geheime Unterstützung bei Katholiken oder anderen wichtigen gesellschaftlichen Gruppierungen zu verschaffen, wurde bereits damals von der Bevölkerung als Korruption aufgefaßt. Die drohende Niederlage im ersten Weltkrieg nach dem Zusammenbruch der italienischen Front eröffnete die Möglichkeit für eine erste moderne nicht-parlamentarische Regierungsform in Europa, den italienischen Faschismus unter Mussolini.

Der Neuanfang als Fortführung des Alten

Als die italienische Politik sich nach 1945 neu formieren mußte, entschied die verfassungsgebende Versammlung, daß Italien eine „fortschrittliche Demokratie" werden sollte. Die Entwicklung verlief jedoch in eine andere Richtung. In der Nachkriegszeit wurde die Partei des politischen Katholizismus, die „Democrazia Cristiana" (DC), zur dominierenden Gruppe, die von 1948–62 alleine, danach, bis zu ihrer Auflösung, in verschiedenen Koalitionen, regierte. Durch diese Kontinuität der Wahrnehmung von politischer Verantwortung der DC entwickelte sich nach dem zweiten Weltkrieg in Italien eines der stabilsten politischen Systeme in Europa. Diese Darstellung steht im Konflikt zu den Einschätzungen, die irritierte ausländische Beobachter abgeben. Die häufigen Regierungswechsel in Italien sind nicht als eine Schwäche des politischen Systems zu deuten, sondern als ein inneritalienischer *Funktionsmechanismus*, um die Machtkonstellationen in der italienischen Politik zu repräsentieren.

Die italienische Politik setzt in einem gewissen Sinne die Tradition der vorfaschistischen Epoche fort. Man bezeichnet das System als „Transformismo". Der Begriff besagt, daß die Kräftekonstellation in Politik und Gesellschaft differenziert in den Machtpositionen der jeweiligen italienischen Regierung dargestellt werden. Das bedeutet, daß die zirka 20 Correnti (Strömungen) in der ehemaligen DC und natürlich die Interessen der Koalitionspartner in der Regierung zu repräsentieren sind. In einem solchen System kann dem Ministerpräsidenten keine starke Stellung zukommen. Die italienische Regierung verfügt über 28 Minister und eine Fülle von Staatssekretären, deren Arbeit der Ministerpräsident vorsteht. Dieses System ist als spezifische Form des italiensischen „Klientelismus" zu fassen, denn die Correnti innerhalb der DC waren fast ausnahmslos klientelistisch organisiert. Dabei muß man in Italien zwischen zwei Formen des Klientelismus unterscheiden, einmal dem bürokratischen Massenklientelismus, der die legale Seite des politischen Systems ausdrückt und dem illegalen Klientelismus, der insbesondere die politischen Austauschprozesse Süditaliens bestimmt.

Diese Struktur ist so dominant, daß der italienische Föderalismus dadurch bestimmt wird, das heißt die 20 italienischen Regionen verfügen über wenig eigenständige politische Macht. Der Klientelismus bewirkt ein recht „gut" integriertes politisches System, das in hohem Maße fragmentiert und im Normalfall nicht sonderlich leistungsfähig ist. Seine Innovationskraft ist gering, desgleichen seine Legitimation in der italienischen Bevölkerung. Dadurch erhält das System eine hohe Überlebensfähigkeit und eine nicht zu unterschätzende Stärke bei außergewöhnlichen Aufgaben. Die Merkmale der normalen Korruption haben die politischen Institutionen Italiens so geprägt, daß diese dem spezifischen italienischen Terrorismus seit Ende der sechziger Jahre mit vielen extra-legalen Strategien begegnen konnten, ohne dadurch in der italienischen Öffentlichkeit entlegitimiert zu sein, zum Beispiel konnten Terroristen freigelassen werden, wenn sie Verrat begingen. Eine bekannte Äußerung von Italienern ist: „Bei uns sind sie alle korrupt, vom Schriftsteller, bis zum Politiker, vom Intellektuellen bis zum Geistlichen" und das ist in diesem Fall durchaus funktional.

Defizite und wirtschaftliche Innovation

Das italienische Modell ist als System-Überlebensmodell gut geeignet. Bei Problemlösungen innovativer oder technisch-effizienter Art operiert es schnell in den unteren Grenzbereichen. Dies wird sich nicht mittelfristig ändern. Wirtschaftliche Entwicklung wird nur durch die Dynamik des europäischen Binnenmarkts und seiner globalen Vernetzung für die italienische Wirtschaft zu erwarten sein. Insbesondere drei *Strukturdefizite* charakterisieren die italienische ökonomische Infrastrukturplanung.

1. Das erste Strukturdefizit besteht in einem rückständigen und veralteten öffentlichen Beschaffungssystem. Öffentliche Beschaffungsaufträge werden kurzfristig und unregelmäßig abgeschlossen und verfahren nach dem Gießkannenprinzip, ohne Berücksichtigung der Leistungsfähigkeit der beauftragten Firmen. Dadurch wachsen den staatlichen Beschaffungsagenturen keine Zielerreichungsfähigkeiten zu.

2. Das zweite Strukturdefizit besteht in dem unterentwickelten italienischen Kapitalmarkt. Insbesondere vernachlässigt dieser die mittelständischen Industrie. Die Mailänder Börse vertritt weniger Aktiengesellschaften als etwa die Madrider, Pariser oder Londoner Börse.

3. Das dritte Strukturdefizit besteht in der Anlage der staatlichen Industriepolitik, die ihren Wirtschaftsinterventionismus danach bemißt, was sie selbst leisten kann und nicht daran, was im industriellen Sektor vonnöten wäre. So sind das Patentsystem, die technischen Standards und das offizielle Lizensieren von Endprodukten nicht auf dem Stand der hochentwickelten Industrienationen.

Die italienische Industrie selbst erreichte ihren Tiefpunkt in den siebziger Jahren. Seit den achtziger Jahren holte sie durch die Herstellung von langlebigen Konsumgütern und bei „weißen Hausgeräten" auf. Die Fähigkeiten der mittelitalienischen Handwerkskultur sorgte seitdem dafür, daß durch die Qualität der Produkte, durch ihre Diversifikation, ihr Design (Mode) und durch das Image der Markenartikel, das italienische Angebot wieder auf dem Weltmarkt führend wurde.

Die italienische Wirtschaftselite zog die Konsequenzen aus der seit den siebziger Jahren beginnenden Krise der Massenproduktion und stellte sich auf eine „flexible Spezialisierung" um. Neben dem klassisch industriell erfolgreichen Norden Genua, Turin und Mailand, entstand zwischen Venedig, Bologna, Florenz und Ancona ein Wirtschaftsgebiet mit einer spezialisierten Angebotspalette: Strickwahren in Carpi, Spezialmaschinen in Parma und Bologna, Keramik in Sassuolo, Textilien in Como und Prato, landwirtschaftliche Werkzeuge in Reggio Emilia, Hydraulik-Zubehör in Modena, Schuhe, Plastikgeschirr, Küchenzubehör und elektronische Musikinstrumente in Ancona. Im Unterschied zur politischen Kultur Italiens ist seine Wirtschafts- und Industriekultur leistungsstark und klassisch-kosmoplitisch. Hier liegt das Paradox vor, daß die staatliche Politik den Bereich der Wirtschaft, der am leistungsstärksten ist, nämlich den Mittelstand, am meisten vernachlässigt.

Das Bündnis für Arbeit der italienischen Regierung 1996 konnte an der Grundsituation wenig ändern. Ziel war eine gesetzliche Verringerung der Arbeitszeit von 48 auf 40 Stunden, Anreize für Existenzgründungen und Steuervorteile für die Einrichtung von zusätzlichen Arbeitsplätzen. Die Haushaltslage der italienischen Regierung verhinderte ihrerseits die Finanzierung von Leistungsanreizen. Die Situation am Arbeitsmarkt konnte deshalb nicht entspannt werden. Auch in Italien könnte nur eine Deregulierung und eine Reform der Sozialleistungen die programmierte strukturelle Arbeitslosigkeit verringern. Es ist damit zu rechnen, daß die erforderlichen Umstrukturierungen nicht in großen Schritten angegangen werden. Der italienische Arbeitsmarkt wird weiter zu stark reguliert sein. Es gibt keine untertariflichen Einstiegslöhne für Langzeitarbeitslose und Berufsanfänger. Zudem ist damit zu rechnen, daß befristete Arbeitsverträge und Teilzeitarbeit nicht schnell durchsetzbar sind. Das Mezzogiorno wird auf nicht-absehbare Zeit ein Sorgenkind bleiben und durch den italienischen Finanzausgleich und den Haushalt der Europäischen Union subventioniert werden müssen. Als Erfolg können die Italiener allerdings verbuchen, daß sie, trotz Vorbehalte gegenüber der Kontinuität ihrer stabilitätspolitischen Maßnahmen, nach dem Gutachten der europäischen Zentralbank die Hürde zum Euro genommen haben. Damit haben sie mit einem Schlag eine Währungsreform, die sie seit 30 Jahren immer wieder vergeblich durchzuführen beabsichtigten. Die Anzeichen sprechen dafür, daß die politischen – und Wirtschaftseliten bereit sind, die begonnene Stabilisierung des Staatshaushaltes fortzusetzen. Dies ist unumgänglich, denn nur durch die Vollintegration in das europäische Wirtschaftssystem wird Italien auf die Globalisierung antworten können.

Großbritannien zwischen Tradition und Modernisierung

Das englische Kulturmuster läßt sich am besten als Kompromiß zwischen *Tradition* und *Modernität* charakterisieren. Die gesellschaftliche Gemeinschaft Großbritanniens ist von der Anlage her zwar im Grenzbereich durchlässig, aber im harten sozialen Kern ständisch differenziert. Die Teilnahme an ihr ist durch eine konventionalisierte Kommunikation geregelt. Nicht zufällig ist der „Gentleman" der soziale Prototypus des britischen Lebensstils. Das politische System war bis zu dem Regierungsantritt von Magret Thatcher an einem sozialen Kompromiß orientiert. Ziel dieses Kompromisses war der faire Anteil an dem erwirtschafteten Wohlstand bei gleichzeitiger Akzeptanz einer Hierarchie im Bildungssystem und der ständisch geordneten gesellschaftlichen Gemeinschaft. Die Akzeptanz von Autorität war für die englische Gesellschaft niemals ernsthaft umstritten. Dieser Kompromiß, der während des zweiten Weltkrieges verstärkt wurde, war zudem mystifiziert durch die einzigartigen Beiträge, die Großbritannien durch seine politische und industrielle Revolution für die Herausbildung der modernen Gesellschaft erbracht hatte.

Ein selbstgenügsamer Weg

Größte Industrienation im späten 18. und 19. Jahrhundert, Weltmacht aufgrund seiner Vorherrschaft auf den Meeren und das stabilste Kolonialreich in der modernen Geschichte zu sein, war für Großbritannien so selbstverständlich, daß ein soziales oder politisches Lernen von Erfahrungen anderen Gesellschaften nicht in seinem Horizont des Möglichen auftauchte. Ähnlich wie in Frankreich hat die politische Kultur Großbritanniens einen selbstgenügsamen Weg eingeschlagen, der stark kulturelle Ausprägungen begünstigte, den *British Way of Life,* der allerdings kritisches Lernen über die eigenen Schwächen eher nicht fördert. Bis heute allerdings können die Werte eines pragmatischen Rationalismus, der parlamentarischen Demokratie und der Orientierung an einem Common Sense als vorbildlich gelten. Hinsichtlich dieser Fähigkeit, sich an Prinzipien und Konsequenzen zu orientieren, diese parlamentarisch zu erörtern und umzusetzen, hat Großbritannien heute noch Vorbildcharakter, insbesondere für spätentwickelte Demokratien, die zu einer Werteabstinenz neigen wie die Bundesrepublik Deutschland. Diese anhaltende Modernität der britischen politischen Kultur wurde durch den entschlossenen Kampf gegen Deutschland im zweiten Weltkrieg stabilisiert und hat dazu geführt, daß ein britisches „Wir-Gefühl" in den Umbrüchen des 20. Jahrhunderts nicht verloren ging. Diese Orientierung der britischen Gesellschaft neigt bei nachgeordneten wirtschaftlichen Problemlagen allerdings auch leicht zu Feindprojektionen. Die Darstellungen des deutschen Einigungsprozesses, insbesondere die Sichtweise der Premierministerin Margaret Thatcher, sind ein offensichtlicher Beleg für die Schwäche einer eigenzentrierten, politischen Kultur. Die Eigenzentrierung hatte allerdings nicht im politischen, sondern im wirtschaftlichen Bereich Defizite zur Folge, die sich nach dem Zweiten Weltkrieg dramatisch auswirkten. Die Stellung und Bedeutung Großbritanniens als Handelsnation und als Finanzzentrum hat die Regierungen seit dem Ende des letzten Jahrhunderts daran gehindert, auf die industrielle Stagnation und Rückständigkeit gegenüber den Vereinigten Staaten und Deutschland innovativ zu reagieren. Schon in den neunziger Jahren des 18. Jahrhunderts, also vor dem ersten Weltkrieg, beginnt in Großbritannien eine wirtschaftliche Stagnation. Das parochiale Industriesystem mit seinen dezentral agierenden Gewerkschaften konnte mit der Dynamik der Weltwirtschaft nach 1945 – trotz eines Aufschwunges – nicht Schritt halten. Zu spät versuchte man in den siebziger Jahren von den Deutschen zu lernen.

Das Ende des Nachkriegskonsenses

Als Margaret Thatcher 1979 die Regierung antrat, war es ihr Ziel, die englische Gesellschaft grundsätzlich zu modernisieren. Ihr Ausspruch „There is no alternative" wurde von der Mehrheit der Bürger akzeptiert, obwohl daraus für viele harte Einschnitte folgten. Dies führte zu einer Aufkündigung des Nachkriegskonsenses in der britischen Gesellschaft. Solange nicht die Sonderstellung des britischen Pfundes und die Orientierung an einer Vollbeschäftigung aufgegeben wurde, waren die wirtschaftspolitischen Strategien darauf beschränkt, die Lohnforderungen zu steuern, um inflationäre Auswirkungen aufzuhalten. Die Bemühungen der Labour Party und der Konservativen in der Ausübung der Regierungsverantwortung hatten in den sechziger und siebziger Jahren darin keinen Erfolg. Da sich die Labour Party in den achtziger Jahren radikalisierte, hatte Margaret Thatcher ihrerseits eine gute Chance, sich gegen deren unrealistischen Zielsetzungen zu behaupten. Sie wich von jeglicher ständischen Bevorzugungs- und Besitzstandserhaltungspolitik ab und führte ein konsequentes Leistungsprinzip bei der Modernisierung der rückständigen und ineffektiven Industriezweige ein. Sie brach die Macht der Gewerkschaften, ließ veraltete Industriestrukturen absterben, förderte gezielt Zukunftsindustrien und zukunftsweisende Berufsgruppierungen. Dies schuf, zusammen mit den Ölvorkommen in der Nordsee, den Gewinnen der City London und den Investitionen des Auslandes, eine hinreichende wirtschaftliche Basis, um die südenglische Region, einschließlich des Londoner Finanzzentrums, zu einer leistungsstarken weltwirtschaftlichen Region durch neue Standorte und Investitionen für Kommunikationsindustrie, Luft- und Raumfahrt und Dienstleistungen zu entwickeln. Die klassischen Industrieregionen und Teile Schottlands wurden im Zuge dieser Entwicklung wirtschaftlich abgewertet.

Die eingeleiteten Maßnahmen waren im Kern notwendig und sind nicht mehr umstritten. Zwar geriet die englische Wirtschaft seit Ende 1989 wieder kurzfristig in eine Krise, der Gesamterfolg der von Margaret Thatcher eingeleiteten Wirtschaftspolitik hat sich seitdem dennoch bestätigt. Anders als seine Vorgängerin suchte der Premierminister John Major eine engere Verbindung zur EG und insbesondere zu Deutschland. Jedoch war er darin immer halbherzig, und konnte es nicht vermeiden, daß sein Kabinett eine immer entschiedenere antieuropäische Position einnahm. Daran konnte er selbst mit seiner Fähigkeit zu einem geschickten Unterhändler nichts ändern. Er hielt im Grunde die englische Wirtschaft noch nicht für hinreichend konkurrenzfähig, um gleichwertig im Währungsverbund mit den wirtschaftlichen Großmächten der EG, Deutschland, Frankreich und Italien mithalten zu können. Der Ausstieg des britischen Pfunds im September 1992 aus dem Wechselkursmechanismus des Europäischen Währungssystems EWS führte dazu, daß sich Majors Parteifreunde von ihm abwandten. Die Tory-Presse sah sich in ihren Vorbehalten gegenüber dem Euro dadurch bestätigt und ein nicht entscheidungsfähiger Regierungschef konnte dem nicht viel entgegensetzten.

New Labor: Ein Sieg Margaret Thatchers

Der Sieg Tony Blairs im Mai 1997 war ein Ergebnis des Verschleißes der Tory-Politik, die fast 20 Jahre regierte. Skandale und der Streit um die Europapolitik trugen sicher zu der Unpopularität von Major bei. Die Erfolge der Wirtschaftspolitik, eine positive Wirtschaftsbilanz und ein Rückgang der Arbeitslosigkeit konnten seinen Akzeptanzverlust nicht verhindern. Major trug jedoch nach seinem Wahlsieg von 1992 dazu bei, daß sich die Thatcher-Reformen weiter verbreiteten. Er privatisierte weitere staatliche Versorgungsbetriebe und liberalisierte öffentliche Dienstleistungen, wie das Schul- und Gesundheitswesen. Damit hatte er mit daran Anteil, daß die Labour Partei zu einer „New Labour" wurde, welche die wirtschaftlichen Innovationen nicht mehr in Frage stellte.

Das Votum für Blair sollte als eine Absage und nicht als eine Bestätigung der traditionellen linken Politik gedeutet werden. Sein Erfolg war keiner der Ideologie, sondern des Muts zur Modernisierung. Die Labour-Partei wird jetzt von den durch Magret Thatcher eingeleiteten Innovationen profitieren. „New Labour" wird eine konservative und ökonomisch innovative Politik betreiben. Sie wird dennoch eine stärkere europäische Orientierung entwickeln, obwohl sie europaskeptisch eingestellt ist. Wirtschaftlich ist Europa für Großbritannien nicht strittig, 60 Prozent des Exports werden in die europäische Gemeinschaft abgesetzt, es ist trotzdem nicht zu erwarten, daß es sich politisch an der Europäische Union ausrichten wird. Das Verständnis solcher Zusammenhänge fällt den übrigen Europäern – vielleicht weniger den Franzosen – in der Regel schwer.

Schon jetzt kann festgehalten werden, daß die wirtschaftlichen Eliten Großbritanniens im letzten Jahrzehnt durch ein konsequentes Leistungsdenken ausgewählt wurden und in ihrer Zusammensetzung egalitärer sind als irgendeine englische Wirtschaftselite zuvor. Die Offenheit gegenüber dem rationalen ökonomischen Prinzip sollte es gerade für deutsche Manager leicht machen, in sachlicher, kompetenter Weise mit den Engländern zu kooperieren. Freilich muß dabei berücksichtigt werden, daß trotz der modernen Wirtschaftsauffassung im neuen britischen Wirtschaftstil die traditionalen Tugenden englische Manager zu offen-rationalen und dennoch prinzipienfesten Charakteren gemacht haben. Wenn deutsche Manager ihre Flexibilität in Betracht ziehen und die Vorteile einer prinzipienfesten sowohl pragmatisch ausgelegten Position verstehen lernen, kann sich daraus eine äußerst effektive Kooperation entwickeln. Großbritannien hat sich im Zuge der Thatcher-Reform wirtschaftlich dynamischer als Deutschland entwickelt. Was Deutschland mit dem Euro erreichen will, hat Großbritannien durch radikale Wirtschaftsreformen erreicht. Der Sieger dieser Wahl ist eigentlich Margaret Thatcher.

Tony Blair ist nicht nur den Schritt zu einer „New Labour" gegangen, sondern er hat sogar die grundsätzliche Veränderung des Sozialstaates zur Chefsache erklärt. Dies wird auch innerhalb seiner Partei kein konfliktfreier Schritt sein. Im Unterschied zu den sonstigen europäischen Sozialdemokraten hat er damit auf die durch Globalisierung veränderten Konstellation mit Innovation reagiert. Damit soll nicht nur den wachsenden Kosten des Sozialstaates entgegengewirkt, sondern nach seinen Worten ein „Kernstück der Modernisierung Großbritanniens" bewältigt werden. Es ist nicht zufällig, daß zu seinen Beratern der englische Soziolge A. Giddens gehört. Ziel ist es, die soziale Unterstützung auf diejenigen zu beschränken, die sich gar nicht anders helfen können. Alle anderen soziale Gruppen wie jugendliche Sozialhilfeempfänger, alleinerziehende Mütter, auch Behinderte soll der Weg zu einem Shop vermöglicht werden. Dazu sind sowohl Beratung, Umschulung, Ausbildung als auch eine Betreuung der Kinder bereitzustellen. Diese Projekte sind bereits in den Vereinigten Staaten erfolgreich durchgeführt worden. Ziel ist ein für die englische Kultur und Sozialpolitik charakteristischer sozialer Kompromiß. Die Umstellung soll dahingehen, das Gesundheits- und die Alterssicherung zu privatisieren und weiter sollen allgemeine Studiengebühren eingeführt werden, um den Fiskus weiter zu entlasten. Das Programm hat und wird zu sozialen Konflikten führen. Man sollte jedoch dabei nicht vergessen: In Frustationstoleranz und Konfliktaustragung ist die englische Kultur und Gesellschaft eingeübt. Blair ist offensichtlich Willens, den Umbau des Sozialstaates durchzuführen und politisch durchzustehen. Im Jahre 1998 ist er nach den Umfrageergebnissen mit seinem Projekt immer noch populär.

Damit sind Voraussetzungen geschaffen worden, die es der britischen Wirtschaft leichter machen, sozusagen auf „zwei Beinen" zu stehen. Sie haben Anschluß an die globale Wirtschaft gefunden und werden andererseits, mit Vorbehalten und zurückhaltend, einen für sie zweckmäßigen wirtschaftlichen Anschluß an Europa beibehalten. Allerdings sollte man bei der Einschätzung englischer Politik immer berücksichtigen, daß Großbritannien in keinem Krieg besiegt und durch keine Art von destruktivem Nationalismus in seiner Existenz gefährdet wurde. Seine politische Identität entwickelte es als Beherrscher der Meere, nicht des Landes. Eine politische und kulturelle Orientierung an einem integrierten Europa wird ihm in nicht absehbarer Zeit fremd bleiben und es wird sich nicht genötigt sehen, sich dem Kontinent Europa politisch anschließen. Diese kulturelle Einstellung könnte sogar durch Globalisierung eher noch verstärkt werden.

Griechenland und die Beneluxländer

Bevor ich zu Deutschland übergehe, werfe ich einen kurzen Blick auf Griechenland und die Beneluxländer. N. Wenturis (1990) ist der Ansicht, daß Griechenland integrationshemmende Züge entwickelte, als es am 1. Januar 1981 der EG beitrat. Die Gründe dafür liegen sicherlich in der ökonomischen Schwäche einerseits und in der daraus ableitbaren ethnozentristischen griechischen Politik andererseits. Nationen, die wie Griechenland in ihrer territorialen Integrität und Souveränität über die letzten Jahrhunderte gefährdet waren, suchen in erster Linie ihren nationalen Nutzen zu mehren. Die europäische Gemeinschaft wird in Griechenland als merkantilistischer Überbau gesehen, der Vorteile für die eigene Wirtschaft erbringen soll. Von diesem Denken unabhängig, gibt es keine eigenständige europapolitische Perspektive. Griechische Politik ist durchgängig an der Eigenständigkeit der griechischen Nation orientiert, die immer wieder kleinhegemoniale Ansprüche gestellt hat, zum Beispiel im Zypernkonflikt. Das ist durch die Entstehung des griechischen Nationalstaates im Befreiungskampf gegen die Türken zu erklären. Eine solche Europaperspektive dürfte bei wirtschaftlich ähnlich strukturierten Ländern wie Spanien und Portugal vorherrschen. Sollte die EG sich nach Osteuropa ausweiten, dann dürfte Griechenland Beispielcharakter für diese Länder haben. Die griechische Regierung wird erhebliche Anstrengungen der Konsolidierung des Staatshaushalts vor sich haben, die unpopulär sind, wenn sie bei der Euro-Währung mit dabei sein will. Unvorteilhaft ist die Gesamtbelastung der zu erwartenden Altersversorgung, obwohl die Versorgung kapitalgedeckt ist. Ziel wird es sein müssen, fortlaufend Haushaltsüberschüsse zu erzielen. Positiv gestaltete sich aber in Griechenland die Inflationsrate, die von mehr als 20 Prozent (1990) auf 5,5 Prozent zurückgegangen ist.

Die Beneluxländer weisen sicherlich einen integrierteren Charakter auf und sind bereits weitgehend mit der deutschen Wirtschaft verbunden. Gerade diese hohe Stufe der Integration wird eine stärkere Berücksichtigung nationaler Identität zur Folge haben.

Belgien: Die geldpolitischen Maßnahmen seit der zweiten Hälfte der achtziger Jahre haben sich dort bewährt und zu einer Preisstabilität beigetragen. Positiv hat sich die Verringerung der Arbeitgeberbeiträge zur Sozialversicherung und die gedämpften Lohnerhöhungen ausgewirkt. Allerdings werden in den nächsten Jahren verstärkte Bemühungen geboten sein, um die Arbeitslosigkeit und die Schuldenlast abzubauen, das heißt die Arbeitsmärkte sind zu flexibilisieren.

Luxemburg: Das dort verwirklichte Bündel von politischen Entscheidungen, insbesondere die zur Wechselkurspolitik, hat dazu geführt, daß sich der Anstieg der Verbraucherpreise seit Anfang der 90er Jahre verlangsamt hat. Die Strategie der Fiskalpolitik, die Schuldenquote „niedrig" zu halten, wird voraussichtlich weiterhin erfolgreich sein. Im Falle Luxemburg handelt es sich um ein „kleines", „offenes" Wirtschaftsgebiet mit einem großen Handelsanteil mit seinen Nachbarländern – innerhalb der Europäischen Union 70 Prozent Ausfuhren und 74 Prozent Einfuhren. Es konnte deshalb immer einen hohen Leistungsbilanzüberschuß erzielen.

Niederlande: Großbritannien und die Niederlande haben sich in ihrer Antwort auf die globale Herausforderung am flexibelsten erwiesen. Davon hat der Arbeitsmarkt konjunkturell profitiert. Eine konsequente Stabilitätspolitik hat in den Niederlanden dazu geführt, daß die Inflationsrate niedrig blieb. Es wurden fortlaufend hohe Leistungsbilanzüberschüsse erzielt, die damit zusammenhängen, daß das Wirtschaftsgebiet mit seinen Nachbarländern eng verflochten ist, beispielsweise 78 Prozent Ausfuhren, 60 Prozent Einfuhren in die EU. Hinweise gibt es allerdings dafür, daß 1998 und 1999 die Inflationsrate steigen wird – auf etwa 2,5 Prozent. Vorteilhaft wird sich auswirken, daß es in den Niederlanden ein betriebliches Altersversorgungssystem mit einem Kapitaldeckungsprinzip gibt. Erforderlich sind zwar weitere Konsolidierungsfortschritte, die vorgenommene Weichenstellung läßt es aber erwarten, daß dabei Erfolge erzielt werden, die den Anforderungen des „Stabilitäts- und Wachstumspakts" entsprechen.

Die Frage, wie die politische und wirtschaftliche Vielfalt der Länder Europas zu einer funktionierenden wirtschaftlichen Einheit gebracht werden kann, scheint ingesamt der Dynamik der deutschen Wirtschaft zuzuwachsen. Hierin wird ihre auf sie zukommende Aufgabe bestehen. Von der Verallgemeinerungsfähigkeit der deutschen politischen Kultur, ihres Wirtschaftsstils und ihrer Antwort auf die Herausforderung von Globalisierung, das heißt ihrer Lernfähigkeit, wird es abhängen, welche Ausprägung der wirtschaftliche und politische Integrationsprozeß tatsächlich haben wird. Dies gilt nur unter der Voraussetzung, daß Deutschland in der Lage ist, sein keynesianisches Gesellschaftsmodell weitgehend zu innovieren. Das wird nur durch eine Deregulierungsoffensive möglich sein, die ihm erst noch bevorsteht.

Deutschland im Umbruch

Die Unfähigkeit der deutschen Eliten, ihrer Parteien und Verbände, sich der Herausforderung der Globalisierung zu stellen, vergleichen wir die Antwort auf die zu bewältigende Situation mit Großbritannien oder den Niederlanden, läßt sich für Außenstehende oft schwer nachvollziehen. Das Problem ist nicht die Thematisierung der Situation, sondern eine Unfähigkeit zu handeln. Sozusagen eine chronische Blockierung. Es hat sich eine Situation eingestellt, in der sich die Interessenverbände ständig gegenseitig blockieren. Erklärbar wird dies nur dann, wenn wir eine Antwort im Zusammenhang ihrer kollektiven Identität suchen, die sich nach dem zweiten Weltkrieg entwickelt hat. Ausschlaggebend ist dabei ihre Prägung durch den seit dem Ende der sechziger Jahre stattgefunden Wertewandel, der von den öffentlichen Medien und ihrer Eliten verwaltet wird. Die Auswirkungen des sogenannten Wertewandels unterscheidet sich von anderen westlichen Gesellschaften, zum Beispiel den Vereinigten Staaten, Großbritannien, den Niederlanden und Italien.

Die Grundkonstellation der deutschen Situation

Im Unterschied zu der Entwicklung der Gesellschaften Großbritanniens, Frankreichs und den Vereinigten Staaten hat es in der Entwicklung der deutschen Gesellschaft in die Moderne besondere Defizite und Verwerfungen, aber auch gleichzeitig gelungene Entwicklungen gegeben. Als Defizit ist in erster Linie die Rücknahme eines kulturellen Universalismus durch den Nationalsozialismus festzuhalten. Diese Fehlentwicklung ist wiederum nicht nur aus der mangelhaften Durchführung der politischen Demokratie und der Unterhöhlung der Demokratie durch die Eliten der Weimarer Republik zu erklären, sondern auch aus der europäischen Konstellation im Weltbürgerkrieg, der von Lenin 1917 erklärt wurde. Positive Entwicklungen lagen dagegen im Deutschen Kaiserreich in der ökonomischen und technologischen Modernisierung und dem modernen Wissenschaftssystem vor. Dabei handelt es sich um Modelle und Entwicklungen, die weltweit als Vorbild anerkannt wurden. Von daher lag es für die Entwicklungsperspektive der bundesrepublikanischen Gesellschaft nach 1949 nahe, die Defizite der deutschen Entwicklung zu beseitigen, und zwar bei gleichzeitiger Fortführung der tradierten fortschrittlichen Ausprägung der ökonomischen und technologischen Modernisierungsmodelle.

Innovation und Verwerfung: Ambivalenzen im Rückblick

Das deutsche Wirtschafts- und Industriesystem entstand als eine Antwort auf die englische industrielle Revolution. Ebenso wie das französische Wirtschaftssystem unter Napoleon I. wurde es als Antwort auf die Industrialisierung in Großbritannien entworfen. Während Frankreich allerdings, gemäß seiner Tradition, eine zentralstaatliche und merkantile Antwort fand, war das deutsche Territorium nach den napoleonischen Kriegen zentral-staatlich schwach entwickelt, also grundsätzlich föderal geordnet. In Deutschland versuchten die einzelnen Territorialstaaten, durch staatliche Förderung das Industrie- und Wirtschaftssystem anzukurbeln. Der preussische Staat sollte dabei eine Vorreiterfunktion erhalten. In der ersten Hälfte des 19. Jahrhunderts war Großbritannien die dominierende Wirtschaftsmacht. Eine wirtschaftliche Entwicklung war zum Teil nur durch Industriespionage möglich. Deutsche Handwerker und Gesellen, die in britischen Unternehmen tätig waren, prägten sich die Details von Maschinen ein oder fertigten heimlich

Blaupausen an. Der preussische Staat förderte die industrielle Entwicklung durch eine staatliche „Industriebank", die „Preussische Seehandlung", aus der später die Maschinenfabrik Borsig (Berlin) entstand.

Von Anfang an bestand die deutsche Antwort auf die britische industrielle Revolution darin, eine generalisierte technologische Kompetenz für die Herstellung von Maschinen zu entwickeln und die industrielle Basis durch Banken fördern zu lassen. Der Ingenieurunternehmer stand in Deutschland vor dem handwerklichen Meisterunternehmer. Mit der Gründung des Zollvereins und der allmählichen Verwirklichung eines deutschen Territorialstaates in der Mitte Europas erhielten die ersten Ansätze zur deutschen Industrialisierung einen Aufschwung. Staatlicher Eisenbahnbau und die Modernisierung des Militärwesens erwiesen sich zu Beginn der sechziger Jahre des vorigen Jahrhunderts als Lokomotive der industriellen Entwicklung. Der militärische Sieg über Frankreich, der die deutsche Einigung 1870–71 abschloß, war zugleich ein Beleg für die wirtschaftliche Überlegenheit des neuen deutschen Reiches gegenüber dem französischen Wirtschaftsmodell.

Frankreichs merkantilistisches Wirtschaftssystem hatte immer Industriebereiche, die für den Staat bedeutsam waren, gefördert, während in Deutschland die industrielle Entwicklung auf die Gesellschaft übergriff und sich dort breit entfalten konnte. Insbesondere war das System der deutschen Universalbanken gut dafür geeignet, Sparguthaben dem Kreditmarkt zuzuführen. Hinzukommt, daß die Voraussetzungen für rationales wirtschaftliches Handeln aufgrund der deutschen kulturellen Orientierungen in hohem Maße gegeben waren. Die besondere Ausprägung der innerweltlichen Askese, die sowohl vom Protestantismus und vom Preussentum induziert wurde, führte zu einer nüchternen und ökonomisch sparsamen Betrachtung der Umwelt und verhinderte einen verschwenderischen Umgang mit wirtschaftlichem Vermögen.

Die idealistische deutsche Bildungstradition befähigte ihre Absolventen zu einem abstrakten und konstruktiven Denken einerseits, zu einem historisch-spekulativen Denken andererseits. Beide Denkrichtungen haben in hohem Maße der wirtschaftlichen, politischen und verwaltungstechnischen Entwicklung des deutschen Staates genützt. Mit der Entwicklung der Elektrotechnik und der Chemie entwickelte sich die deutsche Wirtschaft in der zweiten Hälfte des 19. Jahrhunderts zu einer Weltwirtschaft. In der Stahlproduktion wurde nach 1890 Großbritannien überholt und es gab nur noch die Vereinigten Staaten, die über eine größere Wirtschaftsmacht als Deutschland verfügten. Das historische Denken der deutschen Nationalökonomie verband in geschickter Weise freihändlerische Grundsätze mit nationalstaatlich wichtigen Absicherungen. So war bekanntlich der deutsche Sozialstaat unter Bismarck der fortschrittlichste seiner Art.

Diese Grundkonstellation seit dem 19. Jahrhundert hat sich bis in die sechziger Jahre unseres Jahrhunderts erhalten. Die deutsche Wirtschaft bleibt nach zwei verhängnisvollen Kriegen eine starke Weltwirtschaft, die französische war demgegenüber zu sehr auf den staatlichen Sektor eingeschränkt, die englische Wirtschaft erwies sich im Verhältnis zur deutschen als zu wenig innovationsfähig. Erst in den sechziger Jahren, im Rahmen der EWG, entschloß sich die französische Staatsführung unter de Gaulle, die französische Rückständigkeit zu überwinden. In breiter Front wurde die Privatwirtschaft in gesamtwirtschaftliche Prozesse einbezogen. Unter deutscher Mithilfe wurde zum Beispiel die französische Agrarwirtschaft modernisiert und technisiert.

Für die Entwicklung der italienischen Wirtschaft kann ähnliches festgehalten werden. Großbritannien, das sich der EWG fernhielt, mußte erst unter Schmerzen in den siebziger Jahren dazu bewegt werden, sich dem europäischen Wirtschaftsprozeß anzunähern. Bis heute hat es allerdings Schwierigkeiten, sich in die europäische Gemeinschaft einzugliedern und es ist fraglich, ob es überhaupt bereit sein wird, politische Souveränität abzugeben. Es wird sich vermutlich weiter erfolgreich „opportunistisch" verhalten. Obwohl das französische und das italienische Wirtschaftssystem sich schnell wandeln – Norditalien verzeichnet seit den achtziger Jahren eine Prosperität – werden sich ihre Strukturen in absehbarer Zeit nicht schnell verändern.

Strukturvorteile der deutschen Wirtschaftsorganisation

Die Bundesrepublik Deutschland verfügt als einziges der großen ökonomischen Subsysteme der EG über eine flexible Abstimmung der einzelnen steuernden Elemente. Das deutsche Gesellschaftsmodell basiert auf einer Kooperation zwischen Bund, Ländern und Gemeinden sowie Staat und Verbänden. Der Bund selbst steuert nur die Makrogrößen der Wirtschaft, er hat den Mechanismus der Geldmengensteuerung an die Bundesbank abgetreten. Nationale öffentliche Aufgaben werden über Raumordnung, Gemeinschaftsaufgaben und Technologieförderung abgewickelt. Ein Teil dieser Aufgaben wird von den Ländern qua Auftragsverwaltung durchgeführt, das heißt der Föderalismus ist in der Bundesrepublik tatsächlich eine eigenständige Größe. Dies schlägt sich in der dezentralen und regionalen Industrieförderung nieder. Auf dieser Ebene ist die Wirtschaft in hohem Maße von den Banken, insbesondere den Großbanken, gesteuert. Diese fördern die Großfirmen zum Zwecke der Leitsektorsteuerung, sind aber gleichzeitig immer mit den Branchenverbänden, den mittleren und kleineren Unternehmen verbunden. Dadurch wird die Effektivität der Großfirmen mit der Innovationsfähigkeit der mittleren und der Flexibilität der kleinen Unternehmen vernetzt. Auf der Ebene der mittleren und kleineren Unternehmen läßt sich zudem noch der Konkurrenzmechanismus zum Zwecke der Leistungssteigerung einsetzen.

Die Organisation des deutschen Wirtschaftsmodells, von den Banken abwärts, unter Einbindung der einschlägigen Ministerien und Ministerialverwaltungen, über die Industrie und Handelskammern, die Verbands- und Branchenorganisationen sichert eine hohe Kooperation innerhalb der Gesamtwirtschaft, der die Gewerkschaften zugeordnet sind. Dieser „liberale Korporatismus" garantiert in hohem Maße eine Umweltbeeinflußung, mit der die deutsche Wirtschaft eine weltwirtschaftliche Bedeutung erhielt. Er wird aber durch die Unternehmsstrategieplanung und der Einrichtung von globalen Wertschöpfungsketten der Global Player unter Druck gesetzt. Die französische Wirtschaft ist dagegen trotz ihrer schnellen Modernisierung noch zu sehr auf die Zentrale hin organisiert; sie bedient sich bei wirtschaftlichen Innovationen ihrer großen Unternehmen und nicht so sehr der Banken. Da sie über keine effektive Dezentralisierung verfügt, bleibt dieses System auf Außeninformationen angewiesen, um seine Fehler zu erkennen.

Der große Strukturmangel, der den liberalen Korporatismus deutscher Prägung auszeichnet, ist seine schwindende Innovationsfähigkeit. Nur eine Deregulierung der deutschen Wirtschaft wird sie diesbezüglich in einen Aufwind bringen. Dies gilt noch 1998, trotz erfolgreicher Restrukturierung wie der Autoindustrie, der metallverarbeitenden Industrie und des Anlagebaus, der Erfolge der Elektroindustrie der als auch des Entwicklungsschubs der Gründung von neuen Biotechnologieunternehmen. Innovationsbeschleunigung finden eher bei Ländern wie Japan und insbesondere den Vereinigten Staaten. Die hohe Qualität der Produkte „Made in Germany" verführte dazu, daß ein Markenzeichen der deutschen industriellen Entwicklung, die technische Erfinderkultur, die ihren letzten Höhepunkt in der Entwicklung der Raketentechnologie und der Düsenmotoren, wie in der Kernspaltung hatte, nach 1945 – trotz einzelner Nobelpreise – eher rückläufig war. Dies beginnt sich erst allmählich zu ändern, zum Beispiel bei den Patentanmeldungen im Maschinen- und Anlagenbau.

Die deutsche Gesellschaft nach dem zweiten Weltkrieg ist eine Konsens- und Kompromißgesellschaft der Großorganisationen gewesen, die im wesentlichen durch den erfolgreichen Wiederaufbau der deutschen Wirtschaft ermöglicht wurde. Er erlaubte es, die entsprechenden Verteilungen des Sozialprodukts vorzunehmen und damit einen sozialen Ausgleich herzustellen. Die Hindernisse bei der Bewältigung von Globalisierung betreffen nicht das föderale System, sondern das eiserne Kreuz zwischen Parteien, Unternehmerverband und Gewerkschaften, das eine schnelle Adaptation an veränderte Situationen erschwert und verhindert.

Kulturelle Orientierungen und Wertewandel in der deutschen Nachkriegsgesellschaft

Trotz der Spannungen zwischen der Bevölkerung der Bundesrepublik Deutschland und der Mitbürger des ehemaligen SED-Staates, ist auf dem Ist-Stand die Bilanz der deutschen Wiedervereinigung von 1990 positiv verlaufen. Zu bewältigen ist jedoch, was die Biographie von Marcus Wolf, dem Chef des Geheimdienstes der SED, wieder belegt, das Problem derjenigen, „die aus der Lüge leben", wie es Hannah Arendt als typisch für den Kommunismus formuliert hat. 1998 erschien *Das Schwarzbuch des Kommunismus. Verbrechen, Terror, Unterdrückung*, hrsg. von St. Courtois, N. Werth, J.L. Panne – zuerst in Frankreich veröffentlicht –, das die Opfer des Kommunismus im Weltmaßstab auf 100 Millionen beziffert. Man muß im nachhinein anmerken, daß sich im Gegensatz zur Einschätzung von großen Teilen der europäischen Linken nach dem zweiten Weltkrieg die Ablehnung des Kommunismus von Albert Camus und des französischen Soziologen Raymond Aron in *L'Opium des Intellectuels* (1955) als zutreffend erwiesen haben. Das konnte man schon in den fünfziger und sechziger Jahren wissen. Maurice Merlau-Ponty sprach in *Les Aventures de la Dialectique* (1955) von Satres „Ultrabolchewismus".

Die Differenzen, die in den öffentlichen Medien zwischen den Bürgern der „neuen" und der „alten" Bundesländer profiliert werden, belegen andererseits eher ein Stück Normalität im sozialen Umgang: Je näher man sich kommt, um so mehr schärft sich auch immer das Bewußtsein von Unterschieden, die je nach Interessenlage schwerer oder leichter überbrückt oder neutralisiert werden können. Die Schwierigkeiten, die im Zuge des Zusammenwachsens beider Teile Deutschlands auftraten, sind besonderer Art und werden nur dann verständlich, wenn wir sie vor dem Hintergrund des Wertewandels in der deutschen Nachkriegsgesellschaft betrachten. Seine Auswirkungen haben Erwartungen geweckt, die so für alle Mitbürger nicht erfüllt werden konnten. Zur Orientierung empfiehlt es sich deshalb, sich der Auswirkungen dieses Wertewandels zu vergewissern. Dies kann dazu verhelfen, die Konflikte im Formierungsvorgang der kollektiven Identität der Deutschen nach der Wiedervereinigung besser zu verstehen.

Das Scheitern der „skeptischen Generation"

Nach dem Zusammenbruch 1945 war es für die Bundesrepublik kulturell und politisch vorrangig, die Traditionsbestände aus der deutschen Vergangenheit zu reaktivieren, denen weitestgehend die Symbiose von Universalismus und Partikularismus gelungen war. Bei der Neubestimmung und Anverwandlung der westlichen kulturellen und politischen Wertemuster kam den beiden großen christlichen Religionsgemeinschaften eine herausragende Rolle zu. Ein weiterer Strang der politischen Tradition und kulturellen Repräsentation wurde durch den Anschluß an die Tradition der sozialdemokratischen Arbeiterbewegung hergestellt.

Modernisierungsdynamik und intellektuelle Kultur der 50er Jahre

Die politische Orientierung der christlichen Gruppierungen verfestigte sich schnell in den christlichen Volksparteien. Dem politischen Liberalismus mißlang, wie in anderen westlichen Staaten, der kulturelle Durchbruch. Der Konflikt zwischen der politischen Demokratie und der sozialen Leitfigur des Unternehmers, den die Liberalen politisch durchstehen müssen, kann in modernen Massendemokratien schwer überbrückt werden. Gleichsam als Kompensation für die politische Schwäche des Liberalismus wurde dieser in der Philosophie der sozialen Marktwirtschaft zur allgemeinen Legitimation sozialer und ökonomischer Rationalität in der Bundesrepublik. Im Unterschied zu den westlichen Siegermächten, deren Gesellschaften sozio-kulturell stärker von Traditionen und Partikularismus geprägt waren, wurde die Bundesrepublik eine Gesellschaft mit durchgängiger Modernisierungsdynamik. Geschichtliche Traditionen wurden aufgrund der Kontinuitätsbrüche in der Folge des Nationalsozialismus vollständig problematisiert und verworfen. Zu den Modernisierungen nach dem zweiten Weltkrieg gehört der deutsche Sozialstaat als ein Modell des Ausgleichs von sozialen Ungleichheiten. Ihm kam die Aufgabe zu, die soziale Integration in den Grenzbereichen zu bewältigen.

Für die intellektuelle Kultur der westdeutschen Gesellschaft in den fünfziger und den frühen sechziger Jahren erwies sich der Einfluß westlicher Ideen als entscheidend. Philosophie und Kunst übernahmen den französischen Existenzialismus und den angelsächsischen Pragmatismus. Für die politische Modernisierung wurde auf eine idealisierte amerikanische Demokratievorstellung zurückgegriffen. Die deutsche Gesellschaft übernahm weitgehend die Entwicklungslinien und Managementstile der amerikanischen Konsumgesellschaft. Diesbezüglich liegen Vergleiche mit Japan nahe. Überhaupt waren die Vereinigten Staaten, amerikanische Literatur und Musik – Jazz, Rock – für Intellektuellenschichten und Jugend insgesamt der kulturelle Hintergrund, vor dem sie ihre Erwartungen und Wertemuster ausprägten. Die Bundesrepublik war mithin in entwicklungsgeschichtlicher Hinsicht als eine dynamische Gesellschaft zu charakterisieren. Insbesondere das Wirtschaftswachstum, das sogenannte „Wirtschaftswunder", schien alle Spannungen zwischen dem Wert der Selbstverwirklichung im Sinne der Individualisierung und der politischen Repräsentationsform der politische Demokratie ausgeschaltet zu haben.

Eine der wesentlichen Haltungen nach 1949 wird durch die sogenannte „skeptische Generation", wie sie Helmut Schelsky bezeichnete, verkörpert. Diese Generation trug den wirtschaftlichen Aufbau und verhielt sich in gesellschaftlicher und politischer Hinsicht zurückhaltend. Ihre Einstellung war ein „Ohne mich". In dieser Haltung symbolisierte sie den typischen – bis auf die Biedermeierzeit zurückgehenden – unpolitischen Deutschen. Mit dieser Haltung wurde von der „skeptischen Generation" in der Generationsablösung eine neue Problemlage ungewollt hervorgerufen. Ihre „selbstzufriedene", partikulare Lebenslage vertrug sich nicht mit den universalistischen Kulturmustern der nachgewachsenen Generation. Modernisierungen in unterschiedlichen Teilbereichen sind nicht konfliktfrei versöhnbar, sondern erzeugen Spannungen, zum Beispiel zwischen den lebensweltlichen Selbstverständlichkeiten und der rationalen Kritik, die sich des Anspruchs der universalistischen Werte bediente. Solche Spannungen verschärften sich im ersten Generationskonflikt der Nachkriegszeit.

Der Generationskonflikt der sechziger Jahre

Dieser Generationskonflikt brach, aus Sicht der älteren Generation mit völlig unverständlichen Gründen und Motiven, Mitte der sechziger Jahre in der Bundesrepublik aus. Die Studentenbewegung war eine kulturelle Bewegung, die im Unterschied zu anderen deutschen Jugendbewegungen, eine gesteigerte individualistische Haltung entwickelte. Ihre Sozialisation durch französischen Existenzialismus, amerikanische Rockmusik u.a. führte zu einem expressiven und diffusen Freiheitserlebnis, durch das die institutionellen Arrangements der Bundesrepublik in Frage gestellt wurden. Ursprünglich verstand sie sich als eine Wiederbelebung der Arbeiterbewegung und als eine antiimperialistische und antiamerikanische soziale Bewegung. Ende der sechziger Jahre kam die Studentenbewegung zu ihrem ideologischen Höhepunkt, indem sie die Forderung nach einer individuellen Emanzipation aus der von ihr repressiv gedeuteten Familienstruktur forderte. Angeblich sei diese „Struktur" durch die autoritären Werte der sozialen Ordnung entstanden. Demgegenüber wurde das Programm einer antiautoritären Erziehung propagiert und geträumt.

Die Aspirationen der deutschen Mittelschicht gingen in der Folge dieser Entwicklung dahin, die Heranwachsenden von Angsterlebnissen fernzuhalten. Das hat dazu geführt, daß die Initiation zum Erwachsenen nicht mehr Angst bewältigen sollte. An die Stelle des gefürchteten und strengen trat nun der alles verstehende Vater. Angst gehört mit zur Conditio humana und zu unserem Dasein als einem In-der-Welt-sein. Das Fehlen von Angstkonfrontation führte zu einer unabgeklärten Realitätsbewältigung, der die Einübung in das Unterscheidenkönnen von Realangst und Angst erschwert oder sogar verhindert. Dies begünstigt nicht nur die Disposition des Ausgeliefertseins an Katastrophenphantasien, da kein Umgang mit Angst eingeübt wurde, sondern stellt die Weichen für narzistische Problemlösungsstrategien in der Persönlichkeitsentwicklung der Jugendlichen. Der Vater, der alles versteht, versteht eigentlich gar nichts. Er kann sich durch ein „alles verstehen" gut den Konfrontationen entziehen und entlasten. Wir sollten davon ausgehen, daß es sich bei der Elterngeneration der siebziger und achtziger Jahre um

Einstellungen handelt, die sich überleben werden. Sie gehören in ein Stück Geschichte der alten Bundesrepublik, die mit ihr vergangen ist.

Die Elterngeneration, die Schelsky als die „skeptische Generation" bezeichnet hatte, hielt dem Druck des jugendlichen Protestes nur begrenzt und, vermutlich im ganzen, nicht erfolgreich stand. Ihre Problemlösung bestand in einer Strategie der schrittweisen Anpassung, die durch die wirtschaftliche Dynamik und die Enttraditionalisierung seit den fünfziger Jahren begünstigt wurde. Die Anpassung mit Hilfe wirtschaftlicher Erfolgsstrategien hatte eine Aufgabe der Definitonsmacht der kulturellen und politischen Sinndeutung zur Folge. Bürgerliche Mittelschichten verloren stärker an Einfluß in der Öffentlichkeit als in anderen westlichen Ländern, die einem breiten Jugend- und Studentenprotest ausgesetzt waren. Die studentische Mairevolte 1968 hatte in Frankreich zwar eine Stärkung der sozialistischen Rhetorik und eine Radikalisierung zur Folge, sie führte dennoch nicht zu einer kulturellen und politischen Entmachtung der bürgerlichen Schichten. In Italien wurden aufgrund der Arbeiter- und Studentenproteste tiefgehende Reformen durchgeführt, zum Beispiel beim Scheidungsrecht und durch die Einführung der automatischen Lohnskala. An der politischen und kulturellen Definitionsmacht der Christdemokraten änderte sich dennoch über die Jahre hinweg – bis zu ihrem Zusammenbruch – wenig. In den Vereinigten Staaten entstand eine agressive Reaktion gegen die „Counterculture", die sich gegen den Vietnamprotest wandte und dem Linksliberalismus in den siebziger Jahren die Kompetenz zur kulturellen Hegemonie absprach. Sie hat sich in den folgenden Jahren durchgesetzt.

Die Bundesrepublik Deutschland ist neben den Niederlanden das Land, in dem sich durch die Orientierung an den Werten der Selbstverwirklichung, der expressiven Zurschaustellung, der Partizipationsforderungen und der Kritikrituale, neue Interpretationen der Moderne durchsetzten. Die Werte der „skeptischen Generation" wurden in den Bereich eines alltagskulturellen Verständnisses abgedrängt und zu einem großen Teil in den öffentlichen Debatten abgewertet, zum Beispiel ein formaldemokratisches Politikverständnis, bestimmte Werke der klassischen Kultur und Tugenden, wie Ordnung, Fleiß, Verläßlichkeit, Sauberkeit.

Die neuen Interpretationen konnten sich in der Bundesrepublik leicht durchsetzen, da die Wertorientierungen der Nachkriegsgeneration Mitte der sechziger Jahre erschöpft waren und sie nicht auf einen Traditionsbestand zur Stabilisierung und Erneuerung zurückgreifen konnte. Statt dessen kommt seit Mitte der sechziger Jahre der deutsche Kontinuitätsbruch von 1914–1945 den neu entstandenen Schichten dahingehend zugute, daß sie, mit dem Verweis auf die Weltkriege und den Nationalsozialismus, Bemühungen um konservierende Stabilisierungen bereits im Ansatz in Frage stellen können. Hierin kann ein allgemeines Problem der deutschen Gesellschaft in den fünfziger und sechziger Jahren erkannt werden: In ihr hat sich zwar der soziale Wandel beschleunigt, sie konnte demzufolge nur schwer innergesellschaftliche anerkannte erforderliche Ordnungsfunktionen entwickeln.

Die Kritik an einem formalen Demokratieverständnis erfolgte in der zweiten Hälfte der sechziger Jahre durch die Forderung nach einer substantiellen sozialen Partizipation. Seitdem haben sich in schneller Folge verschiedene Partizipationsbewegungen an der gesellschaftlichen Realität der Bundesrepublik abgearbeitet und ihre Spuren hinterlassen. Das Reservoir für diese aufeinanderfolgenden Wellen von Partizipationsforderungen wird durch die Etablierung und Aufrechterhaltung des massendemokratischen Bildungssystems ermöglicht und ist als eine Funktion desselben zu verstehen. Der Protest der sogenannten „68er" führte zu der Forderung nach einem „Marsch durch die Institutionen", der seine Auswirkung auf die Rekrutierung des politischen und akademischen Personals hatte. Viele der Protestler nahmen seit Anfang der siebziger Jahren Funktionen in den Parteien und im öffentlichen Dienst ein, als Abgeordnete, Gewerkschaftler, Lehrer, Richter, Hochschullehrer, Mitarbeiter der Öffentlichen Rundfunkanstalten u.a. Danach splittete sich die sogenannte „Studentenbewegung" in verschiedene Gruppen auf, die sich bei Stadtteilproblemen, Ausländerfragen oder beim Umweltschutz engagierten. Ab Mitte der siebziger Jahre entstanden erste Ansätze der Frauenbewegung, dann zog der politische

Terrorismus die Aufmerksamkeit der linken Subkultur auf sich und es wurden funktionale Erklärungen für die Berechtigung des Terrorismus gesucht, die einem Zerfall des linken Spektrums vorbeugen sollten. Erst mit den großen Infrastrukturproblemen, wie die Frage nach dem Sinn der Nuklearenergie, der Großraumflughäfen u.a., gelang eine Kristallisierung des linken Spektrums, die sich zu Beginn der achtziger Jahre in einer neuen Partei „Die Grünen" niederschlug. Mitte der achtziger Jahre verstärkte sich die Frauenbewegung mit ihrer Forderung nach Quotenregelung bei Einstellungen im öffentlichen Dienst und in den politischen Parteien. Wie groß inzwischen das Potential der sogenannten „neuen Mittelschichten" war, zeigte die „Friedensbewegung" in den Jahren 1982–83, als es ihr gelang, verschiedene Bevölkerungsteile zum Protest gegen die Stationierung von amerikanischen Mittelstreckenraketen zu mobilisieren. Gleichzeitig wurde dabei deutlich, daß die Wertorientierungen der „kritischen Linken" in bestimmten Bereichen der Politik eine umfängliche Verbreitung als gesamtgesellschaftliche Deutungskultur gefunden hatten: Sie wurde unbeabsichtigt zur Ideologie der neuen Mittelschichten. Ende der achtziger Jahre bildete sich ein neues Integrationsmuster für diese Schichten mit der Forderung nach einer „multikulturellen" Gesellschaft heraus. Anlaß waren die Asylfrage und der staatspolitische Status der Gastarbeiter, die Forderung nach der Zuerkennung des Wahlrechtes und einer doppelten Staatsbürgerschaft.

Zu den Deutungen des Wertewandels

In der sozialwissenschaftlichen Literatur hat es unterschiedliche Deutungen dieses sozialen Wandels seit Mitte der sechziger Jahre gegeben. Einerseits wurde eine These prominent, die von einem „Wertewandel" von den materialistischen Werten der Nachkriegsgeneration, denen der Wohlfahrt und der Sicherheit, hin zu postmaterialistischen Werten ausging, zum Beispiel der Gerechtigkeit. Eine andere Interpretation deutet den Wertewandel als sogenannte zweite Säkularisierung, die sich nach einem ersten Säkularisierungsschub im 19. Jahrhundert durchsetzte. Es wurden aber auch bezweifelt, ob die in der Öffentlichkeit bekannt gewordenen Deutungen die erkennbaren Entwicklungen seit den 70er Jahren angemessen genug erfaßten.

Wertewandel und Arbeitsmoral

Die beiden prominenten Deutungsvarianten werfen mehr Fragen auf, als sie vorgeblich lösen. Ein erster Kritikpunkt besteht darin, daß die Hypothesen über einen Wertewandel eine verkürzte Interpretationsperspektive beinhalten. Sie vertreten eine theoretische Beschreibung von sozialen Prozessen, die besagt, daß sozialer Wandel eine Veränderung der Einstellungen von Personen bedeutet. Dabei vernachlässigen sie die makrotheoretische Ebene und stützen sich auf die Annahme, daß sozialer Wandel auf der Mikroebene zu erklären sei. Der Ansatz von R. Inglehart (1977), der das Begriffspaar „materialistisch-postmaterialistisch" prägte, gilt als weitgehend widerlegt. Das Begriffspaar ist weder in der Entgegensetzung, noch als zeitliche Aufeinanderfolge überzeugend zu vertreten – zur Kritik H. Klages (1983).

Die postmaterialistischen Mittelschichten sind nicht weniger materialistisch als traditionale Mittel- und Arbeiterschichten. Die in den Daten sichtbar werdenden Einstellungsänderungen sind weder als kulturelle Einstellungsänderungen, noch als ökonomische oder sozialisationsbedingte Veränderungen zu interpretieren, sondern drücken lediglich eine Opposition zu politischen Ordnungsvorgaben aus: Die junge Generation war nicht post-materialistisch, sondern zeigte, wie für den Generationskonflikt typisch, ein eher antiautoritäres Verhalten. Diese nüchterne Betrachtung der These von Inglehart ist auf seine Behauptung, daß postmaterialistische Schichten über eine „höhere" moralische Wertigkeit verfügen, auszudehnen.

H. Meulemann (1983, 1984, 1987) kann den Einstellungswandel in der deutschen Bevölkerung sicher besser erklären. Er weist nach, daß die empirisch ausmachbaren Veränderungen in den Einstellungsdaten nicht erst seit Mitte der sechziger Jahre feststellbar sind, sondern bereits zu Beginn der sechziger Jahre einsetzten. Zwei Veränderungen sind es, die von ihm hervorgehoben werden. Sie betreffen den Niedergang religiöser und traditionaler Akzeptanzwerte und eine Zunahme an politischer Teilnahmeorientierung. Meulemann deutet diese Veränderungen dahingehend, daß er von einer weiteren Säkularisierung der bereits säkularisierten Werte des 19. Jahrhunderts spricht. Diese zweite Säkularisierung führte von objektiven Ordnungs- und Akzeptanzwerten zu subjektiven Selbstverwirklichungswerten als leitende Orientierungen. Der Sinn einer Lebensform könne dann nicht mehr länger als gegeben angenommen, sondern müßte neu entwickelt werden und sich im Alltagsleben bewähren. Sinn besteht nicht länger in der beruflichen Leistungserfüllung, sondern in Mitbestimmung oder in politischer Aktivität. Dabei kommt es zu einer Übertragung von Mustern des öffentlichen Lebens in das Privatleben, wie Mitbestimmung in der Familie oder zu Übertragungen aus dem Privatleben in die Politik, die als Verlängerung privater Sinnerfüllung gesehen wird.

Meulemann wertet diesen Einstellungswandel positiv, das heißt nach seiner Argumentation sind objektive Werte strukturell irrational und können durch sachgerechte Arbeitsteilung ersetzt werden. Werten kommt damit eine nachgeordnete Funktion bei der narzißtischen Selbstdarstellung von Personen zu. Dieser Tatbestand wird von Meulemann positiv bewertet.

Ein solches Verständnis der Moderne und Modernisierung schreibt Werten einen tendenziell „pathologischen" Stellenwert zu. Meulermanns eindimensionale These, daß der Prozeß der Arbeitsteilung die Integration einer Gesellschaft bewirkt, kann die These, daß die Moderne sich aus dem Zusammenspiel verschiedener evolutionärer Grundmuster entwickelte, nicht widerlegen. Für Meulermann als Vertreter des methodischen Individualismus gehören Annahmen über eine Markroebene sozialer Einheiten in den Bereich spekulativer Sozialphilosophie. H. Klages und E. Noelle-Neumann (1984) weisen dagegen daraufhin, daß der Abbau von Akzeptanzwerten nicht nur eine Steigerung individueller Selbstverwirklichung zur Folge hat, sondern mit meßbaren Verlusten an Orientierung, Geborgenheit und Identität einhergeht.

Informativ und lehrreich sind in diesem Zusammenhang die Forschungsergebnisse von G. Schmidtchen (1984), der für den Zeitraum des Höhepunktes der Wertewandelsdebatte zwischen 1978–1985 belegt, daß bei den Beschäftigten der deutschen metallverarbeitenden Industrie kein signifikanter Wertewandel zu erheben war. Es liegt eine „optische Täuschung" dahingehend vor, da die Arbeitsmoral nicht sinkt, sondern sich verändert. Seine Untersuchungen belegen, daß zum Beispiel die Verallgemeinerung eines Absinkens der Arbeitsmoral nicht haltbar ist.

Eine Schwächung der Arbeitsmoral läßt sich nicht belegen, sondern sie befindet sich in einem Prozeß ihrer Umstrukturierung. Es entsteht ein neuer Typus von Mitarbeiter, der sich selbstbewußt und kommunikationsfähig verhält. Dies erfordert der Einsatz moderner Technologien, das heißt Arbeitserfolg und Produktionserfolg hängen vom Kooperationserfolg und organisatorischer Disziplin ab. Die reine Ausführungs- und Stückzahlmoral ist nicht mehr das Modell von Arbeitsmoral.

Der Fehler der Untersuchungen über Arbeitsmoral bestand darin, daß sie sich ausschließlich auf Fragen zu der „klassisch-puritanischen Komponente der Arbeitsmoral" stützten, zum Beispiel Fragen nach „Präzision", „Pünktlichkeit", „umsichtiges Arbeiten", „fleißig sein", „tun, was gefordert ist" usw. Dabei geriet aus dem Blick, daß sich in Sachen Arbeitsmoral „neue" Tugenden entwickelten, wie „Teamarbeit", „eigene Meinung", „Offenheit", „Verträglichkeit", „Zuhören" usw. Sie entsprechen den Anforderungen an die veränderten Industrieproduktion und dem für sie erforderlichen Anstieg an Bildung. Die *Zwei-Komponenten-Arbeitsmoral* erlaubt eine Reinterpretation der Trenduntersuchungen, die seit Ende der achtziger Jahre in der Öffentlichkeit verbreitet wurden. So ergab sich ein Interpretationsproblem ihrer Erhebungen, da sowohl Freizeit als auch Arbeit für die Befragten von Interesse waren.

Es bleibt für die theoretische Beschreibung dieses Vorgangs letztlich unausgemacht, inwieweit von einem „Wertewandel" im strengen Sinn des Wortes gesprochen werden sollte. Die genannten Autoren diskutieren einen Wandel bestimmter Einstellungen. Der Vorgang der Abnahme von sogenannten Akzeptanzwerten und der Zunahme sogenannter Selbstverwirklichungswerte ist treffender als eine Adaptation und Veränderung bei der Auswahl bestimmter Werte des modernen Wertesystems als ein Wertewandel zu erklären. Untersuchungen über Einstellungen von Studenten in den neunziger Jahren zeigen ein weniger eindeutiges Bild. Hier hängt alles davon ab, wie die Fragen gestellt werden.

Die festgestellten Einstellungsveränderungen in Richtung auf mehr Selbstverwirklichung zu Lasten von Akzeptanzwerten, die Meulermann erhoben hat, könnten folgendermaßen interpretiert werden: Es handelt sich bei diesem Vorgang um eine für die Bundesrepublik spezifische Art der Durchsetzung der allgemeinen Menschenrechte und des Individualismus respektive von Wachstumsbedürfnissen (A.H. Maslow: 1970), die besondere Spannungsverhältnisse zwischen liberaler Elitenkultur und Alltagskultur hervorgerufen haben. Wachstumsbedürfnisse zeichnen sich im Unterschied zu Defizitbedürfnissen, zum Beispiel physiologischen-, Sicherheits-, sozialen-, Ich-Bedürfnissen, dadurch aus, daß ihre Befriedigung zu einem stets weiteren Bedürfnis führt, wie zum Beispiel das Streben nach Selbstverwirklichung. Sie sind deshalb niemals voll befriedigbar, sondern bestenfalls durch Defizitbedürfnisse für eine gewisse Zeit neutralisierbar. Die Spannungen und Konflikte zwischen Eliten- und Alltagskultur resultieren aus einer ungleichen Gewichtung der beiden Kulturbereiche. Die Selbstverwirklichungseinstellungen gewinnen zwar in beiden Bereichen an Gewicht, da sich aber die liberale Kultur in den öffentlichen Medien immer mehr durchgesetzt hat, wird in ihren Programmen eine extreme Selbstverwirklichung favorisiert, die eine politische und gesellschaftliche Polarisierung hervorruft. Die Alltagskultur wird hingegen als „nicht-liberal", „intolerant", „nicht-fortschrittlich" abgewertet.

Die Untersuchungen von Schmidtchen belegen allerdings, daß sich die Veränderungen der Einstellungen sehr wohl positiv auf die Arbeitsmoral auswirken, und im Zusammenhang der neuen Arbeitsplätze und ihrer Anforderungen zu interpretieren sind. Daran wird sich durch Globalisierung nichts ändern, sondern die positiven Einstellungen zur Arbeitsmoral werden sich eher weiter ausprägen. Es ist zu erwarten, daß diese Einstellungen durch die Ausbreitung von technisch-wissenschaftlichem Wissen und die Umstrukturierungen von Unternehmen auf der Basis moderner Kommunikationstechnologie befördert und stabilisiert werden.

Die deutsche Wiedervereinigung hat an der beschriebenen Entwicklungsrichtung wenig geändert. Freilich wird das alltagskulturelle Verständnis im Zuge der Integration der neuen Bundesländer eher gestärkt. Dies wird nicht zu einer Minderung der kulturellen Ansprüche der in Öffentlichkeit etablierten Eliten und ihrer Kritik an den Ordnungswerten der Alltagskultur führen. Diese Situation könnte dazu führen, daß sich allmählich ein Nebeneinander von Alltags- und Elitenkultur einpendelt. Die sich abzeichnende Entwicklung wird eher leistungsbezoge Einstellungen begünstigen, mit denen der Wert der Selbstverwirklichung verknüpft sein könnte. *Es ist deshalb ein Fehler, Selbst- und Berufsverwirklichung zwei Sinnbereichen zuzuordnen.*

Die dunkle Seite des Postmaterialismus

Allerdings hat der sogenannte Wertewandel bei der bundesdeutschen liberalen Elitekultur fatale Auswirkungen hervorgerufen. Dies betrifft den Abbau von Ordnungswerten im deutschen Strafrecht. In Strafprozessen ist Strafe kein Thema mehr, sondern es geht um Wiedergutmachung und Resozialisierung. Die Strafrechtsreformer sozial-liberalen Koalition hat dazu geführt, daß das Opfer vollständig aus dem Blick geraten ist. Staat und Justiz haben sich in den letzten 20 Jahren von der Bestrafung von Straftaten zurückgezogen. In den öffentlichen Medien wird zum Mitleid mit den Tätern motiviert, aber die Opfer werden nicht gezeigt. Es hat sich bei den Richtern eine Praxis eingestellt, die jedes Strafmaß zu verringern sucht: Aus Mord wird Totschlag, aus Totschlag wird ein Raub mit Todesfolge. Die Hochschullehrer in den Rechtswissenschaften und die Justizminister vertreten die Überzeugung, Strafe als Generalprävention, das heißt Abschreckung und Vergeltung sei zu verwerfen. Dazu ist grundsätzlich anzumerken, daß sie diesbezüglich über keine „höheren" Einsichten verfügen. Die Gewaltanwendung wächst, die Strafgerichtsbarkeit sieht demgegenüber keinen Anlaß, ihre Einstellung zu ändern. Handtaschendiebstahl, Trickbetrug und Gewalt gegenüber alten und hilflosen Menschen wird nicht mehr strafrechtlich verfolgt und geahndet.

Gerade diese Praxis begünstigt die rechtsradikalen Fundamentalismen und sie gefährdet den Rechtsstaat. Diese Auswirkung des Wertewandels und des deutschen Sozialstaates hat zunehmend dazu geführt, daß die Ordnungswerte und damit die Stabilität der Wertgemeinschaft der deutschen Gesellschaft und die soziale Sicherheit in den Ballungsgebieten unterhöhlt wurden und sich verflüchtigten. Es ist an der Zeit, daß in den Medien nicht mehr die psychisch und sozial bemitleidenswerten Täter, sondern die Opfer gezeigt werden. In diesem Zusammenhang hat der Kölner Soziologe Erwin Scheuch das Verdienst, immer wieder darauf hingewiesen und aufmerksam gemacht zu haben.

Die Veränderungen, die auch in anderen hochindustrialisierten Ländern stattfanden, welche gleichwohl in jedem Land ihre Besonderheiten aufweisen, werden durch den Wert der universalen Menschenrechte, einer Ausbreitung der politischen Demokratie und der ökonomischen Rationalität in einer ausgebauten Konsumgesellschaft gesteuert. Insofern kann nicht von einem Werteverlust gesprochen werden. Seit den neunziger Jahren ist gegenüber der Umverteilungspolitik des Wohlfahrtsstaates, des „alten" Modells Deutschland eine Umbruchsituation in Deutschland erkennbar, die ihrerseits zu stärkeren Differenzierungen in der Einkommensstruktur führen wird. Die sich herausbildenden neuen Wirtschaftseliten werden weniger bereit sein, einen sozialen Kompromiß zu tragen. Vermutlich wird man sich darauf einstellen müssen, daß die sozialstaatliche Umverteilungspolitik in der uns bekannten und vertrauten Weise nicht mehr fortzuführen ist. Das bedeutet aber, daß die Ideologie der „neuen" Mittelschichten, die seit den siebziger Jahren kultiviert wurde, ihrem Ende entgegengeht.

*Die kollektive Identität der Deutschen im Zeitalter
der Globalisierung*

Man mag daran zweifeln, ob in der Folge der Zuwanderungen, die bereits das Stadtbild der Großstädte prägen, im heutigen Deutschland eine Kollektivmentalität besteht, der man die Eigenschaft „deutsch" zuschreiben kann. Wir sollten uns aber darüber im klaren sein, daß eine kollektive Identität weder verbietbar oder austreibbar ist, noch sich dauerhaft erfolgreich vorschreiben läßt, wer man zu sein hat. Keine soziale Gruppe kann sich ihrer kollektiven Identität entziehen – in diese Richtung weisen die Untersuchungen von S. P. Huntington (1997).

Trotz des Definitionsproblems, das sich für uns prima vista im Hinblick auf die kollektive Identität der Deutschen einstellt, ist Deutschland auch ein Symbol, an dem sich seine Bürger orientieren und das ihnen eine Selbstidentifikation erlaubt. Es sollte immer bedacht werden, daß für die deutsche Gesellschaftsgeschichte bis zur „kleindeutschen" Reichsgründung 1871 der Partikularismus typisch war. In der deutschen Geschichte finden wir – für viele schwer nachvollziehbar – beides, vielleicht zu extrem ausgeprägt, eine große Integrationsfähigkeit von Fremden und ihre extreme Stigmatisierung in Krisensituationen. Die Hugenotten in Preußen wurden innerhalb einer Generation integriert; die Juden wurden in der Folge der ersten Wirtschaftskrise 1874, nach der Reichsgründung als Schuldige für die Misere stigmatisiert. Durch das Ende des „Kalten Krieges" und die deutsche Wiedervereinigung stellt sich das Problem der kollektiven Identität der Deutschen erneut. Dies werden sie zu lösen haben. Keine soziale Gruppe ist dazu in der Lage, sich ihrer kollektiven Identität dauerhaft zu entziehen. Sie werden ihr nicht im Rahmen der europäischen Integration entfliehen können, sondern – und das ist ein Stück von soziologischer Aufklärung – sie stellt sich ihr dort schon deshalb, da die Deutschen sie von außen zugeschrieben bekommen. Entziehen konnten sie sich ihr nur vorübergehend, in der politischen Nischenexistenz der alten Bundesrepublik zur Zeit des kalten Krieges.

Konfliktlagen ohne Regelungsmodelle

Gerade am serbisch-kroatischen Konflikt wird deutlich, wie schwierig es für die Europäer ist, gefährliche Konflikte zu bewältigen. Abgesehen von den Interessenkonflikten, die dabei im Spiele waren, ist der Mangel an Konsequenz in diesem Fall vermutlich auch eine Folge des Wertewandels. Die Individualisierung durch universalistische Wertemuster ist nach 1945 soweit vorangeschritten, daß die militärische Durchsetzung einer gemeinsamen Verantwortung erst wieder gelernt werden muß. Im Golfkrieg wurde zudem deutlich, daß sich die Bundesrepublik Deutschland von ihren westlichen Verbündeten isoliert und endfremdet, wenn sie nicht selbst bereit ist, für ihre Interessen den militärischen Konflikt zu wagen. Als Ergebnis des Golfkrieges hat sich für die politische Glaubwürdigkeit und die kollektive Identität der deutschen Gesellschaft eine neue sicherheitspolitische Rolle ergeben.

Bezeichnend ist das Versagen der Friedensbewegung, die im Zuge dieses Konfliktes ihren letzten „großen Auftritt" hatte. Aktiv wurde sie durch ihre Mahnwachen und Proteste erst nach dem 17. Januar 1991, dem Tag des alliierten Luftangriffs gegen den Irak. Als daraufhin Proteste in der Weltöffentlichkeit laut wurden, daß die „Deutschen" nur den Irak, keinesfalls die Bedrohung Israels durch den Irak in ihre Forderungen einbeziehen würden, entstand für die Friedensbewegung ein moralisches Dilemma: Der moralische Wert „Frieden" wurde als äußerst partikularistisch dargestellt, weil die Friedensdemonstrationen den Agressor Irak im August 1990 nicht gleichwertig in ihren Protest einbezog. Das „Überleben für Israel" hatte außerdem die Friedensargumentation so gespalten, daß eine einfache Anklage gegen die Militärmaschinerie der Allianz in sich unglaubwürdig wurde und zusammenbrach. Als zudem noch die Vorwürfe von deutschen Waffenlieferungen an den Irak in Israel und im Westen erhoben wurden und man Deutschland deshalb eine Sündenbockrolle zuschrieb, reagierte die Öffentlichkeit mit einem wenig selbstbewußten politischen Muster.

Die Friedensbewegung verlegte sich aufs Schweigen, die offizielle Politik auf die Scheckbuchdiplomatie. Die wirklichen Leistungen, die Deutschland im Golfkrieg durch logistische Hilfe erbrachte, wurde aus einem Mangel an Selbstbewußtsein verschwiegen. *Nach* dem Krieg und mit Bezug auf den serbisch-kroatischen Konflikt kann nicht behauptet werden, daß der Öffentlichkeit in Deutschland die Einstellung auf die neue Qualität in der Lösung von internationalen Konflikten leicht fällt. Dies wird eine Übergangssituation sein. Mit dem Einsatz der Bundeswehr in Bosnien sind bescheidene, doch erste Schritte getan, die langfristig einen Lernprozeß einleiten werden.

Die Niederlage des Nationalsozialismus polarisierte in ihrer Folge die Welt in zwei Lager: Das die Menschenrechte respektierende „demokratische" und das „totalitäre" Lager. Gegen Ende der Hegemonie der ideologischen Großmächte zeigt es sich nunmehr, daß Kriege unter Umständen immer noch, wie im 19. Jahrhundert, aus internen Interessen- und Herrschaftskonflikten aber auch aus Modernisierungserfordernissen geführt werden können. Das Wiedererstarken des islamischen Fundamentalismus und die damit einhergehenden Kriege in diesem Raum belegen diese Sichtweise. Es zeigt sich zudem, daß die Unterdrückung ethnischer Selbständigkeit immer noch kriegerische Konsequenzen nach sich ziehen kann. Obwohl das universalistische Wertmuster und Moralprinzip der Ächtung des Krieges Gültigkeit beanspruchen kann, sind wir dennoch dazu genötigt einzuräumen, daß aus Gründen des Überlebens Gesellschaften zur Konfliktlösung „Krieg" greifen. Ob diese Konflikte nicht auch friedlich, durch Verhandlungen, gelöst werden können, mag dahingestellt bleiben. Das in der Bundesrepublik Deutschland, aus leicht nachvollziehbaren Gründen vorherrschende Ideal der ausschließlich friedlichen und ökonomischen Konfliktlösungsstrategie wird in Zukunft nicht verallgemeinerbar sein.

Es häufen sich heute die Belege, daß der Wertewandel und das westliche Modell des Sozialstaates als Konfliktlösungsstrategie nicht auf das globale Weltsystem übertragen werden kann. In dem Maße, in dem die Bundesrepublik Deutschland ihre neue Verantwortung übernimmt, wird sie eine andere, als die durch den Wertewandel geprägte „kollektive Identität" formieren, eine „Identität", die sich von ihrer Funktion her nicht wesentlich von anderen westlichen Staaten unterscheiden wird.

Ein Formierungsprozeß der kollektiven Identität der Deutschen wird durch das „Projekt Europa" und die neuen weltwirtschaftlichen und weltpolitischen Konstellationen im Zuge von Globalisierung verstärkt herbeigeführt werden. Mit der Harmonisierung europäischer Gesetze und mit wirtschaftlichen Standardisierungen ist ein Schritt getan, die Zukunft der EG-Nationen in der Weltwirtschaft sicherstellen zu können. Diese schwer zu bewältigenden Veränderungen werden aber keine vereinheitlichte europäische Kultur und Identität zur Folge haben.

Die Macht der Herkunftswelten

Es sind bereits heute Anzeichen dafür erkennbar, daß der Prozeß der Vereinheitlichung eine Kulturreaktion herausfordern wird. Auch das weitere wirtschaftliche Zusammenwachsen Europas wird aus unterschiedlichen Sprachen und kulturellen Identitäten bestehen. Das bedeutet, daß wir nicht davon ausgehen sollten, daß die verschiedenen Wirtschafts-, Politik-, Rechts- und Bildungskulturen zu einer „europäischen Identität" verschmelzen werden. Nach dem Ende des Kalten Krieges sitzen Deutschland – ob es will oder nicht – und Japan wieder am Tisch der Großmächte. Die Integration der europäischen Wirtschaft und ihre Antwort auf die Globalisierungsprozesse, werden Deutschland in eine Situation bringen, in der es weltpolitische Option wird wahrnehmen müssen. Dazu gehört eine andere kollektive Selbstbeziehung, eine positive kollektive Identität jenseits der Kultivierung von Schamkultur im Rückblick auf das Nazideutschland. Die Deutschen werden sich zu fragen haben, wer sie sind und was sie sein wollen. Einer Antwort können sie sich im Zeitalter der Globalisierung nicht entziehen.

Das sich entwickelnde Weltsystem, das im Zuge von Globalisierung entsteht, wird als ein chaotisches System einzustufen sein. Die Einbindung von Globalem in Lokales und die Vernetzung von Lokalem mit Globalem ist als ganzes nicht steuer- und planbar. Für die weitere Entwicklung sollte davon ausgegangen werden, daß neue Institutionalisierungen und die Ausgestaltung kultureller Muster nur zwei Seiten des Prozesses „Globalisierung" darstellen, in der Kultur, Gemeinschaft, Politik und Wirtschaftsentwicklung in neue Konstellationen eintreten. Entscheidend dürfte sein, wie sich in Zukunft strukturelle Faktoren, wie Innovationen, regionale Entwicklungen, anhaltende Konvergenzpolitik u.a., sowie konjunkturelle Auf- und Abschwünge innerhalb der Weltwirtschaft gestalten werden.

Die Ordnungsprobleme der Länder der europäischen Gemeinschaft sind nicht nur wirtschaftspolitischer Art und betreffen nicht nur die Institutionalisierung politischer Konfliktlösungsverfahren. Die Migrationsforschung prognostiziert für die nächsten Jahre überdimensionale Wanderungen aus dem Mittelmeerraum, aus Afrika und Osteuropa. Davon gehen für die europäischen Staaten Gefahren aus, die ihnen erst langsam bewußt werden. Die Menschenrechtsorientierung der westlichen Nationalstaaten hat es zudem zusehens erschwert, zwischen „legalen und illegalen" politischen Migranten zu unterscheiden. Der Frankfurter Soziologe Karl Otto Hondrich hat schlaglichtartig auf die Probleme hingewiesen, die nach der deutschen Einigung verstärkt auf uns zukommen und noch zukommen werden: „Wir verlassen ein Zeitalter der Visionen und treten in eins der Entdeckungen ein. Zu entdecken ist die Wirklichkeitsmacht der Gewalt und der kollektiven Herkunftsbindungen. Was soll daran neu sein? In der Tat, alles zu Entdeckende hat es jeher gegeben. Neu ist die Einsicht, daß der Gewalt die Zivilisation, der Herkunft die Zukunft gehört. (...) Die entscheidende Frage lautet deshalb nicht: warum Gewalt gegen Ausländer, sondern: warum erregt gerade sie uns so sehr? Die kollektive Emotionalisierung, schwankend zwischen Empörung und Genugtuung, muß etwas mit kollektiver Identität zu tun haben, mit dem wunden Punkt der Deutschen". (K.O. Hondrich: 1994)

Es ist allerdings nicht auszuschließen, daß sich die in Deutschland eingewanderten Europäer, vielleicht sogar die Türken, mit Deutschland identifizieren. Dazu müssen sie Vollbürger werden. Eine doppelte Staatsangehörigkeit ist grundsätzlich abzulehnen. Mit ihrer Aufnahme in den Polizeidienst und der Ableistung der Wehrpflicht sowie der Karrieremöglichkeit des Berufssoldaten würde sich eine Bindung zu Deutschland entwickeln.

Wir sollten in dem globalen Weltsystem damit rechnen, daß die vorhandene weltweite Kooperation für Wirtschaftswachstum, Handel, Finanzwesen, Umweltschutz und die Lösung des Flüchtlingproblems in der uns vertrauten Weise nicht fortgesetzt werden kann. Hierauf verweisen nicht nur der Umweltgipfel in Rio, der Wirtschaftsgipfel in München zur Förderung des globalen Wachstums und die Testfälle der Sicherheitsgefährdungen in Jugoslawien, Somalia und Kambodscha, sondern auch die innerwirtschaftlichen Probleme und die sich abzeichnenden spezifischen Entwicklungen in Amerika, Europa, Asien und Japan. Zu dem kommt hinzu, daß in der ehemaligen Sowjetunion eine günstige wirtschaftliche Entwicklung immer noch in eine weite Ferne rückt.

Neu gemischte Karten

Mit der seit den siebziger Jahren vorhandenen Ausbreitung von Demokratien werden die Staaten nicht friedlicher werden. Das Entstehen eines internationalen Systems wird dadurch erschwert und von der Anlage her konfliktreich bleiben (H.A. Kissinger: 1992). In den sich entwickelnden neuen Konstellationen, die durch Globalisierung herbeigeführt werden, können sich die starken Kultur- und Wirtschaftsgesellschaften mit- und gegeneinander verbünden. Hierauf hat J.E. Garten (1993) hingewiesen.

Interessenkonstellationen im Weltsystem

Es sind Konstellationen denkbar wie: Washington, London, Paris und Berlin gegen Tokio, sofern Japan seine Wirtschaft nicht zu öffnen bereit ist; Washington und Tokio gegen Berlin, London und Paris, sofern die Europäische Union eine protektionistische Wirtschaftspolitik betreibt; Tokio und Berlin als Kreditgeber gegen Washington, falls Amerika sein Haushaltsdefizit und damit den weiteren Kursverfall des Dollars nicht eindämmt. Außerdem besteht die Gefahr, daß die agressive Strategie Amerikas in der „World Trading Organization" (WTO, ehemals GATT) weiter Konflikte programmiert oder sogar zu einer Entfremdung zwischen den großen Wirtschaftsnationen führen könnte. Die schnell ablaufenden globalen Informationsprozesse begünstigen das Eintreten solcher Konstellationen, die sich ebenso plötzlich wieder ändern können. Bei übereinstimmenden Interessen sind gemeinsame Problemlösungen nicht auszuschließen, sondern werden gerade in einem globalen Weltsystem begünstigt, zum Beispiel bei einem folgereicheren Börsenkrach als 1987 oder einem Zusammenbruch einer Wirtschaft wie der Polens.

Nicht unerheblich wird dabei in Zukunft sein, welche Rolle China spielen wird. Dies gilt ebenso für alle prosperierenden Wirtschaftsregionen Asiens. Sie werden trotz vorläufiger wirtschaftlicher Einbrüche von Indonesien, Malaysia, Südkorea, Philippinen am Aktienmarkt 1997 weiter Wachstumsmärkte sein. Was wir heute dort beobachten ist eher ein Übergang zur Normalität von Wirtschaftsentwicklung: Auf einmalige spektakuläre Gewinnentwicklungen folgen eben Korrekturen. Dort finden dennoch die dynamischen Entwicklungen statt. Wir wissen heute nicht und können es nicht wissen, wer in solchen Situationen zum Zuge kommen wird. In Japan führten fallende Immobilien- und Aktienpreise, im Zusammenhang mit einer starken Aufwertung des Yen, zwischen 1992–1995 zu einer deflationären Einwicklung. Begrenzt wird ein Wirtschaftsaufschwung durch die Verschuldung der Unternehmen und die Bankenkrise. In diesem Zusammenhang ist es informativ, daß die japanischen Eliten mittlerweile eine Deregulierung der Wirtschaftsorganisation Japans fordern und umzusetzen beginnen, zum Beispiel durch die Deregulierung der Devisengeschäfte, die nur von lizensierten Banken abgewickelt werden durften, bis 2001 sollen Banken, Versicherungen und Wertpapierhäuser um Anleger bei Finanzprodukten konkurrieren dürfen: Insgesamt werden die bestehenden Monopole dereguliert. Dazu gehören weiter Erleichterungen im Zugang zum japanischen Markt, zum Beispiel kooperiert seit 1998 die Dresdner Bank mit der Meiji-Lebensversicherung, das US-Investmenthaus Merrill Lynch sicherte sich aus der Konkursmasse von Yamaichi Securities ein Filialnetz für die Sparer in Fremdwährungen. Positive Ergebnisse zeigt bereits die Deregulierung im Einzelhandel und in der Telekommunikation. Eine expansive Geld- und Finanzpolitik wird voraussichtlich dazu führen, daß die japanische Wirtschaft wieder Schritt faßt. Zudem sollte nicht unterschätzt werden, daß sich die Japaner in der Regel erfolgreich adaptativ verhalten haben und so Niederlagen in vielen Fällen erfolgreich begegnen. Indonesien ist ein weiteres informatives Beispiel. Es ist nicht nur ein großer Schuldner europäischer Banken, sondern ein wichtiger Exporteur und Importeur von international gehandelten Rohstoffen wie zum Beispiel Zinn, Kakao und tropischen Ölen. Aus diesen Situationen können wirtschaftliche Koalitionen entstehen, die ganz neue politischen Allianzen zu Folge haben.

Im Blick auf Europa sollten wir davon ausgehen, daß seine nationalen Kulturen zu wirkungsmächtig sind, um im Zuge der europäischen „Einigung" unterzugehen. Sollte die vorgestellte Auffassung von Globalisierung zutreffen, so wird daraus ersichtlich, daß nationale Kulturen im Kontext des Weltsystems nicht verschwinden werden. Durch die Globalisierungsprozesse im Weltsystem haben sich die Voraussetzungen für die wirtschaftliche Konkurrenz in der europäischen Binnenwirtschaft verändert. Viel wird davon abhängen, wie schnell und wie stabil sich der osteuropäische Wirtschaftsraum entwickelt. Es ist zwar noch nicht in Sicht, das Spielen der osteuropäischen Karte wird für die deutsche und damit für die europäische Wirtschaft „letztlich" von entscheidender Bedeutung sein. Gerade der deutsche Standort wird dadurch wieder attraktiv, da er selbst von Märkten umgeben ist.

Mit der Harmonisierung der europäischen Gesetze und mit den wirtschaftlichen Standardisierungen ist zwar *ein* Schritt getan, die Zukunft der EG-Nationen in der globalen Wirtschaft sicherzustellen. Die nationalen sowie die regionalen und die branchenspezifisch unterschiedlichen Wirtschaftskulturen belegen, daß die europäischen Gesellschaften in der Geschichte ihrer Industrialisierung ungleichzeitige Entwicklungen durchlebt haben. Dies hatte Auswirkungen auf ihre Einstellung gegenüber Autorität, Partizipation, Arbeitsethik und Leistungsmotivation sowie Protest und Konfliktverhalten. Bei allen kulturellen und sozial-strukturellen Unterschieden ist darauf hinzuweisen, daß in der Entwicklung der europäischen Gesellschaften nach dem zweiten Weltkrieg ihre Verflechtung gewachsen ist. Dies betrifft die fortlaufende Erweiterung ihrer Wirtschaftsbeziehungen, die Zunahme des Realeinkommens seit der zweiten Hälfte der fünfziger Jahre, den damit einhergehenden wachsenden Tourismus, das Interesse an Konsumgütern aus anderen Wirtschaften und Kulturkreisen, die Veränderung des Bildungs- und Ausbildungsniveaus, die Etablierung demokratischer politischer Systeme (Spanien, Portugal, Griechenland), die Öffnung der nationalen Arbeitsmärkte sowie die Innovationen in den Verkehrs-, Transport- und den Kommunikationstechnologien. Hervorzuheben ist in diesem Zusammenhang der Abbau der bis zum zweiten Weltkrieg vorherrschenden Feindbilder.

Es ist zu vermuten, daß der hohe Grad an Zentralisation und politischer Autorität in Frankreich, verbunden mit einer bis in die Gegenwart reichenden kleinkapitalistischen, paternalistischen Firmenstruktur, bedeutsame Wirkungen hinsichtlich des Verhaltens französischer Akteure mit sich bringt. Stärkere oder schwächere Ausprägungen religiöser Traditionen mit Bezug auf deren innerweltliche Leistungsförderung und Arbeitsethik führen weiterhin zu unterschiedlichen Graden von Selbstverantwortung und sozialen Verpflichtungen. In den europäischen Staaten werden die Ausbildungssysteme, die unterschiedlichen Organisations- und Regelungsmodelle zwischen Wirtschaft, Gewerkschaft, Parteien und Staat sowie die besonderen Managementtraditionen nicht einfach verschwinden. Die unterschiedliche kulturellen Orientierungen im Hinblick auf „Wahrheit", „Zeithorizonte" oder „Raumbezogenheit" können im Zuge der wirtschaftlichen Integration der Europäer zu einer Profilierung ihrer kultur- und regionalspezifischen Unterschieden führen, die sich in der Kommunikation der Systeme und ihrer Akteure artikulieren. Diese unterschiedlichen Perspektiven werden die politischen Verhandlungen, die Entwicklung von Geschäftsbeziehungen und die kulturellen Annäherungen immer wieder erschweren und die politische Konsens- und Kompromißfindung aufwendig gestalten.

Die Entwicklung von gruppenübergreifenden und großflächigen kollektiven Identitäten ist kein selbstverständlicher Vorgang. Rückblickend bildeten sich solche Identitäten immer durch eine Abgrenzung gegenüber Außenstehenden aus, das heißt der eigenen Gruppe, Gemeinschaft und Nation gegen andere. Erst durch Abgrenzungen werden Stabilisierungen nach innen herbeigeführt. Gerade im Zeitalter der Globalisierung werden solche Grenzen in den lokalen und regionalen Bereichen gezogen werden, die sich durch erhöhte Mobilität eher noch verstärken. Insofern sind auch Entwicklungen denkbar, in denen sich die Kulturkämpfe und Feindschaften vermehren. Dies gilt für das Weltsystem global und wird durch es induziert. Alte Feindschaften, wie zwischen Japan und Korea, werden, gerade bei einem weiteren koreanischen Wirtschaftserfolg, nicht verschwinden.

Das Dilemma und der Konkurrenzimperativ der Europäer

Die Antworten der europäischen Staaten und Wirtschaftssysteme auf die Globalisierung legen es nahe, daß das politische System Europas weiter nationalstaatlich organisiert bleiben wird und bestenfalls als Nationalitätenstaat politisch kooperiert. Es gibt für die Normsetzung und Normimplementierung des politischen Systems kein alternatives, wirklich effektives Modell (R. Münch: 1993, S. 157–181). Entscheidend für die politische Stabilität der Europäer wird es sein, ob sie auf dem Weltmarkt für Protektion erfolgreich sein werden. Im Jugoslawienkrieg waren sie es nicht. In diesem Fall haben die Vereinigten Staaten die Initiative ergriffen. Daraus werden die Europäer lernen müssen, wollen sie in der Konkurrenz um Protektion ernst genommen werden.

Frankreich und Deutschland waren der harte Kern des wirtschaftlichen Zusammenschlusses in Europa. Ein europäisches Wirtschaftssystem wird aber nicht auf Italien, Spanien, Portugal, auch nicht auf Großbritannien verzichten können. Mit dem „grünen Licht" für elf Mitglieder der europäischen Gemeinschaft zu einer europäischen Währung sind die Weichen zu einer neuen Ausgangssituation gestellt. Das Ziel einer weiteren europäischen Wirtschaftsintegration wird zwar im Fortgang weiterhin spannungsreich bleiben und es sind ungleichzeitige Entwicklungen zu erwarten. Der Plan der Herstellung eines einheitlichen europäischen Marktes, das heißt freier

Austausch von Kapital, Gütern und anderen Dienstleistungen, ist in der angestrebten Weise auf dem Weg zu seiner Realisierung und beschleunigt sich durch das globale Wirtschaftsystem und eine europäische Währung.

Globalisierung bedeutet für die europäischen Unternehmen, daß sie mit ihrem Kerngeschäft zur weltweiten Leistungsspitze gehören *müssen*. Die Entwicklung wird dahin gehen, daß die Hersteller immer mehr ihren Kunden im Weltsystem folgen werden. Die gesättigten Märkte zwingen dazu, die Produktdifferenzierung immer weiter voranzutreiben und ihre Kundenorientierung zu verstärken. Im Rahmen der Erschließung von Märkten bekommen die begleitenden Serviceleistungen einen immer höheren Stellenwert. In einem globalen Maßstab geht die Entwicklung dahin, daß strategische Allianzen zur Wahrnehmung und Realisierung von Größenvorteilen für die Unternehmen an Bedeutung gewinnen. Einzelne Branchen werden sich im Zuge der Globalisierung auf bestimmte Regionen konzentrieren, um einen sogenannten „Fühlungs"-Vorteil zu haben, zum Beispiel Silicon Valley, Rhein-Schiene Chemie u.a. Mit der Einführung des Euros werden sich weitgehende Veränderungen für die Unternehmen ergeben. Dies betrifft die Markt- und Wettbewerbsanalyse, die Restrukturierung der Absatzwege und Organistionen, Unternehmensstrukturen und des Management. Eine gemeinsame Währung läßt die vorhandenen Preisunterschiede sofort sichtbar werden. Die durch Informationstechnologien möglichen Preistransparenzen und kürzere Reaktionszeiten beim Einkauf verschärfen den Wettbewerb. Diese Situation wird zu einer Zusammenfassung von globaler Beschaffung im Handel und bei Investitionsgütern herbeiführen, zum Beispiel werden die Vertriebsorganisationen neu reorganisiert werden müssen. Der Euro hat zur Folge, daß die Marktportfolio von Unternehmen umzudisponieren sind. Die Strategieplanung wird dabei die Nutzung der Economies of Scales in den Vordergrund stellen. Gleichzeitig werden sich die komperativen Kostenvorteile auf die Entscheidungen der Global Player in bezug auf den Standort Europa verschärft auswirken. Dies ist bereits auf dem Ist-Stand der Fall und betrifft die Unternehmesstrategieplanung im Hinblick auf die Einrichtung von Wertschöpfungsketten. Insgesamt wird die Entwicklung dahingehen, daß global operierende Unternehmen von einzelstaatlichen Instanzen immer unabhängiger werden. Um Standortvorteile zu erlangen, können in dieser Situation die einzelnen europäischen Staaten ihre Auflagenpolitik gegenüber den Unternehmen vermindern gestalten.

Eine umfassende gesetzliche und ökonomische Regelung aller Belange in Europa von seiten der Euro-Verwaltung steht einem unbürokratischen, schnellen Marktverhalten entgegen. Es sind andererseits bestimmte Regelungen einzuführen, um eine Vereinheitlichung der nationalen Volkswirtschaften herbeizuführen. Dies gilt für die Normierung von Techniken, die Sicherung und Förderung des Wettbewerbs, die Gewährleistung eines qualifizierten Bildungssystems, die Förderung von Strukturwandel, die Reform der Unternehmenssteuern u.a. Eine Vereinheitlichung ist deshalb erforderlich, um für alle europäischen Marktteilnehmer vergleichbare Ausgangspositionen herzustellen, wie Lohnnebenkosten, Mindestlöhne, Umweltauflagen u.a. Aufgrund der jetzt schon vorliegenden Regelungsmenge liegt es andererseits nahe, daß der Subventionsbetrug kaum erfolgreich zu bekämpfen ist, da keine Konzepte entwickelt wurden, um die gesamte europäische Landwirtschaft bei Flächenstillegungen oder des Anbaus bestimmter Produkte wirksam zu kontrollieren. Mit ähnlichen Schwierigkeiten wird bei einer Vereinheitlichung der Steuern zu rechnen sein, die nicht in Sicht ist.

Erkennbar ist, daß in bezug auf die gesetzlichen und ökonomischen Regelungen sowie die unterschiedlichen nationalen Interessen in einem globalen Wirtschaftssystem für die Europäer ein *Dilemma* entsteht, das eine gesamteuropäische politische Integration verhindern könnte. Besonders auf dem Gebiet des Verbraucherschutzes sind die skandinavischen Staaten und die deutsche Bevölkerung durch umfassende Informationen – im Unterschied zu anderen europäischen Ländern – besonders sensibilisiert, das betrifft die Einfuhr von radioaktiv bestrahlten Lebensmitteln aus den Niederlanden und die fehlende Kennzeichnungspflicht gentechnisch veränderter oder künstlich hergestellter Lebensmittel. Die angestrebte Form des Binnenmarktes sieht vor, daß das, was in einem einzelnen europäischen Land erlaubt ist, von allen anderen europäischen Ländern hingenommen werden muß. Dies liegt nahe, da die umweltsensiblen Nationen in der Minderheit sind. In solchen und ähnlichen Fällen wird wieder der Wunsch nach nationalen Regelungen in den Vordergrund treten, die durch die Struktur der globalen Wirtschaft immer wieder ausgehebelt werden können.

Selbst Regelungen, über die ein Konsens besteht, können ständig unterhöhlt und umgangen werden, da nach dem Schengener Abkommen innerhalb Europas überhaupt keine Grenzkontrollen mehr durchgeführt werden sollen. Es bestünde dann nur noch die Möglichkeit einer „Endkontrolle" in den jeweiligen Einfuhrländern, die ihrerseits schon aufgrund mangelnder Personalkapazitäten nicht durchführbar ist. Die in der Bevölkerung verbreitete Vorstellung, daß eine „unbekannte", „weit entfernte", „nicht-wissende" Europäische Kommission über ihr „Wohl" entscheidet, könnte wieder verstärkt den Wunsch nach nationaler Souveränität aufkommen lassen.

Die wirtschaftliche Herstellung und Verteilung ist bereits global vernetzt. Es macht keinen Sinn mehr, von der nationalen Wirtschaft eines einzelnen Landes zu sprechen. Eindrucksvoll wird dies durch eine Untersuchung der Schweizerischen Bankgesellschaft belegt. Mehr als 50 Prozent des amerikanischen Handelsaufkommens sollen durch global operierende Unternehmenskonzerne erwirtschaftet werden und über 20 Prozent konzerneigene Transaktionen von „Töchtern" derselben Gruppe werden dazu verwendet, die internationale Wettbewerbsfähigkeit zu verbessern. Wachstum, Inflation und Zinsen sind nicht nur ein Konvergenzthema des europäischen Binnenmarktes, sie sind es in einem globalen Sinn. Das heißt: Wird von einem Land die Konvergenzverfolgung aufgegeben, werden die Unternehmen abwandern und niemand kann sie daran hindern.

Der Konkurrenzimperativ für die Europäer heißt Technologieentwicklung, Deregulierung und Wahrnehmung von komperativen Kostenvorteilen. Nur dadurch kann Konkurrenzfähigkeit erreicht werden und es können nur so die Arbeitsplätze gesichert werden. Der größte japanische Handelskonzern Sumitomo Corp. führte das erste Internet-Handelssystem in Asien ein. Ein Netzwerk, das Käufer und Verkäufer über ein Netz zusammenführt und Lieferungen und Zahlung online durchführt. Das Produktangebot reicht von elektronischen Geräten bis zu Baumaschinen und Gebrauchtwagen. Es wird nicht mehr lange dauern, so werden über dieses Netz Immobilien, Reisen und Finanzprodukte gehandelt. Die modernen Kommunikationstechnologien verändern das Marketing, Standorte sind zunehmend unbedeutend, aber auch die Börsenwahl von Unternehmen für Notierung und Indexaufnahme werden vermutlich in Zukunft keine so große Rolle mehr spielen.

Für ein europäisches Wirtschaftssystem ist davon auszugehen, daß Produktivitätsverbesserungen von einer Verringerung des Lohndrucks abhängig sind. Globalisierung führt voraussichtlich dazu, daß kein steigendes und hohes Zinsniveau zu erwarten sein wird. Unter diesen Voraussetzungen können wir damit rechnen, daß der europäische Aktienmarkt seine Zuwachsraten verbessert. Ein europäisches Wirtschaftssystem wird die Wettbewerbssituation seiner Unternehmen dadurch verbessern, sofern eine stabilitätsorientierte Geldpolitik weiterhin eine inflationäre Entwicklungen verhindert. Dies dürfte von entscheidender Bedeutung für ein künftiges Wirtschaftswachstum sein. In einem globalen Wirtschaftssystem wird der Kapital- und Gütermarkt nicht mehr durch einen nationalstaatlichen Protektionismus begrenzt werden können. Die europäischen Staaten müssen sich darauf einrichten, daß durch die globale Verlagerung von Wertschöpfungsketten, die Kostenstruktur der Unternehmen günstig beeinflußt wird. Das hat weitgehende Auswirkungen auf die Wirtschaftspolitik, die durch eine Privatisierung von Staatsunternehmen neue Märkte schaffen wird.

Ein entscheidendes Problem für die zukünftige europäische Kooperation ist die durch die Globalisierung herbeigeführte unterschiedliche Wirtschaftsentwicklung in den einzelnen Staaten. In einem globalen Wirtschaftssystem werden sich die wirtschaftlichen und politischen Beziehungen zwischen Regionen und Nationalstaaten weiter konfliktreich gestalten. Wirtschaftliches Wachstum wird stärker als in der Nachkriegsgesellschaft von Verzicht auf allgemeinen Wohlstand begleitet sein. Der politische Verlust von Souveränitätsrechten der europäischen Nationalstaaten wird dazu führen – sollte eine solche Umgestaltung ernsthaft vorgenommen werden –, daß die Nationalstaaten die ihnen noch zur Verfügung stehenden Reste von politischer Souveränität um so gezielter und konsequenter ins Spiel bringen. Globalisierung macht vor den Grenzen Europas nicht halt. Entscheidend dürfte es für die weitere Entwicklung sein, wie sich in Zukunft strukturelle Faktoren wie Innovationen, regionale Entwicklungen und konjunkturelle Auf- und Abschwünge innerhalb eines globalen Wirtschaftssystems gestalten. Die global ablaufenden Prozesse werden – da eine protektionistische Abschottung Europas nicht möglich sein wird – zu Folge haben, daß in Europa die Karten neu gemischt werden. Davon ist die Wiedergewinnung des Standorts *Deutschland* in einem globalen Wirtschaftssystem betroffen.

Die Wiedergewinnung des Standorts Deutschland

Das Wirtschaftssystem der Bundesrepublik Deutschland steht weiter vor einer Bewährungsprobe. Sie wird nur durch eine weitgehende Restruktuierung nicht nur von Wirtschaftsunternehmen, sondern auch der öffentlichen Verwaltung zu bewältigen sein. Darüber darf man sich gegenüber der ideologiesierten Rhetorik in der öffentlichen Austragung der Interessenskonflikte nicht täuschen lassen. Das Wirtschaftswunder der 50 Jahre und die dynamische Gesellschaftsentwicklung lassen dennoch hoffen, daß die Lernmöglichkeiten der deutschen Gesellschaft und ihres Genpools nicht gänzlich erschöpft sind. Lernen bedeutet die Einsicht, daß das Modell „Deutschland" der alten Bundesrepublik, die soziale Marktwirtschaft, in ihrer Ausprägung, wie sie vor der Wiedervereinigung bestand, keine Zukunft mehr haben wird. Deutschland hat die höchsten Lohnkosten, ohne eine sie tragende Produktionssteigerung, die kürzeste Arbeitszeit, die längsten Urlaubszeiten, die größten Krankheitsstände, die kürzeste Lebensarbeitszeit und die größten Investitionshindernisse. Damit ist die Herausforderung von Globalisierung nicht zu bewältigen. Es sind andererseits bereits positive Entwicklungen erkennbar, wie die Restrukturierung der deutschen Automobilindustrie, eine beginnende Zurückhaltung der Gewerkschaften bei den Tarifabschlüssen, zum Beispiel blieben die Abschlüsse im Jahre 1997 zwischen 1,3 und 1,5 Prozent, und ein sich vorteilhaft auswirkender Rückgang der Lohnstückkosten. Viele Unternehmen haben zwar die Krise seit Anfang der neunziger Jahre zur Restrukturierung genutzt, insbesondere im Maschinenbau wurde die Angebotspalette erneuert, die Fertigungstiefe wurde gesenkt und der Einkauf bei preisgünstigen Zulieferer wurde verbessert. Dennoch ist das Wachstum der deutschen Wirtschaft immer noch nicht „steil genug". Eine Verbesserung der Angebotsbedingungen für die deutsche Wirtschaft kann nur heißen: Steuerentlastung, Einschränkung der Sozialausgaben und gemäßigte Einkommenspolitik. Auch bei einem Umsatzzuwachs der deutschen Wirtschaft werden in absehbarer Zeit weiter Arbeitsplätze abgebaut werden. Erst eine Dynamisierung und Flexibilisierung des Arbeitsmarktes wird eine strukturelle Wende der Beschäftigungssituation – unabhängig von saisonbedingten Schwankungen – herbeiführen.

Das föderale Wirtschaftssystem hat sich zwar bewährt, aber als Teil eines globalen Weltmarktes wird es sich darauf einstellen müssen, daß es einem Dauertest ausgesetzt sein wird. Dabei sind die Führungskräfte gefragt, die Innovation umsetzen. Das Management, auch die Eliten in den Parteien und Verbänden, denken immer noch besitzstandsorientiert. Die erforderlichen Umstrukturierungen von Unternehmen, der öffentlichen Verwaltungen und eine aktive Gestaltung der Unternehmensentwicklung werden aus Angst vor einem Status- und Machtverlust verhindert und behindert. Risiken werden nicht eingegangen, da Mißerfolge bestraft und die erforderliche Initiative, die sich erst in der Entwicklung des Unternehmens bewähren kann, nicht belohnt wird. Dies führt dazu, daß in dieser Situation nur noch radikale Lösungen weiterhelfen, wie sie die Deutsche Bank in der Umstrukturierung ihrer Geschäftsbereiche durchgeführt hat. Die Besitzstandserhaltung betrifft alle sozialen Lebensbereiche und wirkt sich verhängnisvoll aus.

In einem globalen Wirtschaftssystem müssen Unternehmen in ihrem Kerngeschäft zur weltweiten Leistungsspitze gehören, das heißt sie müssen in es investieren und sich in ihm profilieren. Die wirtschaftliche Entwicklung wird immer mehr dahingehen, daß die

Unternehmen ihren Abnehmern ins Ausland folgen. Zudem zwingen gesättigte Märkte zu einer stärkeren Kundenorientierung und einer Produktdifferenzierung. Globalisierung erzwingt und begünstigt strategische Allianzen von Unternehmen, um Größenvorteile zu realisieren. Unternehmensnetze und Holdingstrukturen, mit denen die Ablauforganisation verringert wird, gewinnen – bei gleichzeitiger Konzentration auf das Kerngeschäft – an immer größerer Bedeutung. Im Zuge dieser Entwicklung stellt sich eine Internationalisierung des Managements ein. In einem globalen Wirtschaftssystem spielt der Verwaltungssitz eines Unternehmens für Herstellung und Beschäftigung *keine* Rolle mehr.

Das deutsche Wirtschaftssystem ist heute ein Teil eines Weltwirtschaftssystems und muß global – auch auf dem europäischen Markt – konkurrieren. Damit haben sich die Wettbewerbsbedingungen grundlegend verändert. Dies erfordert eine grundsätzlich andere Wirtschaftspolitik. Die südostasiatischen Wirtschaftszentren sind nicht nur Konkurrenten, sondern sie sind und werden sich in Zukunft zu günstigen Absatzmärkten entwickeln. Das gilt vergleichbar für Mittel- und Osteuropa. Die Konkurrenzbedingungen verändern sich durch die in Asien aber auch in Südamerika prosperierenden Wirtschaftsregionen deshalb, da sie in absehbarer Zeit nicht nur Billiglohnländer bleiben werden, sondern gleichwohl günstige Rahmenbedingungen für Investitionen bereitstellen. Durch die Ereignisse der Jahre 1997 und 1998 sollte man sich diesbezüglich nicht irritieren lassen. Zudem werden durch marktstrategische Entscheidungen die Verlagerung von Standorten befördert. Für die Wahrnehmung dieser Chancen ist das Paradox der kurzfristigen Rentabilität sowie der langfristigen Perspektiven in der Unternehmensstrategie und der Wirtschaftspolitik zu balancieren.

Das seit den achtziger Jahren sich verbreitende Schlagwort „Deregulierung" – in der Folge der Deregulierungsoffensive in den Vereinigten Staaten Ende der siebziger Jahre – und die Forderung nach entsprechenden Schritten, sollte jedoch nicht dahingehend verstanden werden, daß es gar keine staatlichen Eingriffe in das Wirtschaftssystem mehr geben wird, sondern diese Eingriffe müssen neu bewertet und gewichtet werden. Aufzugeben ist allerdings im

Zuge dieser Entwicklung die Funktion des Staates als einer die sozialen Systeme durchgreifend regulierende Instanz und somit die traditionelle Selbstbeschreibung des modernen Gesellschaftssystems als einer politischen Gesellschaft, die in einer politischen Öffentlichkeit über die kollektiv verbindlichen politischen Entscheidungen befindet.

Wie sich die Restrukturierung der Regelungswerke zwischen Staat und Wirtschaft auch immer ausgestalten werden: Ohne eine Deregulierung wird das erforderliche Wirtschaftswachstum nicht eintreten.

Ein globales Wirtschaftssystem stellt neue und andere wirtschaftspolitische Anforderungen. Dazu gehört die Fortführung der Liberalisierung des Welthandels, eine weltweite Anerkennung von Produktzulassungen sowie Beseitigung von nichttarifären Handelshemmnissen und Zöllen und ein Abbau der bestehenden Hemmnisse im Kapitalverkehr. Allerdings bedürfen grenzüberschreitende Investitionen und Technologie eines Patentschutzes. Beschäftigung kann im Fortgang der Entwicklung, in der wir uns befinden, nur noch durch globale Arbeitsteilung gesichert werden. Die Erhaltung von Wettbewerbsfähigkeit von Unternehmen ist von einer globalen Disposition über die Verlagerung von einzelnen Wertschöpfungsketten abhängig geworden. Diese Ausgangslage bringt alle westlichen Gesellschaften immer mehr unter Anpassungsdruck. Globalisierung hat nicht nur gegenüber den Kosten des Sozialstaates in Deutschland und seiner Ausnutzung durch Migration sensibilisiert, sondern gleichzeitig die Ineffektivität des gesamten Ausbildungssystems deutlich gemacht.

Die *Anforderungen* zu einer Wiedergewinnung und Weiterentwicklung des deutschen Standort als Teil, nicht nur eines europäischen, sondern globalen Wirtschaftssystems, möchte ich in den folgenden Punkten programmatisch umreißen. Sie eröffnen die Perspektive auf die Entwicklung, in der wir uns befinden.

1. *Wirtschaftspolitik: Schaffung von günstigen Rahmenbedingungen für Investitionen.* Der Standort Deutschland wird nur dann konkurrenzfähig sein, wenn mit einer neuen Stufe der Innovation der staatlichen Förderung der Zukunftstechnologien begon-

nen wird. Dazu gehört eine Beendigung der Subventionen in nicht mehr überlebensfähigen Industrien, zum Beispiel Bergbau, Werften und unwirtschaftlichen Unternehmen, um Verluste zu kompensieren und Entlassungen zu begegnen. Vielleicht sollte man ausländischen Unternehmen in Deutschland an den staatlichen Subventionen für technologische Entwicklung beteiligen, sofern sie sich dazu verpflichten, Forschung, Entwicklung und Herstellung in Deutschland zu betreiben und deutsche Wissenschaftler und Ingenieure (Techniker) zu beschäftigen.

Es kommt für Deutschland und Europa darauf an, daß Unternehmen am Ort investieren und damit ansässige Mitarbeiter beschäftigen. In bezug auf die staatliche Rentabilitätsstützung von Unternehmen sollte grundsätzlich umgedacht werden. Global operierende Unternehmen entwickeln kaum besondere nationalen Bindungen und es gibt de facto keine rein nationalen Unternehmen mehr.

Die Antwort auf diese Situation und die Problemlösungsstrategie kann nur darin bestehen, daß die deutsche Wirtschaft genügend zur Weltwirtschaft beiträgt, um den Wohlstand der Beschäftigten zu gewährleisten. In Japan und in den Vereinigten Staaten werden die Unternehmen von Veredelungsprodukten und der High-Tech-Bereiche durch staatliche Innovationsförderung motiviert, wie steuerliche Erleichterungen, Zulagen für Forschung und Entwicklung und gezielte staatliche Beschaffungspolitik. In Deutschland dagegen sind einzelne Bereiche der chemischen Industrie durch Innovationshemmnisse bedroht. Dies wirkt sich um so fataler aus, da die Innovationen in diesem Bereich Auslöser und Grundlage von Innovationen in anderen Wirtschaftsbereichen sind. Eine Übersteuerung und Einschnürung durch Gesetze und Verordnungen der Europäischen Union auf Bundes- und Landesebene verhindert die Innovationen in der Chemie.

Erst innovationsfreundliche Rahmenbedingungen erlauben Konkurrenzfähigkeit in einem globalen Wettbewerb. Die vom Bundeswirtschaftsministerium und vom Bundesforschungsministerium eingeleiteten Schritte zu Innovationserleichterung sind ein erster Hinweis für eine Verbesserung der Rahmenbedingung des deutschen Standorts. Dazu gehören weitere Initiativen und Umsetzungen der Gesetzesvereinfachungen, wie sie von dem Rat der Europäischen Union mit der Arbeitsgruppe „Molitor-Kommission" eingeleitet wurde, die von einer „Deutsch-Britischen Deregulierungsgruppe" unterstützt wird. Die Vereinfachungsvorschläge betreffen das Transport-, das Wirtschafts-, das Sozial-, das Haftungs- sowie das Stoff- und Produktrecht. Vorrangig ist ein radikaler Abbau von gesetzlichen Einschränkungen für Selbständige. Als Hemmnis wirken sich aber auch die ständischen Reste der Gewerbebeschränkungen aus. Auch in diesem Fall bedarf es einer Deregulierung.

2. *Steuerpolitik.* Der Bundeshaushalt muß weiter konsolidiert werden. Dazu sind jedoch Strukturreformen erforderlich und nicht nur ad hoc Sparmaßnahmen und Steuererhöhungen. Das Scheitern der „großen" Steuerreform im September 1997 hat nicht zur Sicherung des Standorts Deutschland beigetragen. Dies gilt vorrangig für die ausländischen Investitionen. Eine *Reform der Steuerpolitik* ist ein nicht umgehbares Erfordernis. Dabei sollte man davon ausgehen, daß es eine in die tiefe gehende staatliche Kontrolle von global operierenden Unternehmen nicht mehr gibt. Eine Verminderung der Spitzensteuersätze und der Körperschaftsteuer ist das Gebot jeder weiteren Steuerpolitik. Gleichwohl wird nach einer Steuerreform Deutschland noch ein Hochsteuerland bleiben. Alle Steuerreformen werden jedoch einen Abbau von Neuverschuldungen voraussetzen. Dies wird nur gelingen, wenn die Ansprüche an den Staat fortlaufend verringert werden. Damit sind die umfangreichen Subventionen angesprochen. Eine Verbesserung der Finanzlage von Bund, Länder und Gemeinden kann nur durch eine weitere Offensive bei der Privatisierung von öffentlichen Aufgaben erreicht werden. Der Bundeshaushalt wird sich vermutlich dauerhaft nicht mehr über Einkommenssteuern finanzieren können, das heißt es ist ein radikaler Abbau der Steuervergünstigungen durchzuführen. Der Ausweg kann nur darin bestehen, die Einkommenssteuern weitgehend zu senken und die Mehrwertsteuer weiter zu erhöhen. Es ist unumgänglich, die wirtschaftlichen Leistungseliten steuerlich zu entlasten.

Die Wiedergewinnung des Standorts Deutschland

3. *Tarifpolitik.* Ein Entwicklungsschub für deutsche Unternehmen würde durch eine *Flexibilisierung der Tarifpolitik* ausgelöst werden. Der flächendeckende Tarifvertrag hat sich mittlerweile als eine unzeitgemäße Regelung erwiesen. Er kann der veränderten Situation der deutschen Unternehmen im europäischen und globalen Wettbewerb nicht mehr gerecht werden. Das wird die Rhetorik über seine sozialen Errungenschaft kurzfristig nicht zum Verschwinden bringen. Sie verdanken sich einer Wirtschaftsepoche, die heute bereits nicht mehr besteht. Die Weichen sind bereits in eine andere Richtung gestellt. Allgemeine Normierung von Arbeitsverhältnissen wird es immer weniger geben und sie werden sich in Zukunft auf allgemeine Rahmenbedingung beschränken. Bei den Gewerkschaften sind erste Anzeichen zu erkennen, daß sie sich auf die veränderte Situation einzustellen beginnen.

Erforderlich sind eine flexible Gestaltung der Arbeitsverhältnisse, das heißt Teilzeitarbeit, befristete Anstellungsverträge, flexible Arbeitszeiten und die Einführung einer Wochenarbeitszeit sowie eine Beendigung der Politik der Arbeitszeitverkürzung und eine erfolgreiche Verringerung des Krankenstands. Es werden heute Stimmen laut, daß der größte Verschwender am Standort Deutschland der „deutsche Arbeiter" ist. Die Kompetenzen des traditionellen Facharbeiters reichen für ein modernes Unternehmen nicht mehr aus. Er sollte sich darauf einstellen, daß sein Arbeitsplatz schnell gestrichen oder die Herstellung nach Taiwan verlagert wird. Allerdings sollte darauf hingewiesen werden, daß sich die Mitarbeiter bei Kooperationsangeboten über zu entwickelnde „Konzepte" zur Zukunft eines Unternehmens oft nicht verweigern. Es bedarf zudem einer Beschleunigung der Herstellungs- und Rüstungszeiten: Eine mit moderner Technologie betriebene Fabrik darf nicht stillstehen; sie erfordert eine Wochenarbeitszeit.

Der Arbeitslosigkeit wird nur dann erfolgreich begegnet werden können, indem – insbesondere für den Dienstleistungsbereich – eine Öffnung der Lohnstruktur nach unten durchgeführt wird. In den Vereinigten Staaten hat sich der Earned Income Tax Credit, das heißt einem Kombi-Lohn durch zusätzliche Transfereinkommen nach der Art der negativen Einkommenssteuer als Schritt aus der Verarmung durchaus bewährt.

4. *Transparenzforderung an Unternehmen.* Erforderlich ist es jedoch, daß in einem globalen Wirtschaftsystem deutsche Unternehmen ihre Geschäftsberichte aktionärsorientiert gestalten. Die Qualität der Berichterstattung zeigt bei deutschen Unternehmen insgesamt ein unbefriedigendes Bild. Für Shareholder sind die Informationen zur aktuellen und zur künftigen wirtschaftlichen Lage, der Wirtschafts- und Prognosebericht als auch die Zusatzrechnungen im Zusatzbericht – Mehrjahresübersicht, Kennzahlen Kapitalflußrechnung u.a. – von Interesse. Es ist davon auszugehen, daß – im Unterschied zu einer Publizitätsscheu – nachvollziehbare Prognosen und eine entsprechende Berichterstattung die Eigenkapitalkosten eher langfristig senken wird. Bei allen feststellbaren Mängeln hat die Bewertung deutscher Geschäftsberichte durch das Institut für Revisionswesen ergeben, daß sich zum Beispiel die durch den Dax notierten Unternehmen in ihrer Berichtserstattung verbessert haben, gehören mittlerweile die Segmentberichterstattungen zu dem Standard dieser Unternehmen. Die Bedeutung des Geschäftsberichts als wesentlichen Kommunikationskanal zu den Aktionären wird durch Globalisierung in Zukunft noch wichtiger werden. Der Vergleich der Performance in den verschieden Anlagen und Segmenten führt zu dem globalen Wettbewerb um Kapital. Wertmanagement ist ein Prozeß des fortlaufenden organisationellen Wandels und des Umdenkens auf allen Entscheidungsebenen von Unternehmen, das heißt die innere Verfassung des Unternehmens muß hinsichtlich Transparenz, Effizienz und Entscheidungsautonomie die Voraussetzung für Wertmanagement in einer globalen Weltwirtschaft bereitstellen.

5. *Strukturreform des Universitätssystems.* Das deutsche Universitätssystem wird sich zu einer „multimedialen Universität" entwickeln müssen. Im Zuge dieser Entwicklung wird die Universität zunehmend delokalisiert werden. Dieser Vorgang betrifft jedoch das Wissenschaftssystem weltweit. Die noch heute bestehende sogenannte „Massenuniversität" wird keine Zukunft haben. Die Problemlösung einer Umstrukturierung der deutschen

Universitäten wird in Richtung Differenzierung der Anforderungen an ein Studium zu suchen sein. Die beklagten Probleme der deutschen Universitäten wurden insbesondere dadurch hervorgerufen, daß im Zuge der Universitätsreform der siebziger Jahre die Universitäten übervölkert wurden. Erforderlich ist ein differenziertes Hochschulsystem (zu der erforderlichen Richtung in der Umstrukturierung der deutschen Universitäten vgl. Zur Zukunft der deutschen Universitäten, in diesem Band).

6. *Soziale Sicherheit und Solidargemeinschaft.* Die Entwicklung einer Solidargemeinschaft war das Ergebnis von nationalen Bürgergemeinschaften. In Deutschland wurde sie durch die Institutionalisierung eines sozialen Kompromisses durch die christlichen Parteien nach dem zweiten Weltkrieg herbeigeführt. Dieses „Modell Deutschland" der alten Bundesrepublik galt als vorbildlich für eine Institutionalisierung eines sozialen Ausgleichs. Bereits seit den siebziger Jahren verschärften sich, ausgelöst durch die Reformen der sozialliberale Koalition, die Verteilungskämpfe. Die deutsche Wirtschaft fing auf einem hohen Niveau an zu stagnieren. Der verfehlte Aufbau von Überkapazitäten in den achtziger und die fehlende Konzentration auf die Kernkompetenz der deutschen Unternehmen – eine Orientierung, die zeitbedingt war – führte seit Anfang der neunziger Jahren zu dem Umbruch der Restrukturierung der deutschen Wirtschaft, in dem wir uns immer noch befinden.

In der Folge der gesetzlichen Anerkennung der Mitbestimmung und der Wellen von demokratischen Partizipationsbewegungen seit der zweiten Hälfte der sechziger Jahren ist der soziale Kompromiß durch die von ihm selbst ausgelöste Dynamik ernsthaft gefährdet. Sie führten dazu, daß der Ausgleichsmechanismus des Sozialstaates ausgehöhlt wurde. Der Mißbrauch der Wirtschaftsasylanten der achtziger Jahre und der politische Verzicht und fehlender Mut, rechtzeitig Vorkehrungen zu treffen, auch von großen Teilen der christlichen Kirchen, ließ eine Situation entstehen, in der er kaum mehr finanzierbar ist. Die Schadensbegrenzungen durch das neue Asylgesetz konnten dem zwar entgegenwirken, dennoch war damit die Ausgangslage nicht mehr zu korrigieren.

Einschnitte bei den Sozialleistungen und -abgaben werden letztlich nicht zu vermeiden sein. Wir haben uns in Deutschland der Herausforderung zu stellen, den Sozialstaat umzubauen, soll seine Errungenschaft erhalten werden. Wir bewegen uns zudem auf eine Gesellschaft zu, die – historisch zum ersten Mal – von den Alten dominiert werden wird. Die Prognose geht dahin, daß in den industrialisierten Ländern im Jahre 2025 die über 65jährigen die Mehrheit der lebenden Menschen sein werden. Zwar sollte der Generationsvertrag in der Rentenversicherung nicht vollständig aufgegeben werden – was wiederum langfristig nicht ausgeschlossen werden kann –, eine private Vorsorge für Alter und Ruhestand wird von allen Beschäftigen langfristig nicht zu vermeiden sein. Es wäre ernsthaft in Erwägung zu ziehen, ob das amerikanische Modell der Rentenfonds übernommen werden sollte. Eine Alternative zu dem Generationsvertrag könnte das langfristige Aktiensparen sein. Gehen wir davon aus, daß die Lebenserwartung noch weiter steigt, so könnte jeder, der eine Aktie anlegt, durch eine Sparquote von sechs Prozent – etwa 200 DM im Monat pro Arbeitnehmer – für ein Alterseinkommen von 70 Prozent des durchschnittlichen Nettolohns vorsorgen. Sofern Vermögensbildung staatlich gefördert wird, so sollte, wie bei den Rentenformen in den Vereinigten Staaten, Großbritannien und mittlerweile in Frankreich, dem langfristigen Aktiensparen der Vorrang eingeräumt werden. Davon würde der deutsche Aktienmarkt profitieren und ein Schub in der Performance-Orientierung der Unternehmen ausgehen.

In Deutschland neigt man, durch geschichtliche Entwicklungen bedingt, dazu, die Hilfe von Armen, nicht mehr erwerbsfähigen Kranken, von sozial in Not geratenen dem Staat anzulasten. Es ist aus unserer heutigen Sicht fraglich, ob dieses Modell in jeder Hinsicht überlebensfähig ist. Ein Kernbereich für das Notwendigste sollte eine staatliche Aufgabe bleiben, aber es bedarf eines Ausgleichs durch private Initiativen. Hier sind die Möglichkeiten und die Bereitschaften des Helfenwollens nicht ausgeschöpft, sei es durch Wohltätigkeitsveranstaltungen, durch Bürgerinitiativen als auch durch die Kirchen. Wir benötigen in diesem Bereich einer Mobilisierung und einer neuen Flexibilität, das heißt wir sollten nicht

„Überseehumanismus" betreiben, sondern die Bereitschaft entwickeln, unseren Mitbürgern dort zu helfen, wo es mit Augenmaß erforderlich ist.

7. Grenzen der Multikulturalität. Über Multikulturalität ist in den letzten Jahren viel gestritten worden, ohne daß dabei die zu bewältigende Situation immer klar im Blick stand und die erkennbaren Folgen für die Betroffen ernsthaft genug erwogen wurden. Das lag an der Ideologisierung und Rhetorik der hier vertretenen Positionen und an der Hochstilisierung des jeweiligen Engagements zur „Gretchenfrage". Zur Restabilisierung der durch Migrationen nach Europa entstandenen Bevölkerungssituation ist es jedoch geboten, daß Europa nicht weiter zu einem Einwanderungsland herbeigeredet wird. Von seiner historischen Entwicklung her gesehen, waren die europäischen Gesellschaften, bis in die fünfziger Jahre, das Gegenteil, Auswanderungsländer. Vielleicht werden sie es in den nächsten 20 Jahren wieder. Dies ist eine Einsicht, die beispielsweise Frankreich, Großbritannien, Italien, Spanien bereits umgesetzt haben und ein Gebot sozialer Verantwortung. Die Grenzen können nicht für die zu erwartenden Emigrationswellen offen bleiben. Wer dies fordert, dem muß eine soziale Verantwortung abgesprochen werden. Die Migrationsforschung vermutet, daß die Maghreb-Region von Nordafrika (Algerien, Tunesien, Marokko) und Osteuropa für die Westeuropäer eine ähnliche Situation hervorruft, wie Mexiko für die Vereinigten Staaten. Wir müssen uns eingestehen, daß der amerikanische Traum der „Great Society", das Leitbild des amerikanischen Präsidenten Lyndon Johnson in den sechziger Jahren, und eine harmonisch sich entwickelnde multikulturelle Gesellschaft gescheitert sind. Die Wortbildung „multikulturell" ist schon irreführend, da es genaugenommen „multiethnisch" heißen müßte. Gerade am Beispiel der Vereinigten Staaten ist ersichtlich, daß die Sozialphilosophie des Melting Pot letztlich nicht erfolgreich war, obwohl es die amerikanische Gesellschaft darin am weitesten gebracht hat. Ihn wird es, in einer nüchternen Auswertung unserer Erfahrungen, so nicht geben. Das kann man heute wissen. Im Gegenteil, wir müssen uns auf ethnische Differenzierungen und diesbezügliche Agressionen und Konflike – auch in Deutschland – einstellen. Der Verschmelzung der Ethnien und ihrem friedlichen nahen Nebeneinander sind erkennbare Grenzen gezogen. Jeder, der die Großstädte in den Ballungszentren, nicht nur in der westlichen Welt, kennt, ist damit vertraut. Eine multiethnische Gemeinschaft wäre nur unter der Voraussetzung möglich, wenn ihre Mitglieder ihre Herkunft immer mehr vergessen würden. Die Belege sprechen eher für das Gegenteil. Es ist nicht damit zu rechnen, daß durch ein globales Weltsystem dieses Vergessen hervorgerufen wird. Das dies nicht der Fall ist, zeigen die asiatischen Wachstumsgesellschaften.

Wir leben als Mitglieder eines Weltsystems in einer Situation, in der wir erkennen, daß es weniger triviale politische und wirtschaftliche Lösungen gibt als wir zur Zeit des Ost-Westkonfliktes annahmen. Wir müssen uns oft damit begnügen, Paradoxien zu handhaben. Die Herausforderungen für Deutschland und Europa werden sich fortlaufend in immer neuen Konstellationen stellen, die wir nicht voraussehen können. Es wird alles davon abhängen, in welche Richtung die Weichen gestellt werden, das heißt welche Verknüpfungen im Netz des Weltsystem vorgenommen werden. Die europäischen Regierungen müssen in ihrer Liberalisierungs- und Deregulierungspolitik fortfahren. *Nur* dieser Umbruch wird das erforderliche Wirtschaftswachstum herbeiführen, das dem sozialen Ausgleich zu gute kommen wird. *Nur* in diesem Rahmen ist zu erwarten, daß auch eine einheitliche europäische Währungsunion die Konkurrenzfähigkeit von Unternehmen erhöhen wird. Die Erhaltung des Solidaritätsnetzwerkes ist nur durch wirtschaftliches Wachstum möglich und wird weiter davon abhängig bleiben. Das Gesellschaftsmodell der alten Bundesrepublik wird nicht auf Europa übertragbar sein. Hier werden wesentliche Abstriche vorzunehmen sein.

In der alten Bundesrepublik hat die wirtschaftliche Leistungsfähigkeit und Verzichtbereitschaft den Aufbau eines Wohlfahrtsystems ermöglicht. Ohne ein weiteres Wirtschaftswachstum wird es viele Verlierer geben, davon können wir mit Sicherheit ausgehen. Um einen Einstellungs- und Organisationswandel werden wir nicht umhinkommen.

Die Wiedergewinnung des Standorts Deutschland

Auf dem Ist-Stand haben die niedrigen Investitionen in Deutschland das Wirtschaftswachstum verlangsamt und verhindert. Dies ist der staatlichen Übersteuerung und dem durch den Wertewandel der deutschen Nachkriegsgesellschaft geschuldeten Anspruchsdenken ohne Gegenleistung und seiner Ideologisierung zu verdanken. Der Mut zu Deregulierungen könnte Deutschland mittelfristig wieder zu einem anziehenden Investitionsland werden lassen. Dies gilt für die ansässigen, gleichzeitig für weltweit operierenden Unternehmen. Die Exportorientierung der deutschen Wirtschaft wird fortlaufend wachsende Direktinvestitionen erfordern. Das gleiche gilt für Frankreich mit seiner es prägenden Exportwirtschaft.

In einem globalen Wirtschaftssystem muß man sich darauf einstellen, daß weiterhin die Direktinvestitionen außerhalb des deutschen Wirtschaftsraums steigen werden. Damit ist unabhängig von günstigen Entwicklungen zu rechnen. Sofern Deutschland als Standort wieder Attraktivität zurückgewinnt, könnte man Direktinvestitionen durch Auslandsinvestitionen kompensieren. Nur durch Investitionen in moderne Fabriken, in Forschung und Entwicklung kann der Kapitalstock des Standorts Deutschland erhöht und somit die technologische Entwicklung befördert werden. Dies ist die Voraussetzung dafür, um einen Anschluß and die Vereinigten Staaten und Japan herzustellen.

Globalisierung ist kein Projekt mehr, sondern eine Realität. Es wird sich alles ändern und es wird *alles* ganz anders sein: Die Globalität der Prozesse im Weltsystem fordert *uns alle* heraus, auch unsere Gehirne und alles läuft darauf hinaus: Die Zukunft als eine Zukunft mit Gegenwart hat immer schon begonnen und jede Zukunft ist in der Gegenwart herzustellen. Das ist aber etwas, das nicht gesteuert werden kann, es können nur weitere Verknotungen vorgenommen werden. Dem Netz werden wir nicht mehr entkommen und nur in ihm können wir überleben.

Damit bewahrheitet sich eine alte sozialwissenschaftliche Einsicht, überleben werden nur diejenigen sozialen Systeme, die zur rückgekoppelten Adaptation an ihre Umweltveränderungen fähig sind und sich dadurch einen Selektionsvorteil im Betrieb der Evolution verschaffen. Eine Umwelt, die „uns" niemals als ganze zur Disposition steht, deren Komplexität wir nur reduzieren und deren angezeigte Möglichkeiten immer auch anders ausfallen können, das heißt risikoreich bleiben. Die Dauerreflexion über diese Möglichkeiten ist nicht institutionalisierbar, noch wird unsere Grundverfassung als „Mängelwesen" zu beseitigen sein. Darin bestehen die Einsichten in eine Grundsituation, die uns durch Arnold Gehlens Anthropologie und Institutionenlehre überliefert sind.

Kapitel 4

Die Evolution des Mitgliedschaftscodes

Durch Globalisierung entwickelt sich ein neues Gesellschaftsmodell, welches das Keynsianische der westlichen Nachkriegsgesellschaft ablöst. Davon sind die Teilnahmebedingungen an allen Kommunikationssystemen betroffen, die fortlaufend ihren Mitgliedschaftscode auf einer elektronischen Basis umgestalten. Soziale Systeme sind durch Mitgliedschaftsbedingungen strukturiert, die ihre Grenzen festlegen. Gesellschaft, Organisation und Interaktion entwickeln sich zu Netzwerken, die ihre Teilnahmebedingungen durch ihre Operationsweise eigenständig gestalten. Die globalisierte Gesellschaft bedeutet aber auch, daß universale kulturelle Ansprüche und Zuständigkeiten einer plural angelegten kulturellen Orientierung weichen. Es wird somit keinen einzelnen Entwurf von kultureller Identität geben, der die unterschiedlichen Kulturen dominiert und allgemeine Verbindlichkeit beanspruchen und durchsetzen kann.

Zur Soziologie der Grenzziehungen

Es gibt nicht nur eine Volkspsychologie, die zum Beispiel davon ausgeht, daß wir die Wahrheit einzelner Aussagen resp. Überzeugungen überprüfen und nicht Überzeugungs- und Aussagemengen, sondern auch eine Volkssoziologie. Sie besagt: Gesellschaft besteht aus handelnden Menschen und von ihnen gestifteten und tradierten Institutionen. Demgegenüber geht die soziologische Kerntheorie einer Protosoziologie davon aus: Soziale Systeme bestehen nicht aus Menschen, sondern aus Mitgliedschaftsrollen. Sie setzen zwar organisches Leben und Bewußtseinsysteme voraus, aber alle Beiträge, Leistungen, Aktivitäten müssen durch das „Nadelöhr" der Mitgliedschaftsrolle hindurch, um Funktionen in einem sozialen System zu erfüllen. Mitgliedschaftsbedingungen, ihre Programmierung beziehungsweise Operationalisierung und Spezifikation sind die fundierenden Grenzbeziehungen für alle sozialen Systeme (G. Preyer 1998 b, 1996 b). Ohne Mitgliedschaftsbedingungen gibt es nichts Soziales. Soziales ist durch sie definiert. Die kommunikative basale Zurechnung von Handlungen, Unterlassungen und Vorbeugungen ist nur möglich, wenn wir die Unterscheidung von Mitglied/Nicht-Mitglied in einem Sozialsystem vornehmen. In dieser Hinsicht sind soziale Systeme geschlossene Systeme, das heißt Elemente und Strukturen kann es in einem sozialen System nur geben, solange es die Erhaltung seines Mitgliedschaftscodes (-bedingungen) gibt. Die Schließung des Systems vollzieht sich fortlaufend auf der Ebene des Entscheidungshandelns, der Feststellung und Spezifikation Mitgliedschaft/Nicht-Mitglied. Eine Soziologie der Mitgliedschaftsbedingungen kann aber an den volkssoziologischen Selbst- und Fremdzuschreibungen des Alltags anknüpfen, zum Beispiel „wir" im Unterschied zu „ihr". Sie sind die Inputs, die sie als Grenzverläufe von sozialen Systemen beschreibt.

Funktion von Mitgliedschaftsbedingungen

Das heute bestehende Weltsystem, das mit seiner eigenen Entwicklung und Dynamik beginnt, hat kein Steuerungszentrum. Es ist nicht durch Ziele, Normen oder Direktive steuerbar. Raumgrenzen sind für dieses System nicht mehr strukturierend. Seine Grenzen werden durch die Teilnahme- resp. Mitgliedschaftsbedingungen der Operationsweisen seiner Teilsysteme gezogen. *Öffnen* und *Schließen* können sich soziale Systeme nur auf der Basis von Grenzziehungen, das heißt sie sind durch Grenzen definiert. Grenzziehung bedeutet keinen Abbruch der Umweltbeziehung, sondern sie ist eine Umweltbeziehung. Durch Mitgliedschaftscodes und ihre Programmierung werden die Systemgrenzen von sozialen Einheiten (Systemen) festgelegt, ohne die sie nicht bestehen können. Systemgrenzen sind immer dann identifizierbar, wenn es Programme beziehungsweise Operationen gibt, die über die Zugehörigkeit zu einem Sozialsystem entscheiden. Mitgliedschaftsbedingungen ermöglichen eine systeminterne Orientierung darüber, wer zu einem sozialen System gehört und sind im Interaktionssystem als Informationsprinzip nutzbar.

Alle Kommunikationen basieren somit auf Selektionen, die durch die Programmierung des Mitgliedschaftscodes bedingt sind. Die „Einheit der Gesamtheit des Sozialen", unabhängig davon, wie diese Einheit auf „soziale Beziehungen", „Prozesse", „Handlungen" und „Kommunikationen" spezifiziert wird, sozusagen als eine theoretische Währung, ist die Mitgliedschaftsbedingung als eine selbstsubstitutive Ordnung, das heißt es gibt für sie kein funktionales Äquivalent. Mitgliedschaftsbedingungen sind, da änderbar, als eine Kontingenzformel des Sozialsystems einzustufen. Daraus sind drei nahezu universell geltende funktionale Imperative der Bestandserhaltung von Sozialsystemen folgerbar, die in den Dimensionen *zeitlich*, *sachlich* und *sozial* zu bewältigen sind:

1. die Grenzerhaltung nach *außen* im Sinne der Stabilisierung der Außengrenze,

2. die Grenzerhaltung nach *innen* im Sinne einer Stabilisierung der Innengrenze und

3. Grenzüberschreitungen, Grenzverschiebungen, Grenzverkehr und Vernetzung von Grenzen haben den funktionalen Imperativ der *Grenzrestrukturierung* und Regelung zu lösen.

Erst durch eine *doppelte Schließung* von sozialen Systemen – nach *innen* und *außen* – auf der Basis der Programmierung ihres Mitgliedschaftscodes grenzen sich soziale Systeme von ihren Umwelten ab. Erst dadurch existieren sie als soziale Systeme und unterliegen eigenen evolutionären Mechanismen, denen der Variation, Selektion und Stabilisierung. Auf der Basis von Mitgliedschaftsbedingungen ist das soziale System *strukturdeterminiert*. Die Orientierung an einer Soziologie der Mitgliedschaftsbedingungen und ihrer Prozessualisierung wird weitgehende Folgen für Teile der sozialwissenschaftlichen Forschung und Theoriebildung haben.

Die Mitgliedschaft in den Teilsystemen des Gesellschaftssystems und die jeweiligen Orientierungssysteme (Leitorientierungen) werden ihrerseits durch evolutionär dominante Errungenschaften und die Regelung von Mitgliedschaft festgelegt, zum Beispiel des Verwandtschaftssystems, des Statussystems, der Regelungen staatlicher Organisationen, der Teilnahme am Wirtschaftssystem durch ein Girokonto u.a. Mitgliedschaftsbedingungen und diese Strukturen steuern die Inklusionen und Exklusionen als elementare Grenzziehungen.

Die evolutionären Variationen von Inklusionen als Einschluß in ein Sozialsystem werden ihrerseits durch eine Differenzierung von Mitgliedschaftsbedingungen nach den Codes der jeweiligen Teilsysteme festgelegt. Mitgliedschaftsbedingungen können ihrerseits *inflationären* und *deflationären* Prozessen ausgesetzt sein, beispielsweise führt die Vermehrung der Teilnehmer am Wirtschaftssystem zu keiner Inflation von Teilnahmebedingungen, während die Erleichterung des Zugangs des Universitäts-, des politischen- und des Gemeinschaftssystem inflationär wirkt.

Die Differenzierung von Mitgliedschaftsbedingungen hat eine spezielle Signifikanz für die Relation zwischen dem Adaptations- und dem Inklusionsprozeß in der Evolution von Gesellschaftsorganisationen. Der Wandel einer fortgeschrittenen differenzierten Gesellschaft kann in zwei Richtungen verlaufen:

1. Die Einrichtung einer Rangordnung in dem Schichtungsgefüge, das heißt eine *exklusive Mitgliedschaft* und

2. die Herbeiführung einer qualifizierten Differenzierung von Gemeinschaften und Rollentypen, die gegenseitig unterschieden sind im Sinne einer *partikularisierten Mitgliedschaft,* zum Beispiel Einheiten des Verwandtschaftssystems, in modernen Gesellschaften das Organisationssystem und Assoziationen. Die Differenzierung auf der horizontalen Achse ist dann für die Einrichtung einer höher integrierten Schichtungsordnung relevant.

Auf der Basis der Differenzierung der Mitgliedschaftsbedingungen sind als strukturbildende Mechanismen für die Gemeinschaftsordnungen der modernen Gesellschaften folgende Inklusionen im Sinne einer Vermehrung von Teilnahmechancen und der Berücksichtigung von Mitgliedern der sozialen Systeme wirksam geworden, die ihrerseits zu speziellen Steuerungserfordernissen führen, die nicht mehr trivial gelöst werden können, sondern sich als schwer handhabbare Herausforderungen erweisen:

1. die politische Inklusion, das heißt vermehrte Chancengleichheit bei der Teilnahme an kollektiven Entscheidungen,

2. die ökonomische Inklusion, das heißt vermehrte Chancengleichheit bei der Teilnahme am ökonomischen Austausch,

3. die soziale Inklusion, das heißt formale Rechtlichkeit des Gemeinschaftshandelns, Pluralismus, voluntaristische Assoziationen, Gleichheit der Bürgerrechte, ethische Universalisierung,

4. die sozio-kulturelle Inklusion, das heißt vermehrte Chancengleichheit bei der Teilnahme am sozial-kulturellen Einrichtungen, zum Beispiel durch die allgemeine Schulpflicht, vermehrten Zugang zur Universitätsausbildung und durch die heutige Telekommunikation.

Die Inklusionsvorgänge schließen Exklusionen nicht aus. Inklusionen werden sozusagen von innen durch askriptive Solidaritäten begrenzt, durch Religions-, Schichtungs-, regionale und nationale Zugehörigkeiten, also durch Gruppenzugehörigkeiten, die mehr oder weniger inklusiv oder exklusiv sind. Zudem entwickeln die einzelnen Subsysteme besondere Exklusionsmechanismen, wie die Karrierewege und die damit verbundenen Eintrittsbedingungen und Zugangsbegrenzungen in Wirtschaftsunternehmen und der öffentlichen Verwaltung. Der Rückgang von Solidarität auf der Basis von askriptiv-privilegierten Mitgliedschaftsbedingungen (Familie, Nachbarschaft) hat in den Wohlfahrtsstaaten dazu geführt, daß sie durch das Wohlfahrtssystem und Selbsthilfegruppen kompensiert wurde. Gleichzeitig würden wir ein falsches Bild zeichnen, bliebe unberücksichtigt, da askriptiv-privilegierte Solidarität nach wie vor eine Rolle spielt. Es ist entgegen der journalistisch vorgetragenen Auffassung vom Ende der Familie nicht davon auszugehen, daß sie – trotz der schichtenspezifischen Singelskultur – absterben wird.

Gesellschaft, Organisation und Interaktion

Für die evolutionäre Analyse des Mitgliedschaftscodes erweist es sich als fruchtbar, die Analyse von Mitgliedschaftsbedingungen auf drei Ebenen durchzuführen: 1. *Gesellschaft: das Gesellschaftssystem und seine Differenzierung,* 2. *Organisationssystem* und 3. *Interaktionssystem* (unter Anwesenden).

Das Gesellschaftssystem und seine Differenzierung

Gesellschaft ist eine selbstsubstitutive Ordnung in dem Sinne, daß alle Änderungen *in* ihr und *durch* sie stattfinden und es für sie kein funktionales Äquivalent gibt (N. Luhmann). Eine Evolution von Gesellschaft kann es nicht geben. Das Gesellschaftssystem ist das umfassende Sozialsystem, das alles Soziale einschließt und keine soziale Umwelt hat. Insofern ist diese „System" als ein Grenzbegriff einzustufen. Zwischen Gesellschaft, Gesellschaftssystem, Organisations- und Interaktionssystemen ist eine Unterscheidung einzuführen, die erklärt, warum es sich bei diesen Einheiten um verschiedene „Arten von Sozialsystemen" handelt.

Für Gesellschaft gibt es keine Eintritts- und Austrittsbedingungen. Sie ist eine Ressource, die es ermöglicht, daß bei beendeten Interaktionen »Gesellschaft« nicht verschwindet. Woher weiß ich, daß, wenn ich mich von jemandem verabschiede, die Gesellschaft nicht aufhört? Diese Frage ist nur so zu beantworten, daß Kommunikation immer in der Gesellschaft stattfindet, sondern es eine Fortsetzung und Beendung von Kommunikation nur in Gesellschaft geben kann. Gesellschaft ist eine Leitorientierung für das *Beenden, Anfangen* und *Fortlaufen* von Interaktionen und Kontaktaufnahmen. Die Differenz zwischen den Ebenen betrifft die Programmierung und die Wirkungsweise der Operationalisierung des Codes der Mitgliedschaftsbedingungen.

Mit der eingeführten Differenz hängt zusammen, daß sich Gesellschaft in eine Menge von Mitgliedschaftsbedingungen differenzieren kann, ohne sich auf Unterscheidungen in Kommunikationen stützen zu müssen, das heißt sie müssen nicht kommunikativ gesucht, bestätigt und ausgehandelt werden. Mitgliedschaftsbedingungen erlauben sozialen Systemen den Aufbau von „neuen" Ordnungsebenen, wie Aufgabendifferenzierungen und Stellen. Die Differenzierungen von Teilsystemen, das heißt der evolutionäre Vorgang der funktionalen Differenzierung, war somit nur durch die evolutionäre Entwicklung von Schnittmengen von Systemoperationen (Interpenetrationszonen) im Gesellschaftssystem möglich. Nur auf der Ebene des Gesellschaftssystems und seiner Interpenetration und Teilsystembildung findet Evolution statt. Dies führt dazu, daß die Mitgliedschaftsbedingungen für die Teilsysteme tendenziell durchlässig (variabel) werden. Sie lösen sich von der ausschließenden Mitgliedschaft in einer bestimmten sozialen Einheit, zum Beispiel der Hausgemeinschaft, der privilegierten Schichtenzugehörigkeit, und werden verallgemeinert. Damit wird nicht behauptet, daß es in einem globalen Weltsystem keine exklusiv askriptive Mitgliedschaften gibt, zum Beispiel ethnische, religiöse, regionale Zugehörigkeiten u.a.

Neben der Zentrums-Peripherie Differenzierung – innerhalb von Imperien – sind evolutionär drei Differenzierungsformen unterscheidbar (G. Preyer: 1998a, 1998 b, 1996 b, 1996 c):

1. Die *segmentäre Differenzierung*. Auf der untersten Ebene der sozialen Evolution können wir davon ausgehen, daß sich die

Verwandtschaftsorganisation (-code, -system) als der Anfangszustand für die Einrichtung von funktionsspezifischen Handlungssituationen nachweisen läßt. Die Verwandtschaft ist ein primordialer Mitgliedschaftscode. Die Mitgliedschaftsbedingung und ihre Codierung besteht bei diesem Falltyp in Heirats- und Aufnahmeregeln, die Inklusionen und Exklusionen programmieren. Man kann dabei immer nur einer Einheit angehören und die größeren Einheiten (Stämme, Clans) sind auf dieser Basis strukturiert. Bei der segmentär differenzierten Mitgliedschaftsbedingung liegt eine geringe Komplexität des Gesellschaftssystems vor.

2. Die *stratifizierte Differenzierung*. Eine stratifizierte Gesellschaft kann evolutionär erst dann entstehen, wenn mit dem Egalitarismus primitiver Gesellschaften gebrochen wird, der auf der Gleichwertigkeit aller der gleichen Kategorie angehörenden Seitenlinien der Verschwägerung beruht. Die Mitgliedschaftsbedingung und ihre Codierung wird bei diesem Falltyp durch eine bestimmte Schicht (Kaste, Stand) bestimmt, die Inklusion und Exklusionen regeln, das heißt man kann zwar immer nur einem Teilsystem angehören, dafür sind jedoch ungleiche Einheiten vorgesehen (Haushalt oder politische Gesellschaft). Die Mitgliedschaft im Fall von Stratifikation wird durch den sozialen Status in der Schichtung festgelegt, die ihrerseits die Mitgliedschaftspositionen und Reziprozitäten regelt.

3. Die *funktionale Differenzierung* zwischen dem Wirtschafts-, Rechts-, politischen-, Wissenschaftssystem mit eigenen Codes und Leitorientierungen des modernen Gesellschaftssystems (G. Preyer (1996 a)). Funktionale Differenzierung heißt eine Generalisierung und Loslösung „analytischer Funktionen" von konkreten sozialen Einheiten. Dieser Vorgang wird in einem globalen Weltsystem nicht nur verstärkt, sondern ist für es typisch. Für das moderne Gesellschaftssystem ist eine hohe und wachsende Komplexität und ein Auseinandertreten des „Gesellschafts-", „Organisations-" und „Interaktionssystems" strukturell ausgezeichnet. Die Differenzierung von Leitorientierungen folgt in diesem Fall der funktionalen Differenzierung.

Die Festlegung der Mitgliedschaftbedingungen und ihre Codierung/Programmierung wird durch die (Teil-) Funktionssysteme sowie durch die formalen Organisationen vorgenommen und bleibt ihnen überlassen. Sie sind sowohl inklusiv und exklusiv; es gibt für diese Funktionssysteme jedoch keine ausschließende Teilsystemmitgliedschaft. Was dieser Vorgang für die soziale Integration bedeutet ist noch nicht hinreichend genug bedacht worden. Es läßt sich nicht ausschließen, daß Soziologen diesen Begriff für die Makrosoziologie aufgeben werden. Funktionale Differenzierung heißt nicht, daß in einem solchen Gesellschaftssystem keine segmentäre und stratifikatorische Differenzierung mehr vorkommt. Segmentäre Differenzierung liegt im Falle der Organisationssysteme vor und eine stratifikatorische Differenzierung ist in den teilsystemtypischen Prestigeordnungen und Statusgruppen belegbar. Funktionale Differenzierung leitet die Weichenstellung zu einem globalen Weltsystem ein. In diesem Sinne ist Globalisierung eine Bedingung von Modernisierung.

Das Organisationssystem

Die Differenzierung von formalen Organisationen stellt gegenüber der Systemmitgliedschaft eine höhere Ordnung dar, da sie den Eintritt-Austritt und die Positionen (Stellen) in eine soziale Einheit verbindlich festschreibt. Sie sind in einem funktional differenzierten Gesellschaftssystem durch ihre besondere Selektions- und damit Stabilisierungsleistung das „tragende Prinzip der Verbindung von Handlungen" (N. Luhmann).

Organisationen sind dadurch ausgezeichnet, daß sie Erwartungen auf der Basis einer formal festgelegten Mitgliedschaft und ihrer Programmierung motivationslos aber gleichwohl kalkulierbar reduzieren. In dieser Funktion werden sie in einem globalen Weltsystem nicht verschwinden. Die Operationsweise von Organisationen und die Gestaltung ihrer Mitgliedschaftsbedingungen wird in einem globalen Weltsystem immer mehr von ihrer Technologie abhängig sein. Dies bedeutet einen neuen Mechanismus von Selektion in ihrem Organisationsaufbau, das heißt der Organisationsaufbau wird auf eine segmentäre Organisation umgestellt. In diesem Zuge entwickeln sich für ihren Eintritt spezielle Mitgliedschaftsbedingungen, insbesondere in Bezug auf die Qualifikation und die Fähigkeit, in Teams mitzuarbeiten. Organisationssysteme werden sich – und das ist das neue – zu Organisationsnetzen umgestalten und in diesem Zuge ihre Teilnehmerrollen restrukturieren.

Organisationen bestimmen die Spielräume der Mitglieder des Sozialsystems in Hinblick auf Wertsetzung, Lernen und die Arten der Synergieeffekte. Die sich entwickelnden Unternehmensnetze haben dabei Vorreiter- und Modellcharakter – zur Funktion von Organisationen im Kontext von Globalisierung und den vier Typen von Organisationszugehörigkeit: Membership (freiwillige Vereinigungen), Ownership (Unternehmen), Kinship (Familien), Citizenship (Nationalstaaten); Employment ist ein weitere Art der Zugehörigkeit, die alle Organisationen betrifft (G. Ahrne (1996)). In einem globalen Weltsystem werden sich in allen Bereichen neue Organisationsformen durchsetzten. Vorreiter für diese Organisationsmodelle sind die globalen Netzwerkorganisationen der Wirtschaftsunternehmen, die immer mehr zu virtuellen Organisationen umgestaltet werden.

Das Interaktionssystem

Kommunikationen sind absichtliche (instrumentelle) Handlungen und sie kommen durch eine Verbindung und Trennung von Information, Mitteilung und Ausdruck zustande. Kommunikationen favorisieren immer eine Entscheidung über die Annahme/Ablehnung von Offerten, die es ohne Kommunikation nicht gäbe. In elementaren einfachen Interaktionen sind wir – ego und alter ego – immer direkt „Aktoren" und „Objekte" von Orientierungen. Diese Interaktionssysteme (unter Anwesenden) zeichnen sich gegenüber Organisationen dadurch aus, daß ihre Mitgliedschaftsbedingung in der Anwesenheit besteht, das heißt die Anwesenden können darüber entscheiden, wer als anwesend/abwesend zu behandeln ist. Anwesenheit legt die Grenzen dieses sozialen Systems fest.

Einfache Interaktionen haben die kürzeste Laufzeit und sind auf dieser Ebene nur durch Strukturierung zu stabilisieren: In Interaktionssystemen ist zum Beispiel Nähe und Distanz herzustellen, es sind Themen zu finden, die ihrerseits die Teilnahme der Anwesenden selektieren, es sind Termine auszumachen, Rücksichten zu nehmen usw. Kommunikation auf der Basis von elektronischen Netzwerken führt eine Neudefiniton von Anwesenheit ein, das heißt die Mitgliedschaft wird definiert durch die Teilnahmebedingung der PC-Kompetenz und ihrer Ausgestaltung. Dadurch wird ein Verbindungsstück in die Interaktionssysteme eingefügt, die Anwesenheit anders definieren. Interaktionssysteme auf der Basis elektronischer Netzwerke eines Medienverbundes erfordern für ihr Zustandekommen, ihre Gestaltung und Temporalisierung keine direkte Anwesenheit mehr, sondern sie erfordern eine operative Anwesenheit in einem Medienverbund. Dadurch gestalten sich die Kontaktsysteme nicht mehr durch die körperliche Überbrückung von räumlichen Distanzen. Eine e-mail genügt und ein möglicher Anschluß „zum Weitermachen" ist gegeben. Anwesenheit in einfachen Interaktionssystemen wird operativ definiert und von Operationen festgelegt. Insofern ist zu erwarten, daß die neuen Medien „unsere" Kommunikationen und die Sozialstrukturen weitgehend verändern werden.

Gesellschaftsinterne Globalisierung und Entwicklungstrends

Für die Entwicklung des modernen Gesellschaftssystems ist es typisch, daß der religiöse und kulturelle Pluralismus zu der Differenzierung zwischen dem religiösen, dem politischen und dem professionellen Komplex gehört. Dabei ist hervorzuheben, daß die Stabilisierung des modernen Wirtschaftssystems durch die modernen Nationalstaaten und den Weltmarkt für Protektion herbeigeführt wurde. Das Zentrum dieser Entwicklung war im 17. Jahrhundert Großbritannien, die Niederlande, Frankreich und teilweise Deutschland. Großbritannien, Frankreich und die Niederlande übernahmen die Führungsrolle. Die Trennungslinie in der Entwicklung der modernen Gesellschaften wurde im 19. Jahrhundert durch die neuen Führungsgesellschaften (Vereinigte Staaten, Deutschland), in der Folge der industriellen und der demokratischen-politischen Innovationen, gezogen. Dies führte dazu, daß der institutionelle Rahmen der frühen Moderne umgestaltet und aufgelöst wurde.

Die Durchsetzung der modernen Kultur hatte einen Rückgang des askriptiven Zuweisungsstatus des Adels, der Monarchie, der Staatskirche und der verwandtschaftlich organisierten Wirtschaft zur Folge. Sie setzte sich zunächst in der Verbreitung von nationalen Hochsprachen, allgemeiner Schulbildung sowie gemeinsamer Traditionen in den europäischen Nationalstaaten durch. Entscheidend hierfür ist die Entwicklung der modernen Kultur bis zum 18. Jahrhundert einschließlich des entstehenden postkonventionellen Rechts. Die Neuerungen für die gesellschaftliche Gemeinschaft im Sinne einer gesellschaftsinternen Globalisierung betreffen den Vereinigungsgrundsatz, die Nationalstaatlichkeit, die Staatsbürgerschaft und die repräsentative Regierungsform. Für die wirtschaftlichen Neuerungen waren die entstehenden verschiedenen Märkte für die Produktionsfaktoren, die betriebliche Erbringung von beruflichen Dienstleistungen und die nach wirtschaftlichen Maßstäben organisierte Verwaltung relevant. Für die Gesellschaft der Vereinigten Staaten ist ihr Vereinigungscharakter (Association) und die frühe Entstehung von Berufsrollen, auf der Basis von Beschäftigung und nur nicht von Besitz, hervorzuheben.

Falltypen askriptiver Mitgliedschaftscodes

Der interkulturelle und -intergesellschaftliche Vergleich belegt verschiedene Arten von askriptiven Mitgliedschaftsbedingungen im modernen Gesellschaftssystem. Als Falltypen der askriptiven Mitgliedschaftsbedingungen (strukturell) sind in den westlichen Gesellschaften zu unterscheiden:

- Für *Großbritannien* ist eine *differenzierte* Mitgliedschaftbedingung im Sinne einer ständischen – dennoch durchlässigen – differenzierten Gemeinschaft charakteristisch, die zu einer Verbindung zwischen Traditionalismus und Modernität führte – Variante gesellschaftsinterner Globalisierung: fairer Anteil; dieser Hintergrundkonsens wurde in der Thatcher-Ära in Frage gestellt und führte zu einem Umbau der britischen Gesellschaft.

- Die Gesellschaft der *Vereinigten Staaten* zeichnet sich durch eine *partikularisierte* Mitgliedschaftsbedingung i.s. eines Gemeinschaftspartikularismus (WASP) aus, für den jedoch die Vereinigungsfreiheit und die Rechte der Bürger sowie ihrer örtlichen Selbständigkeit gegenüber der staatlichen Ordnung typisch ist. Dies betrifft das Eingehen von freien vertraglichen Bindungen, die freie Bildung des öffentlichen Geistes, eine Abstimmung der Freiheitssphären durch gerichtlichen Streit, das System der Checks and Balances, die Freiheit der Meinungsäußerung und die Freiheit vor staatlicher Willkür – Variante gesellschaftsinterner Globalisierung: Gleichheit der Chancen.

- In *Frankreich* entwickelte sich im Zuge der Modernisierung im Unterschied dazu eine *exklusive* Mitgliedschaftsbedingung einer geschichteten Gemeinschaft im Sinne einer Hierarchie der Stände, Klassen und Schichten – Variante gesellschaftsinterner Globalisierung: Ungleichheit der Stände und administrative Nivellierung. Sie ist nach wie vor wirkungsmächtig und blockiert eine erforderliche Modernisierung.

- Für *Deutschland* galt ebenfalls – bis zu den Umbrüchen in der Folge des ersten und zweiten Weltkrieges – eine exklusive Mitgliedschaftsbedingung im Sinne einer hierarchisch gegliederten Gemeinschaft zwischen Bauern, Arbeitern, Unternehmern, Beamten, Bildungsbürgern, Akademikern – Variante gesellschaftsinterner Globalisierung: kulturelle Universalität und bürokratische Gleichbehandlung, Resultatsgleichheit. Die deutsche Nachkriegsgesellschaft bis zur deutschen Wiedervereinigung ist dagegen durch eine *nivellierte* Mitgliedschaft zu charakterisieren, das heißt jeder scheint dazuzugehören und das geht nicht ohne Gleichmacherei. Im Zuge der Globalisierung werden sich vermutlich Restrukturierungen einstellen, die eher auf eine Differenzierung von Mitgliedschaft im Hinblick auf qualifizierende Zugehörigkeit hinauslaufen werden, ein

Mitgliedschaftsbündel, das mehrere Bestandteile aufweisen wird, wie Leistung, Askription durch besondere Gruppenzugehörigkeit u.a.

- Für Frankreich und Deutschland (Italien) war, stärker als in den anderen westlichen Gesellschaften, eine konfliktreiche Beziehung zwischen (religiösem) Traditionalismus und säkularer Modernität typisch.

- Der Fall *Japan* ist dahingehend informativ, da die Solidaritätsform der japanischen Gesellschaft durch eine durchlässige *partikularisiert-exklusive* Mitgliedschaftsbedingung zu charakterisieren ist – Variante gesellschaftsinterner Globalisierung: Abschließung. Die japanische Gesellschaft ist durch eine Menge von konkurrierenden Gruppen zusammengesetzt – somit horizontal differenziert –, die Exklusion (Schichtung) erfolgt durch eine Statusordnung nach Altersgruppen (Seniorität), die ihrerseits nach innen nicht konkurrieren. Der Zugang zu Statuspositionen, zum Beispiel im Bildungssystem, ist in seinen Eintrittsbedingungen hoch selektiv. Sofern man in der Abstufung Schule, Universität, Unternehmen, institutionenspezifische Altersgruppe, in eine soziale Einheit eingetreten ist, so erfolgt die „Karriere" sozusagen „von selbst". Typisch ist dabei, daß in einem Unternehmen nicht ältere den jüngeren Mitarbeitern unterstellt sind.

Gesellschaftsinterne Globalisierung betrifft ihrerseits die Prozesse, die ein Sozialsystem nach innen global begrenzen, also schließt. Diese Prozesse und Operationen legen somit die Innengrenzen von sozialen Systemen fest. Sie sind ihrerseits exklusiv und inklusiv. Sie können aber auch in Falle starker Exklusion „durchlässig" sein, beispielsweise ist Schichtung ein Falltypus von gesellschaftsinterner Globalisierung mit starkem Ausschluß aus bestimmen sozialen Einheiten, somit niedriger Inklusion in Hinblick auf die Population eines Sozialsystems, die, wie im Fall der britischen Gesellschaft, durchlässig oder, wie bei der indischen Kastenordnung und ihrer „organischen Soziallehre" (M. Weber) von Vergeltung und Wiedergeburt – bis heute – undurchlässig sein kann.

Die Entwicklungstrends des modernen Gesellschaftssystems verlaufen weitgehend in Richtung auf *Individualismus, Dezentralisierung, Vereinigungen und Globalisierung*. Seit dem 19. Jahrhundert setzte sich in den modernen Gesellschaften ein neues Schichtungsmusters durch, in dem Verantwortlichkeit und eine bedingte Chancengleichheit institutionalisiert sind. Beide Institutionalisierungen konnten rückblickend als funktional adäquat eingestuft werden. Sie wirken sich in einem globalen Weltsystem dagegen eher als eine Überforderung für ihre Mitglieder aus. Gleichzeitig verschwinden jedoch nicht die ethnischen, religiösen, verwandtschaftlichen und nationalstaatlichen kollektiven Identitäten und Traditionen. Auch sie melden ihre Ansprüche an. Bei den Restrukturierungen der sozialen Teilsysteme spielen besondere Gruppen, ihre Position und ihr Prestige und die Amtsorganisation eine entscheidende Rolle. Der soziale Status dieser Gruppen ist durch eine Faktorenkombination von Vermögen, politischer Macht und moralischer Autorität zusammengesetzt.

Angemerkt sei in diesem Zusammenhang, daß der moderne Individualismus aus einer soziologischen Sicht als ein Erfordernis von sozialer Zurechnungen einzustufen ist, da funktionale Differenzierung zu einer Differenzierung zwischen Person und Rollensystem führt. Wer mich in meiner Rolle erkennt, identifiziert „mich" hoffentlich nicht mit ihr. Was bleibt zur Feststellung einer Person übrig, wenn hinter der Wahrnehmung ihrer Rolle eine Black Box ist, und „sie selbst" in der kommunikativen Beschreibung immer intransparent bleibt? Hieraus erklären sich dann die Individualitäts- und Authentizitätszumutungen und -anforderungen, da es so scheint, als könne die Rekursion in der Kommunikation nur durch die Erfüllung dieser Zumutungen hergestellt werden. Das 19. Jahrhundert kann als das ideologische Jahrhundert charakterisiert werden, das mit seinen Ideologien das 20. Jahrhundert dominiert hat, zum Beispiel die von den Teilsystemen entworfen Gesellschaftsbeschreibungen der Wirtschafts- und Staatstheorien und die Karriere der Inklusionsbegriffe „Gemeinschaft", „Genossenschaft", „Solidarität", „Demokratie".

Die globalisierte Gesellschaft

In den neunziger Jahren wird den Sozialwissenschaftlern immer mehr bewußt, daß wir uns in einer neuen Entwicklungsphase des modernen Gesellschaftssystems befinden, die durch den „Kalten Krieg" weniger wahrgenommen wurde. Nach dem Ende des „Europäischen (Welt-) Bürgerkrieges" (E. Nolte), der deutschen Wiedervereinigung und der damit einhergehenden neuen Konstellation in der Europäischen Gemeinschaft liegt die Annahme nahe, daß wir in den westlichen Ländern in einer neuen Art von Übergangsgesellschaft leben. Diese Entwicklungen ist noch nicht intellektuell und in ihren weiter auf uns zukommenden Auswirkungen angemessen verarbeitet worden. Wir erleben heute das Ende der Ideologien des 19. Jahrhunderts, die uns bis heute dominiert haben.

In der Folge der Umsetzung der modernen Kommunikationstechnologien entstehen neue Formen wirtschaftlicher Kooperation und Organisation, der politischen Regelungen und der Kommunikationsstrukturen (Vernetzung). Durch die moderne Informationstechnologie entwickelt sich zunehmend eine *Delokalisierung* – Durchsetzung der Medienzeit –, die alle Handlungsbereiche verändern und restrukturieren wird (P. Virilio). Das bedeutet aber, das alle Perfektionsideen von Gesellschaft der Vergangenheit angehören. Die Mobilisierung und Globalisierung der Gesellschaft ist gerade ein Beleg der Nicht-Perfektibilität, der Nicht-Idealität des Sozialen.

Das neue Gesellschaftsmodell

Globalisierte Gesellschaft heißt, daß sich ein neues Gesellschaftsmodell entwickelt, welches das Keynesianische Modell der westlichen Nachkriegsgesellschaften ablöst. Zu ihm gehören eine nachhegemoniale Kultur und der Netzwerkmitgliedschaftscode. „Gesellschaft", „Organisation", „Interaktion" sind in einem globalen Weltsystem durch einen Medienverbund vernetzt. In diesem System sind die Erhaltungsbedingungen der sozialen Teilsysteme über Operationen in elektronischen Netzwerken gesteuert. Sie verstetigen und prozessualisieren die gesellschaftsinterne Globalisierung, das heißt sie schließen die sozialen Teilsysteme von ihrer Innenseite aus. Globalisierung und Partikularisierung von Teilsystemen findet in diesem System gleichzeitig statt und sie werden immer mehr in eine virtuelle Realität überführt. *Globalisiert* werden das Wirtschafts- und das Wissenschaftssystem; partikularisiert werden dagegen das Rechts-, Gemeinschafts-, das politische und das Kultursystem, die im Zuge dieser Entwicklung ihre universale Zuständigkeit immer mehr einbüßen (A. Bergesen: 1988). Was „unsere" kulturellen Orientierungen betrifft, so sollten wir uns daran gewöhnen, daß es immer mehr „Nichts" geben wird, das nicht seine „Fans" findet. In dem Gesellschaftsmodell eines globalen elektronischen Weltsystems entwickeln sich neue Formen funktionaler Differenzierung und Teilsystembildung, von denen es abzusehen ist, daß sie einer der wesentlichen Schwerpunkte der sozial- und organisationswissenschaftlichen Forschung und Theoriebildung sein werden.

Es ist zu erwarten, daß der Kapital- und Gütermarkt nicht mehr protektionistisch begrenzt werden kann und sich der Welthandel weiter entwickeln wird. Damit geht einher, daß die globale Errichtung von Wertschöpfungsketten die Kostenstruktur der Unternehmen verbessert. Ein globales Wirtschaftssystem führt zu globalen Finanzmärkten und einer selbständigen Geldpolitik. Es wird ein wissensbasiertes System sein. Die Wissenszentren werden in diesem Wirtschaftssystem eine neue Rolle spielen, da die Innovationen der Schlüssel- und Schrittmachertechnologien auf einer frühen Stufe ihre Innovationen in die Entwicklung neuer Märkte zu überführen sein wird. Die *Partikularisierung* des Rechts-, Gemeinschafts- und des politischen Systems beschleunigt sich dadurch, daß eine Optimierung von Effektivität und Legitimation eben nicht global, sondern nur in einer Ebenenabstufung herzustellen ist, das heißt Landes-, Regional- und Gemeindeverwaltungen wird mehr Entscheidungskompetenz eingeräumt werden (Subsidiaritätsprinzip), und in einem globalen Weltsystem wird ein fortlaufender Abbau von Universalzuständigkeit eintreten. Die Anpassungsprozesse müssen problemnahe vorgenommen werden. Das führt nicht zur Entwicklung von Organisationen mit Universalzuständigkeit und offenen Bürgergemeinschaften, sondern bedeutet Partikularisierung. Dieser Prozeß wird dadurch beschleunigt, daß die noch bestehenden Staatsunternehmen weiter privatisiert werden. Eine politische Steuerung dieses Systems ist auf dieser Basis nicht mehr möglich.

Die nachhegemoniale Kultur

Wirtschaft, Recht, Wissenschaft und Politik sind Funktionsbereiche des sozialen Handelns individueller und kollektiver Akteure, in denen sich unterschiedliche Mitgliedschaftsbedingungen ausbilden, zum Beispiel zwischen Kollegen, Interessengruppen, Freundschaften, Alterskohorten. Die Leitorientierungen und Regeln dieser Handlungsfelder haben sich in der Geschichte des modernen Gesellschaftssystems entwickelt und ihre Mitgliedschaftsbedingungen sind sowohl inklusiv und exklusiv. Beides gehört zusammen. Sie sind immer den sozialen Konflikten und dem Management von *Risiko* unterworfen. Für die erkennbare Entwicklung der Handlungsbereiche in einem globalen Weltsystem sind systemübergreifende Prozesse, Aushandlung, Kompromißbildung und gegenseitige Vernetzung der Teilsysteme typisch, das heißt aber nicht, daß die Interkoordination der Funktionsbereiche durch Aushandeln geregelt werden kann. Es besteht eine Kluft zwischen Interaktionssequenzen, die durchlebbar sind und der nicht steuerbaren Komplexität des Gesellschaftssystems sowie der nicht koordinierbaren differenzierten Zeithorizonte der Teilsysteme. *Aushandeln* ist die Indikation von Problemlagen, nicht ihre Lösung, weil die jeweiligen Lösungen, wie Rechtsprechungen, Investitionsentscheidungen, Eheschließungen und Scheidungen u.a., sich in ihren Folgen nicht nur der Planung entziehen, sondern vor dem Erfordernis stehen, Entscheidungen zu implementieren, die ihrerseits von einer Ressourcenallokation abhängig sind.

Globalisierung führt zunehmend zu einem Verschwinden von universalen kulturellen Ansprüchen und Zuständigkeiten. Es besteht ein Zusammenhang zwischen dem globalen, das heißt multi-zentrischen, Wirtschaftssystem und einer plural angelegten kulturellen Orientierung (Postmodernismus), das heißt in einem globalen Weltsystem wird es keinen einzelnen Entwurf kultureller Identität mehr geben, der die unterschiedlichen Kulturen dominiert und allgemeine Verbindlichkeit beansprucht. In diesem Sinne ist die Kultur des globalen Weltsystems eine *nachhegemoniale* Kultur. Der Postmodernismus stellt eine kulturelle Orientierung dar, der in dem Orientierungssystem des modernen Weltbildes und der modernen Kultur eine Zäsur vornimmt. Sie ist dadurch bedingt, daß die Buch- und Schriftkultur durch eine „Wiederkehr der Bilder" im Multimediazeitalter abgelöst werden wird. Die modernen Kommunikationssysteme, die „medialen Maschinen", löschen tendentiell die zeitlichen und räumlichen Distanzen durch eine Synchronisation und deren Vergegenwärtigung durch Simulationen aus. Die Weltzeit wird zur *Medienzeit,* die eine Schnittfläche unterschiedlicher Zeiten ist. Medienzeit ist ihrerseits als eine „Zeit" zu verstehen, die nicht mehr sukzessiv verläuft. In dieser Entwicklung stehen wir erst am Anfang und sie wird unsere Rationalitätsparameter verändern. Diese Entwicklungen werden dadurch verstärkt und beschleunigt, daß in dem Weltsystem als einem Medienverbund alle Operationen *gleichzeitig* ablaufen.

Netzwerkmitgliedschaften

Wenden wir den Begriff der Mitgliedschaftsbedingung auf die Weltgesellschaft an – sie hat keine soziale Umwelt, sondern nur physische und psychische Ressourcen –, so folgt daraus, daß die Mitgliedschaften in einem globalen Weltsystem durch die Komplexität des Gesellschaftssystems nicht systemübergreifend programmierbar sind. Die evolutionäre Differenzierung zwischen Gesellschaft, Organisation und Interaktion wirkt sich dahingehend aus, daß nur Teilsysteme und formale Organisationen einen Mitgliedschaftscode operationalisieren können. Das globale Weltsystem, das auf der Basis eines elektronischen Medienverbundes operiert, führt seinerseits zu einer besonderen Differenzierung und Interpenetration zwischen Gesellschafts-, Organisations- und Interaktionssystem.

In einem globalen Weltsystem verändern sich die allgemeinen Teilnahmebedingungen, da sie über funktionsspezifische Netzwerke gesteuert sind. Dazu gehört, daß die Teilnahme an diesen Netzen

Die globalisierte Gesellschaft

schnell herstellbar und abbrechbar ist. Durch den elektronischen Medienverbund entstehen nicht nur virtuelle Unternehmen, sondern das Universitätssystem („Online"-Angebote von Kursen, Video-Vorlesungen u.a.), die öffentlichen Verwaltungen und die privaten Haushalte (intelligent home) operieren als Bestandteil dieses Verbundes. An die Stelle überkommener Infrastrukturen treten elektronische Netze. Das Netzwerk dient der gegenseitigen Wahrnehmung und Informationsgewinnung und ermöglicht eine intersystemische Vernetzung. Es dramatisiert durch seine besonderen Inklusions- und Exklusionsmechanismen die Differenz zwischen Gesellschaft, Organisation und Interaktion. Von Globalisierung *zweiter* Stufe (Ordnung) spreche ich als der Folge der Vernetzung der Dynamik des Weltsystems. Demzufolge ist das Weltsystem die Menge sozialer Netze der Teilsysteme des Gesellschaftssystems, das durch Organisation- und Interaktionssysteme verläuft und sie fortlaufend umgestaltet. Nur in dem globalen Weltsystem besteht noch ein Gesellschaftssystem. Die Organisationssysteme müssen in ihm derart gebaut sein, daß sie schnell *expandieren,* sich aber gleichzeitig auch *begrenzen* und *beenden* können. Es kann unterschiedlich groß sein, in ihm können auch Teile vernichtet, abgespalten und neu geknüpft werden. Das Weltsystem ist nicht länger eine „Gesellschaft" im Sinne der alteuropäischen Tradition der societas civilis oder der altgewordenen Moderne mit ihren Individualisierungsritualen und einer Bürgergemeinschaft. Wir erleben heute das Ende der Selbstbeschreibungen der „alteuropäischen Tradition".

Das globale Weltsystem besteht aus der Menge seiner Operationen, die sein Gedächtnis sind. Es kann sich nur auf dieser Basis selbst beschreiben. Diese Operationen sind durch ein rekursives, durch Rückgriffe und Anschlüsse herstellendes Prozessieren ausgezeichnet. Das Beenden oder der Abschluß einer Operation ist keine Verkleinerung dieses Systems, sondern ein Nicht-Bestehen, das heißt es gibt keinen operativen Anschluß und damit keine Erinnerung mehr.

Das Weltsystem als ein Medienverbund führt zu einer Vernetzung der Teilsysteme der Politik, Wirtschaft, Familie, Kunst. Es vollzieht sich in ihm keine räumliche Integration des Sozialen, sondern es zeichnet sich eine „heterarchische Ordnung" aller Sozialsysteme.

Globalisierung bedeutet, daß globale Prozesse in lokale Differenzierungen inkorporiert werden und sich lokales mit globalem vernetzt. Die Organisationssysteme – Staaten, Wirtschaftsunternehmen und Verbände – werden zu Netzwerken umgestaltet. Diesem Kontext sind die Problemfelder zum Beispiel die Regelungsfähigkeiten multinationaler Organisationen, die Globalisierung der Wirtschaft, die Vernetzung der Kommunikationen durch die Kommunikationstechnologien u.a. zuzuordnen. Der Umbruch, in dem wir uns bewegen, führt immer mehr zu grundsätzlich neuen Grenzziehungen von sozialen Systemen: Die Grenzen des Wirtschafts- und Wissenschaftssystems sind keine räumlichen Grenzen mehr, keine äußeren Teile, die innere Teile, schützten. Es sind Grenzen globaler Operationen, die ihrerseits wiederum *operativ* festgelegt sind.

Wer keine E-mail Adresse hat, scheidet aufgrund einer Operationweise aus den Teilsystemen aus. Die Entwicklung wird dahin gehen, daß die Funktionssysteme im Weltsystem durch die Politik, zum Beispiel des Wohlfahrtsstaats, nicht mehr entmündigt werden. Dieser groß angelegte Versuch nach dem zweiten Weltkrieg in Europa, insbesondere in Deutschland, geht zu ende.

Das Kommunikationssystem eines globalen Weltsystems ist als ein Netzwerk zu untersuchen, in dem sich neue und eigene Inklusions- und Exklusionsmechanismen und somit Mitgliedschaftsbedingungen entwickeln. Diese Mechanismen sind von Außenfaktoren tendentiell unabhängig. Sie entziehen sich einer externen Steuerung von Institutionen. „Das Netzwerk verfügt selbst, und zwar auf der Ebene persönlicher Aktivitäten und Entscheidungen, über einen eigenen Mechanismus der Inklusion beziehungsweise Exklusion. Mitmachen und Herausfallen – das ist eine Entscheidung, die laufend getroffen und erneuert werden muß, und dies, ohne daß Außenfaktoren (etwa durch Inflationierung der Möglichkeiten oder durch Ressourcenentzug) entscheidend eingreifen könnten." (N. Luhmann: 1994, S. 34) Man könnte bei diesem Fall von einer *Mitmach-Mitgliedschaft* sprechen, wer nicht „mitmacht" ist ein Outsider beziehungsweise eine Privatperson. Der Nachteil der fehlenden Institutionalisierung, Zentralisierung, geringe Allokation von Ressourcen, ist die Stärke dieser Organisationsform. Großorganisationen verfügen zwar durch Positionszuweisung über einen Stabilisierungsvorteil; sie immunisieren sich aber tendentiell gegenüber funktional erforderlichem schnellem Lernen.

Wir leben heute in einer „mobilisierten Gesellschaft", von der das Wirtschafts- und das politische System, aber auch die solidarischen Gemeinschaften und die westliche Kultur erfaßt sind. Sie tendiert zu einer Restrukturierung der großen Funktionssysteme, die in der Expansion und Vernetzung der Teilsysteme neu interpretiert und verändert werden. Dabei verändert sich Gesellschaft und Interaktion derart, daß ein Gefälle zwischen beidem eingerichtet wird: Interaktionen müssen *beendet* und *angefangen* werden, Gesellschaft ist dagegen eine Ressource (Luhmann: Ökosystem), die garantiert, daß mit beendeten Interaktionen die Gesellschaft nicht aufhört. Das strukturelle Erfordernis der Prozessualisierung von Kommunikation in einem globalen Weltsystem besteht darin, daß Inklusionen auf der Ebene des Gesellschaftssystem eines globalen Weltsystems schwach und Exklusionen *stark* ausgeprägt werden. Von seiner Prozessualisierung her gesehen sollten wir auf unserem heutigen Erkenntnisstand davon ausgehen, daß das globale Weltsystem ein chaotisches System ist. Alle seine Operationen laufen in ihm gleichzeitig ab. Es ist als ganzes nicht steuer- und planbar. Kultur, Gemeinschaft, Politik und Wirtschaftsentwicklung treten in ihm in neue Konstellationen ein, die von der Anlage her konfliktreich sein werden. Hierfür werden sich erst allmählich Modelle für ihre Regelung entwickeln, die vermutlich keine globalen Regelungsregime sein werden. Insofern werden in den Sozialwissenschaften „realistische" Konzeptionen stärker zum Zuge kommen.

Alle sozialen Systeme *Gesellschaft, Organisation, Interaktion* haben – und dies wird in einem globalen Weltsystem verstärkt – fortlaufend ihre Mitgliedschaftsbedingungen in kraft zu setzen und über sie zu entscheiden, in dem sie Teilnahme qualifizieren und operativ prozessualisieren. Dies ist der Überlebens*imperativ,* der sich in einem globalen Weltsystem und durch Globalisierung verschärft stellt. Über ihn können wir nicht mehr disponieren, sondern wir müssen an ihn, vor jeder Operation, bereits angepaßt sein. Das heute hörbare „Klagen" und „Unbehagen" ist vermutlich auf diesen Umstand zurückzuführen.

Die globale Herausforderung

Globalisierung ist keine Modeerscheinung. Wir leben heute in einem globalen Weltsystem, das auf der Basis eines Medienverbundes operiert. Es ist dadurch ausgezeichnet, daß es durch seine Operationen fortlaufend alle seine Teilsysteme durch Vernetzung strukturell verändert. Wir dürfen der Einsicht nicht ausweichen, daß wir in einer Gesellschaft leben, die sich im Umbruch befindet. Ihm können wir uns nur dann stellen, wenn wir vor der Erkenntnis dieser Entwicklung nicht zurückschrecken und uns die Folgen ihrer Nichtbewältigung vor Augen führen. Die Antwort auf die globale Herausforderung ist aber nicht nur eine Sache des darüber Redens, sondern eine des Handelns, gerade des politischen. Dies wird für Deutschland nicht ohne eine Mobilisierung der Gesellschaft möglich sein. Zum Beispiel wird es in Zukunft keine Seltenheit mehr sein, daß jemand zwei oder drei Jobs hat. Eine Mobilisierung, in der sich die großen Teilsysteme des Gesellschaftsystems bereits befinden, die im Zuge der Globalisierung immer mehr expandieren und dadurch ihre uns vertrauten Strukturen verändern, das heißt auch ein Rückgang des politischen Einflusses und der Ordnungsvorgaben von Verbänden. Das bedeutet aber, daß sich ein neues „Gesellschaftsmodell" entwickelt.

Neue Medien

Das digitale Zeitalter etabliert eine grundsätzliche andere Beziehung zur Technik. Sie betrifft die Entwicklung der kognitiven Fähigkeiten, die für den Umgang mit den neuen Medien erforderlich sind. Im Zuge dieser Entwicklung wird sich das Verständnis, nicht nur unseres kulturellen Ideenguts, sondern die sozialstrukturelle Semantik grundsätzlich verändern. Damit ist gemeint, sie entscheidet darüber, welche Plausibilität dem überlieferten kulturellen Ideengut zukommen wird. Insgesamt ist damit die Herausforderung einer *Computer Literacy* (N. Bolz) als Kompetenz der Teilnahme an dem Medienverbund des Weltsystems angesprochen, die alle Mitglieder von sozialen Teilsysteme betrifft. Ihr müssen wir uns stellen, da sie die kulturellen und die technischen und somit die wirschaflichen Mitgliedschaftsbedingungen in diesem Verbund festlegen.

Die globale Herausforderung

Für die Einschätzung der weiteren Entwicklung ist die Einsicht in die erkennbaren Operationsweisen eines globalen, elektronischen Weltsystem entscheidend. Dies deshalb, da wir nicht ausschließen können, daß in ihm auch Rückzüge aus bestimmten Bereichen eintreten könne. Das Neue dabei ist, daß solche Rückzüge schnell eintreten können und wir sie als unerwartet und plötzlich erleben. Gerade dies wird durch die Operationsweise des Medienverbundes ermöglicht.

Technologieentwicklung

Wir müssen uns der Tatsache stellen, daß sich in einem globalen Weltsystem neue kommunikationstechnologische Zentrum-Peripherie-Konstellationen entwickeln. Hochqualifizierte Wissenszentren werden *kein* Privileg der westlichen Gesellschaften mehr sein.

Die richtungsweisenden Innovationen gehen von einer technologischen Basis und Entwicklung aus, die von den klassischen Energiequellen und ihrem Verbrauch weitgehend unabhängig sind. Es sind dies die Entwicklungssprünge in der Anwendung der Mirkosystemtechnik, der Kommunikations- und Informationstechnologien und der sogenannten „Life Sciences" einschließlich ihrer bio- und gentechnologischen Anwendung. Damit geht eine grundlegende Bedeutung der wissenschaftlichen Forschung einher, von der die wirtschaftlichen Innovationen ausgehen. Ein globales Wirtschaftssystem wird zunehmend auf einem Wissenssystem basieren, das heißt es erfolgt eine Restrukturierung und Reorganisation des Austauschs zwischen dem Wirtschaftssystem und den Wissenszentren. Es besteht dabei die Anforderung, Forschungsergebnisse möglichst früh in wirtschaftliche Entwicklungsprojekte zu überführen. Dazu gehört die Ausprägung eines konzeptuellen und strategischen Denkens, das mit komplexen Problemen methodisch umzugehen vermag. Ohne Investitionen in die modernen Technologien wird ein Wirtschaftswachstum in Zukunft nicht mehr möglich sein. Für Deutschland bedeutet dies eine grundsätzliche Restrukturierung des Universitätssystems.

Die neuen Finanzmärkte

In einem globalen Wirtschaftssystems verändert sich strukturell die Operationsweise zwischen Finanzmärkten, der Kapitalbeschaffung und den Anforderungen an die Unternehmenorganisation. Die deutsche Wirtschaft ist auf dem Ist-Stand im Hinblick auf die Anzahl von börsennotierten Unternehmen noch ein Entwicklungsland. Dies wird sich mit der gesetzlichen Zulassung von amerikanischen Bilanzierungsverfahren nur allmählich ändern. Die Konkurrenzbedingungen in einem globalen Wirtschaftssystem sind derart beschaffen, daß Investitionen in einer neuen Größenordnung anfallen werden. Das wird zu einer Umstrukturierung des deutschen Wirtschaftssystems führen, die allerdings noch aussteht. Hier ist zwar mittlerweile ein Anfang gemacht worden. Es sind die ersten Schritte, die weiter zu gehen sind. Im Zuge dieser Entwicklung wird eine Umstrukturierung des Bankgeschäfts eintreten. Es stellt sich in diesem Zusammenhang die Frage, inwieweit wir durch die veränderten Konkurrenzbedingungen ein Ende der Inflation erleben werden. Die Frage ist nicht ganz klar geschnitten zu beantworten. Eine antiinflationäre Wirtschaftspolitik und harte Währungen werden nicht nur vom Wirtschaftswachstum und der Bewältigung schärferer Konkurrenzbedingungen, die das Preisniveau senken, sondern von einer Deregulierung des Wirtschaftssystems abhängig sein. Davon wird der Erfolg der geldpolitischen Strategien der europäischen Zentralbank und daher die Stabilität des „Euro" entscheidend beeinflußt werden. Eine einheitliche europäische Währung wird eine weltweite Reservewährung sein, die den politischen Einfluß der europäischen Staaten vergrößert. Darauf werden sich die politischen Eliten einzustellen haben.

Netzwerkunternehmen, Unternehmensnetze und virtuelle Organisation

Ein global operierendes Wirtschaftssystem setzt Organisationsstrukturen voraus, die alle Operationen des Managements an der wertorientierten Unternehmensführung ausrichten, dem Shareholder Value. Für deutsche Manager bedeutet dies, dann Geschäfte und nicht Budgets zu managen. Dies werden sie lernen müssen. Eine konsequente Wertorientierung führt neue Mitgliedschaftsbedingungen für Unternehmen ein: Nur die Segmente, die zur Wertschöpfung beitragen, sind erhaltenswert. Auf dieser Basis erfolgt die Auswahl von Mitarbeitern.

Auf globalen Märkten sind nur Unternehmen erfolgreich und konkurrenzfähig, welche fortlaufend ihre Unternehmensnetze und ihre Netzwerkorganisationen umstrukturieren. Daraus entstehen grundsätzlich andere Unternehmen, die sich zu virtuellen Organisationen umgestalten: Vernetzung und virtuelle Organisationen sind ein *neues* Paradigma der Organisationsgestaltung. Damit wird die Ausbildung einer grundsätzlich anderen Einstellung zu den beruflichen Rollen einhergehen. Fragmentierte und funktional gegliederte Unternehmen sind nicht dazu geeignet auf einem globalen Markt, der sich in einer Situation fortlaufenden Wandels befindet und elektronisch gesteuert ist, zu bestehen. Sie sind von ihrer Anlage her gesehen nicht dazu in der Lage, Informationen schnell genug zu verarbeiten und auf kurzen Strecken zu entscheiden. Dies ist ein Erfordernis auf globalen Märkten, die sich nicht nur in einem fortlaufend schnellen Wandel und Umbruch befinden, sondern auf denen, von der Struktur dieser Märkte her gesehen, Veränderungen auch plötzlich eintreten. Das wird dazu führen, daß eine fortlaufende Umstrukturierung in Netzwerkunternehmen und Unternehmensnetzen entwickelt wird, die sich auf ihre Kernkompetenz konzentrieren.

Zu bewältigen ist die globale Vernetzung von Unternehmen nur durch die *Konzepte* eines *integrierten Managements* und einer konsequenten Umgestaltung in Richtung auf eine segmentäre Unternehmensorganisation. Daraus entstehen grundsätzlich andere Unternehmen, die dabei sind, sich zu virtuellen Organisationen umzugestalten. Damit geht die Ausbildung einer anderen Einstellung zu den beruflichen Rollen einher. In Zukunft wird mehr Investition in Forschung und Entwicklung von modernen Technologien erforderlich sein. Nur die Unternehmen und Staaten, die sie vornehmen, werden wirtschaftlich überleben können. Davon ist die Wiedergewinnung des deutschen Standortes betroffen.

Diejenigen Unternehmen, die in den nächsten fünf Jahren nicht den Schritt zur Globalisierung vollziehen, werden zu den Verlierern gehören. Die deutsche Wirtschaft hat keine andere Wahl, sie wird die Herausforderung annehmen müssen. Die Manager der Automobilindustrie haben bereits gehandelt. Die Tatsache, daß diese Branche ihre Umstrukturierung bewältigt hat – trotz hoher Lohnkosten und niedrigen Arbeitszeiten –, belegt die Innovationsfähigkeit des deutschen Standorts. Seit 1997 ist sie wieder konkurrenzfähig. Zu erwähnen sind auch die Vermehrung der Biotechnologieunternehmen in der Umgebung von München, im Rheinland und im Heidelberger – Mannheimer – Karlsruher Raum. Diese Unternehmen haben sich 1996 und 1997 jährlich verdoppelt. Es sind mittlerweile 300 operationsfähige Unternehmen entstanden. Hinzuweisen ist auch auf den Maschinenbau, zum Beispiel der Bau von Industrierobotern der Mannesmanntocher „Dematic", und die Elektrotechnik, die mittlerweile „an Land gewinnt". Ein Beleg, daß sich deutsche Stärken im Umbruch befinden. Globalisierung ist von allen Betroffenen nur durch einen Einstellungswandel, das heißt durch lernen, zu bewältigen. Davon wird es abhängen, wer zu den Gewinnern oder den Verlierern gehören wird.

Europa im Zeitalter der Globalisierung

Die Antworten der europäischen Nationen auf die Bewältigung von Globalisierung, zum Beispiel die erfolgreiche Deregulierung der britischen Wirtschaft, sind für uns nur dann verständlich, wenn man sich die kulturellen Hintergründe der nationalen Wirtschaftssysteme Frankreichs, Italiens, Großbritannien und Deutschlands vergegenwärtigt. Dies gilt insbesondere für die deutsche Nachkriegsgesellschaft, die in einem weitaus größeren Ausmaß durch einen Wertewandel geprägt wurde. Diese kulturellen Hintergründe machen uns nicht nur die verschiedenen Reaktionen und den Umgang dieser Gesellschaften mit der Herausforderung Globalisierung deutlich, sondern führen uns die strukturellen Probleme der europäischen politischen und kulturellen Integration vor Augen. Ihr sind erkennbare Grenzen gezogen.

Die globale Herausforderung 255

Gewinnen wollen in einer globalen Wirtschaft die Wirtschaftszentren Asiens aber auch die sich entwickelnden Investionsregionen Südamerikas. Trotz der Finanzkrise in den asiatischen Wirtschaftsregionen werden sie innovative Wirtschaftssysteme und Zukunftsmärkte bleiben. Der Zusammenbruch in den Jahren 1997 und 1998 sollte als der Beginn einer Umstrukturierung dieser Wirtschaftsregionen im Hinblick auf ihre Anpassung an Operations- und Geschäftsbedingungen eines globalen Wirtschaftssystems interpretiert werden, zum Beispiel die Bewertung und Kontrolle von Kreditvergaben. Die Amerikaner sind in diesem Fall schon einen Schritt weiter, da sie sich auf den asiatischen Wirtschaftsraum hin orientiert haben. Sie können diesbezüglich zwar nicht eingeholt werden, ein Anschluß an diese Entwicklung wäre aber schon ein Sprung nach vorne. Dieser „Anschluß" ist für Deutschland nur durch Globalisierung möglich.

Wir sollten davon ausgehen, daß wir uns in Europas im Zeitalter der Globalisierung auf eine Situation zubewegen, in der die Karten einer europäischen Integration neu gemischt werden. Dies betrifft nicht nur seine Stellung in einer globalen Weltwirtschaft, sondern auch die damit einhergehende Interessendifferenzierung. Global operierende Unternehmen werden von einzelstaatlichen Instanzen unabhängiger werden. Damit setzen sie die Nationalstaaten zunehmend unter Druck. Ein europäischer Bundesstaat wäre nicht in der Lage, die für ihn erforderliche Normsetzung und Normimplementierung erfolgreich zu gestalten. Es wird sich für Europa zum Beispiel nicht ein Gesellschaftsmodell wie in Deutschland verwirklichen lassen, in dem Bund, Ländern und Gemeinden und ergänzend dazu der Staat und die Verbände kooperieren. Entgegen der immer wieder gepflegten Europarhetorik zeichnet sich ab, daß eine politische Integration der politischen Systeme der europäischen Staaten schwach bleiben wird. Ein gemeinsamer europäischer Markt schließt auseinandergehende politische Optionen seiner Teilnehmer nicht aus. Das ist die realistische Erwartung, von der wir ausgehen sollten.

In einem globalen Weltsystem werden Schritt für Schritt die ordnungspolitischen Regelungen der internationalen Ordnungen einer Veränderung zugeführt. Die Nachfrage nach staatliche Protektion verschwindet in ihm aber nicht. Der Weltmarkt für Protektion (V. Bornschier) wird durch eine „Balance of Power" am besten funktionieren. Dieses Modell hat sich in dem internationalen System nach dem zweiten Weltkrieg bewährt und wird in den veränderten Konstellationen weiter Erfolg haben.

Die nicht erst auf uns zukommende Herausforderung besteht darin, daß es kaum mehr möglich scheint, für die zu lösenden kooperativen Aufgaben zwischen dem globalen Wirtschaftssystem und dem politischen System verbindliche Regeln zu etablieren und sie in einer Bürgergemeinschaft zu institutionalisieren. Diese Entwicklung gefährdet die etablierten sozialen Ordnungsgarantien und führt zu einer einsetzenden Machtinflation. Sie ist das Ergebnis einer Flut von Gesetzesinitiativen und Gesetzen, die immer weniger zu regeln vermögen und zunehmend eine einschnürende Wirkungen verzeichnen. Eine Situation der politischen Ineffektivität und Blockierung, die in den westlichen Staaten schon seit den fünfziger Jahren feststellbar ist. In einem globalen Weltsystem stellt sich ein neues, anderes Verhältnis von Wirtschaft und Politik ein, das heißt die staatliche Steuerung des Wirtschaftssystems wird neu zu bewerten sein.

Solidarische Gemeinschaft und sozialer Ausgleich

Das beginnende Zeitalter der Globalisierung bedeutet das Ende der Keynesianismus und der Wilson-Ära. Es bedeutet gleichzeitig das Ende der „Vereinten Nationen" als Hoffnungsträger der Überzeugungen davon, daß allgemein verbindliche politische Regelungen in einer Weltgesellschaft durchzusetzen seien. *Der zerstörte Traum,* von dem Joachim Fest (1991) spricht, wird einem neuen Realismus des Sozialen als auch der Einsicht Platz machen, daß in einem globalen Weltsystem politische Regelungen eine begrenzte Reichweite haben werden. Eine Situation, die eine elektronische Vernetzung des Wirtschaftssystems nicht beeinträchtigt.

Wohlstand und Sicherheit der Bürger der westlichen Gesellschaften wird nicht mehr mit den seit dem zweiten Weltkrieg erfolgreichen Modellen herzustellen sein. Dies belegt die erfolgreiche Reorgani-

Die globale Herausforderung 257

sation der Wirtschaft der Vereinigten Staaten, Großbritanniens und der Niederlande. Wir erleben das Ende des Keynesianischen Gesellschaftsmodells und seiner Wirtschaftspolitik. Davon ist die Weichenstellung zur Wiedergewinnung des deutschen Standortes betroffen. Von der Bewältigung der an den deutschen Standort gestellten *Anforderungen* hängt der ökonomische Erfolg eines zweiten „Modell Deutschland" *nach* der „Sozialen Marktwirtschaft" ab. Wirtschaftliche Stabilität und damit Wohlstand wird nicht mehr durch eine staatliche Subventionen von Unternehmen und staatliche Beschäftigungsprogramme zu erreichen sein. Das war die politische und wirtschaftliche Strategie eines Keynesianischen Gesellschafts- und Wirtschaftsmodells nach dem zweiten Weltkrieg. Insbesondere wird die „deutsche Ideologie" der Anspruchsgesellschaft damit zu konfrontieren sein, daß wir die „Ansprüche" auf den „Prüfstand" stellen. Viele Probleme werden „bei uns" durch diese Ansprüche hervorgerufen, zum Beispiel wird die „Gleichheit von Chancen" in einem globalen Weltsystem nicht zu verwirklichen sein. Die Orientierung an diesem Anspruch führt gerade zu den Wünschen, die so nicht verwirklichbar sind.

Entgegen der Lehrmeinung von John M. Keynes wird die Orientierung an einem „tiefen Realzins" und „tiefen Lohnkosten" wieder von zentraler Bedeutung für das Wirtschaftswachstum. Den klassischen Arbeitsmarkt wird es in Zukunft nicht mehr geben. Hiervon ist das übliche und uns als selbstverständlich geltende Modell der Tarifpolitik betroffen. Die Herausforderung des neuen Arbeitsmarktes sind ihrerseits durch die weltweite Vernetzung und die neuen Qualifikationen der Mitarbeiter entstanden. Die Arbeitszeit wird nicht weiter verkürzt werden können, gleichzeitig ist nicht damit zu rechnen, daß eine lebenslange Beschäftigung bei einem Unternehmen der Regelfall sein wird. Dies bedroht die etablierten Solidargemeinschaften und die Bürgergemeinschaft als Regulativ des sozialen Ausgleichs. Entscheidend wird es sein, ob die heranwachsenden Eliten für einen sozialen Ausgleich einen Kompromiß finden werden. Auch diesbezüglich sind Bedenken angebracht.

Globalisierung führt zu einer überlokal vernetzten Organisation des Wirtschaftssystems, für das es nicht nur keine nationalen, sondern auch keine räumlichen Grenzen mehr gibt. Es ist dadurch ausgezeichnet, daß es in einem fortlaufenden Prozeß der Umstrukturierung seiner Einheiten sowie seiner Operationen eintritt. Damit entstehen neue Teilnahmebedingungen auf allen Ebenen des wirtschaftlichen Handelns, von der die Kerngruppen der Beschäftigten sowohl die Zeit- und Werkvertragmitarbeiter betroffen sind. Nur Unternehmen, die sich darauf einstellen, werden im Weltsystem noch Erfolg haben. Insgesamt werden damit Entwicklung eingeleitet, in der sich die uns vertrauten sozialen Gemeinschaften verändern und ein neues Gesellschaftsmodell entstehen lassen.

Die Herausforderung der Globalisierung für „uns alle" besteht in einer Mobilisierung und Deregulierung der Gesellschaft. Davon sind die sozialen Nahweltbeziehungen, Freundschaften und die kollegialen Bindungen, aber auch Familie und Ehe betroffen. Die Deutschen sind, im Unterschied zu den Amerikanern, auf eine solche Situation nicht gut vorbereitet. Gerade sie müssen lernen, auf Globalisierung nicht mit Angst zu reagieren, und es ist geboten damit aufzuhören, diese Angst auch noch zu schüren. Allerdings ist die Furcht derjenigen berechtigt, die ihre Besitzstände erhalten wollen.

Grundsätzlich müssen wir uns aber über eins im klaren sein: Ohne ein weiteres Wirtschaftswachstum wird es viele Verlierer geben. Es wird alles davon abhängen, ob „wir" in Deutschland die globale Herausforderung und insbesondere die der in Asiens entstehenden neuen Wirtschaftszentren annehmen. Das wird nur durch einen, für eine Deregulierung erforderlichen, Einstellungs- und Organisationswandel gelingen.

Literatur

Ahrne, G. (1996): „Outline of an Organisational Theory of Society", in: G. Preyer, G. Peter, A. Ulfig (Hrsg.) (1996), Protosoziologie im Kontext. „Lebenswelt" und „System" in Philosophie und Soziologie, Würzburg.

Allmendinger, J. / Hinz, Th. (1997): „Mobilität und Lebenslauf: Deutschland, Großbritannien und Schweden im Vergleich", in: S. Hradil, S. Immerfall (Hrsg.): Die westeuropäischen Gesellschaften im Vergleich, Opladen.

Baum, R . C. (1998): „Parsons on Evolution of Democray", in: G. Preyer (Hrsg.), Strukturelle Evolution und das Weltsystem. Theorien, Sozialstruktur und evolutionäre Entwicklungen, Frankfurt am Main.

Becker, W. (1993): „Ruinieren die Parteien den Staat?", in: Protosociology vol. 5.

Bergesen, A. (1998), „Postmodernism: A World System Explanation", in: G. Preyer (Hrsg.), Strukturelle Evolution und das Weltsystem. Theorien, Sozialstruktur und evolutionäre Entwicklungen, Frankfurt am Main.

Bootle, R. (1997): Das Ende der Inflation, Frankfurt am Main.

Bornschier, V. / Trezzini, B. (1996): „Jenseits von Dependencia- versus Modernisierungstheorie: Differenzierungsprozesse in der Weltgesellschaft und ihre Erklärung", in: H.P. Müller (Hrsg.), Weltsystem und kulturelles Erbe, Berlin.

Brauer, D. (1996): „Biotechnologie und Gentechnik in Forschung und Produktion", Protosociology, Vol. 7.

Courtois, St., Werth, N., Panne, J.L. (1998): Das Schwarzbuch des Kommunismus. Verbrechen, Terror, Unterdrückung, München.

Crouch, C. (1993): Industrial Relations and European State Traditions, Oxford.

Ebbinghaus B. / Visser J. (1997): „Der Wandel der Arbeitsbeziehungen im westeuropäischen Vergleich", in: Hradil, S. / Immerfall, S. (Hrsg.): Die westeuropäischen Gesellschaften im Vergleich, Opladen.

Eco, U. (1989): Das Foucaultsche Pendel, München.

Eisenstadt S.N. (1998): „Social Division of Labor, Construction of Centers and Institutional Dynamics: A Reassessment of the Structural-Evolutionary Perspective", in: G. Preyer (Hrsg.), Strukturelle Evolution und das Weltsystem. Theorien, Sozialstruktur und evolutionäre Entwicklungen, Frankfurt am Main.

Esping-Andersen, G. (1990): The Three Worlds of Welfare Capitalism, Princton.

Ferner, A./Haman, R. (Hrsg.) (1992): Industrial Relations in the New Europe, Oxford.

Fest, J. (1991): Der zerstörte Traum. Das Ende des utopischen Zeitalters, Berlin.
Francis, E. K. (1965): Ethnos und Demos. Soziologische Beiträge zur Volkstheorie, Berlin.
Garten, J. E. (1993): Der kalte Frieden. Amerika, Japan und Deutschland im Wettstreit um die Hegemonie, Frankfurt am Main.
Großklaus, G. (1995): Medien-Zeit Medien-Raum. Zum Wandel der raumzeitlichen Wahrnehmung in der Moderne, Frankfurt am Main.
Holzer, A. (1997): „Sharehodler-Value-Ansatz und Discounted-Cash-flow-Methode", in: Steuer- und Wirtschaftskartei, Heft 16.
Hondrich, K.O. (1994): „Grenzen gegen die Gewalt", in: Zeit, Nr. 5, 28.1.
Hondrich, K.O. (1992): Lehrmeister Krieg, Reinbek 1992.
Huntington, S.P. (1997): „Kampf der Kulturen oder Weltkultur", in: Kampf der Kulturen oder Weltkultur, Diskussion mit Samuel P. Huntington, hrsg. von B. Seebacher-Brandt, N. Walter, Alfred Herhausen Gesellschaft für internationalen Dialog, Frankfurt am Main.
Inglehart, R. (1977): The Silent Revolution, Princeton University Press.
Kaelble, H. (1997): „Europäische Vielfalt und der Weg zu einer europäischen Gesellschaft", in: S. Hradil, S. Immerfall (Hrsg.), Die westeuropäischen Gesellschaften im Vergleich, Opladen.
Kahin, B. / Keller, J.H. (eds.) (1997): Coordinating Internet, Cambridge (USA).
Kant, I.: (1966): Kritik der reinen Vernunft, hrsg. von G. Martin, I. Heidemann, J. Kopper, G. Lehmann, Stuttgart.
Kiefer, E: (1993): „Die Zukunft: Telearbeit und Virtuelle Organisation", Design-Forum Frankfurt am Main.
Kissinger, H. A. (1994): Die Vernunft der Nationen. Über das Wesen der Außenpolitik, Berlin.
Kissinger, H. A. (1992): Die sechs Säulen der Weltordnung, Berlin.
Klages, W. (1987): „Sozialpsychologie der Wohlfahrtsgesellschaft: Konturen eines Wissenschaftsprogramms", in: ders., G. Franz, W. Herbert, Sozialpsychologie der Wohlfahrtsgesellschaft, Frankfurt am Main.
Klages, W. (1983): Werteorientierung und Staatsbezug, Frankfurt am Main.
Kommission der EG (1992), Eurobarometer, Nr. 37, Brüssel.
Konvergenzbericht Nach Artikel 109 j des Vertrags zur Gründung der Europäischen Gemeinschaft vorgeschriebenen Bericht, März 1998, Europäisches Währungsinstitut Frankfurt am Main.
Krawietz, W. / Preyer, G. (Hrsg.) (1996): System der Rechte, demokratischer Rechtsstaat und Diskurstheorie des Rechts nach Jürgen Habermas, Sonderheft der Rechtstheorie 27. Band, Heft 3.

Lane, C. (1989): Mangement and Labour in Europe. The Industrial Enterprise in Germany, Britain and France, Aldershot.
Lepsius, M. R. (1990): „'Ethnos und Demos'. Zur Anwendung zweier Kategorien von Emerich Francis auf das nationale Selbstverständnis der Bundesrepublik und auf die Europäische Einigung", in: ders., Ideen, Interessen, und Institutionen, Opladen.
Luhmann, N. (1997): Die Gesellschaft der Gesellschaft (2 Bd.), Erster Teilband, „Kapitel 2: Kommunikationsmedien", Frankfurt am Main.
Luhmann, N. (1994 a): Die Wirtschaft der Gesellschaft, Frankfurt am Main.
Luhmann, N. (1994): „Inklusion und Exklusion", in: H. Berding (Hrsg.), Nationales Bewußtsein und kollektive Identität. Studien zur Entwicklung des kollektiven Bewußtseins in der Neuzeit (2. Bd.), Bd. 2, Frankfurt am Main.
Maslow, A.H. (1970): Motivation and Personality, New York.
Meulemann, M. (1987): „From Life Change to Life Stile: on some Effects of Educational Expansion on the Chance of Achievement Values", in: Social Science Information, 26, 3.
Meulemann, M. (1984): „Meinungswandel und Bedeutungswandel", in: Zeitschrift f. Soziologie, Jhg. 13, 3.
Meulemann, M. (1983): „Value Change in West-Germany 1950-1980: Integrating the Empirical Evidence", in: Social Science Information 22, 4/5.
Michel, U. (1996): „Shareholder Value Managemen – Neue Aufgaben für das globale strategische Controlling", in: P. Horvath (Hrsg.), Controlling des Strukturwandels. Standordflexibilität und Kundenzufriedenheit schaffen, Stuttgart.
Mittelstraß, J. (1994): Die unzeitgemäße Universität, Frankfurt am Main.
Münch, R. (1998): Globale Dynamik, lokale Lebenswelt. Der schwierige Weg in die Weltgesellschaft, Frankfurt am Main.
Münch, R. (1993): Das Projekt Europa, Frankfurt am Main.
Münch, R. (1991): Die Dialektik der Kommunikationsgesellschaft, Frankurt am Main.
Noelle-Neumann, E. / Strümpel, B. (1984) Macht Arbeit krank? Macht Arbeit glücklich? Eine aktuelle Kontroverse, München.
Oxford Dictionary of New Words (1991), compiled by Sara Tulloch, Oxford.
Preyer, G. (Hrsg.) (1998 a): Strukturelle Evolution und das Weltsystem. Theorien, Sozialstruktur und evolutionäre Entwicklungen, Frankfurt am Main.

Preyer, G. (1998 b): „Mitgliedschaftsbedingungen", in: Ders. (Hrsg.): Strukturelle Evolution und das Weltsystem. Theorien, Sozialstruktur und evolutionäre Entwicklungen, Frankfurt am Main.

Preyer, G./Schissler, J. (1996 a): Integriertes Management. Was kommt nach der Lean-Production?, FAZ -Blickbuch Wirtschaft, Frankfurt am Main.

Preyer, G. (1996 b): „System- Medien- und Evolutionstheorie. Zu Niklas Luhmanns Ansatz", in: G. Preyer et. al. (Hrsg.), Protosoziologie im Kontext. „Lebenswelt" und „System" in Philosophie und Soziologie, Würzburg.

Preyer, G. / Peter, P. / Ulfig, U. (Hrsg.) (1996 c), Protosoziologie im Kontext. „Lebenswelt" und „System" in Philosophie und Soziologie, Würzburg.

Preyer, G. (1996 d): „Zwei Konstruktionsprobleme der Theorie des kommunikativen Handelns von J. Habermas", in: Berliner Journal für Soziologie, 4.

Preyer, G./Schissler, J. (1994): „Zivilgesellschaft: eine neue Ideologie", in: Die politische Meinung, 294.

Rappaport, A. (1986): Creating Shareholder Value: The New Standard for Business Performance, New York.

Reich, R. B.: 1993): Die neue Weltwirtschaft. Das Ende der nationalen Ökonomie, Berlin.

Robertson, R. (1995): „Glocalization: Time-Space and Homogeneity-Heterogeneity", in: M. Featherstone, Scott Lash, R. Robertson (eds.): Global Modernities, London. (Der Band ist eine erste Bilanz der Globalisierungsforschung.)

Schmidtchen, G. (1984): Neue Technik. Neue Arbeitsmoral, Köln.

Schubert, R. (1989): „Im Zeichen des Euro-Gaullismus", in: Zeitschrift für Parlamentsfragen, Nr. 4, S. 550, Anm. 24.

Slomp, H. (1990): Labour Relations in Europe, New York.

Tocqueville, A. de (1953): Democracy in America (1835), New York.

Veen, H.J. / Zelle C. (1994): Zusammenwachsen oder Auseinanderdriften? Eine empirische Analyse der Werthaltungen, der politischen Prioritäten und der nationalen Identifikationen der Ost- und Westdeutschen, Konrad Adenauer Stiftung, Interne Studien Nr 78, 2. überarbeitete Auflage, Sankt Augustin.

Virilio, P. (1996): Fluchtgeschwindigkeit, München.

Wenturis, W. (1990): Griechenland und die EG. Die soziopolitischen Rahmenbedingungen, Tübingen.

Willke, H. (1997): Supervision des Staates, Frankfurt am Main.

Weitere Titel der F.A.Z./Gabler-Edition

Klaus Mangold
Die Zukunft der Dienstleistung
Fakten – Erfahrungen – Visionen
1997, 272 Seiten, Geb., ISBN 3-409-19318-9
Der wirtschaftliche Strukturwandel fordert weltweit die Entwicklung zur Dienstleistungsgesellschaft. Ist Deutschland ein geeigneter Standort für Dienstleistungen? Kann sich Deutschland zur Dienstleistungsgesellschaft entwickeln? Das Buch gibt auf diese Fragen kompetente Antworten.

Klaus Mangold
Die Welt der Dienstleistung
Perspektiven für Arbeit und Gesellschaft im 21. Jahrhundert
1998, 287 Seiten, Geb., ISBN 3-409-19320-0
Der Leser erhält mit dem Buch ein unentbehrliches Instrument zur Gestaltung von Wirtschaft, Arbeit und Gesellschaft im nächsten Jahrhundert. Das Buch präsentiert neue Aspekte zu dieser aktuellen Thematik und vermittelt strategische Impulse für die Zukunftsperspektiven der Dienstleistungsgesellschaft.

Heinrich W. Ahlemeyer/Roswita Königswieser
Komplexität managen
Strategien, Konzepte und Fallbeispiele
1997, 422 Seiten, Geb., ISBN 3-409-19316-2
Wer versucht, die immer komplexer werdenden Probleme von Wirtschaft und Gesellschaft mit herkömmlichen Managementmethoden zu lösen, wird scheitern. Nur das Komplexitätsmanagement sichert professionelle und transparente Entscheidungshilfen für die Zukunft.

Weitere Titel der F.A.Z./Gabler-Edition

Gilbert Probst/Steffen Raub/Kai Romhardt
Wissen managen
Wie Unternehmen ihre wertvollste Ressource optimal nutzen
1997, 406 Seiten, Geb., ISBN 3-409-19317-0
Wissensmanagement kann als die pragmatische Weiterentwicklung von Ideen des Organisationalen Lernens verstanden werden. Im Zentrum des Interesses steht der gezieltere Umgang mit der Ressource Wissen. Entdecken Sie diese neue Managementdimension!

Michael Broßmann/Ulrich Fieger
Business Multimedia
Innovative Geschäftsfelder strategisch nutzen
1997, 327 Seiten, Geb., ISBN 3-409-19312-X

„Business" und „Multimedia" sind zwei Begriffe, die zusammenschmelzen und das nächste Jahrhundert beherrschen werden. Das Buch informiert über den „State of the Art" in Deutschland und zeigt innovative Multimedia-Anwendungen namhafter Firmen.

Manfred Bruhn
Sponsoring
Systematische Planung und integrativer Einsatz
1998, 3. Aufl., 506 Seiten, Geb., ISBN 3-409-33913-2

Sponsoring dringt in immer neue Anwendungsbereiche vor und entwickelt sich zu einem festen Bestandteil der Unternehmenskommunikation. Der Autor vermittelt mit der dritten Auflage des seit langem in Wissenschaft und Praxis bewährten Standardwerkes eine umfassende und entscheidungsorientierte Darstellung der einzelnen Facetten des Sponsoring.

MIX
Papier aus verantwortungsvollen Quellen
Paper from responsible sources
FSC® C105338

If you have any concerns about our products,
you can contact us on
ProductSafety@springernature.com

In case Publisher is established outside the EU,
the EU authorized representative is:
**Springer Nature Customer Service Center GmbH
Europaplatz 3, 69115 Heidelberg, Germany**

Printed by Libri Plureos GmbH
in Hamburg, Germany